Vom Fernsehen und Radio der DDR zur ARD

Die Entwicklung und Neuordnung des Rundfunkwesens
in den neuen Bundesländern

von

Reiner Stein

Tectum Verlag
Marburg 2000

Die Deutsche Bibliothek - CIP-Einheitsaufnahme

Stein, Reiner:
Vom Fernsehen und Radio der DDR zur ARD.
Die Entwicklung und Neuordnung des Rundfunkwesens in den neuen Bundesländern.
/ von Reiner Stein
- Marburg : Tectum Verlag, 2000
ISBN 978-3-8288-8089-4

Ein Teil dieser Arbeit erschien unter dem Titel „Kein Auferstehen aus Ruinen" in der Zeitschrift
„Rundfunk und Geschichte", 25 (1999), H. 2/3, S. 127-142.

Tectum Verlag
Marburg 2000

Vorwort

Wer heute die Sendungen des ORB oder MDR verfolgt, trifft immer wieder auf alte Überbleibsel der alten DDR-Rundfunksender: "Klartext", "Ozon", "Der Sandmann" und viele Wiederholungen alter - auch damals verbotener - Fernsehfilme. Fast vergessen sind aber die alten Sender, von denen diese eigentlich stammen: das Fernsehen und das Radio der DDR. Noch bis Sylvester 1991 hielten sie die Grundversorgung in den neuen Bundesländer aufrecht, bis sie im Rahmen der Deutschen Einheit "abgewickelt" oder anderen Rundfunkanstalten zugeordnet wurden.

Manche mögen ihnen hinterhertrauern, andere sehen die "Abwicklung" als unausweichlich für die Wiedervereinigung. Welche Meinung der Leser aber auch vertritt - ein spannender Abschnitt deutscher Rundfunkgeschichte war die Zeit allemal. Und eins steht von vornherein fest: Daß sich die Rundfunklandschaft auf diese Art und Weise verändern würde, das stand 1990 noch nicht fest. Das Schicksal des ehemaligen DDR-Rundfunks und die Geburt der neuen Sender sind das Ergebnis politischer Entscheidungen mit all ihren Ideen, Auseinandersetzungen und Kompromissen. Es lohnt sich wahrlich, diese Geschichte einmal aus der politikwissenschaftlichen Perspektive zu betrachten.

So entstand diese Studie, die ich 1996 als Diplomarbeit an der Philipps-Universität Marburg abgegeben habe. Für die Verwirklichung möchte ich in erster Linie Professor Hans Karl Rupp danken, der meine Arbeit mit sehr hilfreicher Unterstützung begleitet hat. Weiterer Dank für Anregungen und Korrekturen gilt Frauke Stieghan, Michael und Kerstin Böcher, Monika Schlüsche sowie Peter Fricke. Erwähnen möchte ich auch das Deutsche Rundfunkarchiv in Berlin und Frankfurt a.M., den Landtag Brandenburg, die öffentlich-rechtlichen Rundfunksender ORB, MDR, SFB und NDR sowie alle beteiligten Parteien, die mich mit reichlich Recherchematerial versorgt haben.

Reiner Stein
im Juni 1999

VOM FERNSEHEN UND RADIO DER DDR ZUR ARD

Inhaltsverzeichnis

Abkürzungsverzeichnis

Abs.	Absatz
ADN	Allgemeiner Deutscher Nachrichtendienst
AK	„Aktuelle Kamera" - Nachrichtensendung des DDR-Fernsehens
ARD	Arbeitsgemeinschaft der öffentlich-rechtlichen Rundfunkanstalten der Bundesrepublik Deutschland
ARGU	„Argumentation" - mündliche oder handschriftliche Anweisung
Art.	Artikel
BBC	British Broadcasting Corporation
BFD	Bund Freier Demokraten
BKS	Bundesverband Kabel und Satellit
BR	Bayrischer Rundfunk
BVerfG	Bundesverfassungsgericht
BVerfGE	Entscheidungssammlung des Bundesverfassungsgerichtes
CD	Compact Disk
CDU	Christlich Demokratische Union
CSU	Christlich Soziale Union
DA	Demokratischer Aufbruch
DDR	Deutsche Demokratische Republik
DEFA	Deutsche Film AG
DFF	Deutscher Fernsehfunk (von 1952-1972 und von 1990-1991)
DLF	Deutschlandfunk
DM	Deutsche Mark
DRF	Deutsche Rundfunk und Fernsehgemeinschaft (Entwurf von Radio DDR vom 7.3.1990)
DSU	Deutsche Soziale Union
DW	Deutsche Welle
Epd	Evangelischer Pressedienst
GG	Grundgesetz der Bundesrepublik Deutschland
GmbH	Gesellschaft mit beschränkter Haftung
GVBl	Gesetz- und Verordnungsblatt für das Land Brandenburg
HFF	Hochschule für Film und Fernsehen (Potsdam Babelsberg)

11

HR	Hessischer Rundfunk
IFM	Initiative für Menschenrechte
IP	Information et Publicité
ISL	Initiative Sächsisches Landesmediengesetz
LDP	Liberal-Demokratische Partei
MDR	Mitteldeutscher Rundfunk
MfS	Ministerium für Staatssicherheit
MIRAG	Mitteldeutsche Rundfunk AG (bis 1933)
NDPD	National-Demokratische Partei Deutschlands
NDR	Norddeutscher Rundfunk
NFL	(-GmbH) Neue Fünf Länder Gesellschaft zur Abwicklung der Rundfunkeinrichtung gem. Art. 36 Einigungsvertrag m.b.H.
NORA	Nordostdeutsche Rundfunkanstalt, auch NOR oder NORV (Entwurf für die Länder Berlin, Brandenburg und Mecklenburg-Vorpommern vom 10.4.1991)
NORAG	Nordische Rundfunk AG (bis 1933)
ODR	Ostdeutscher Rundfunk (1991)
OHFF	Ostdeutscher Hör- und Fernsehfunk (Entwurf der DDR-SPD vom 20.7.1990)
ORB	Ostdeutscher Rundfunk Brandenburg
PDS	Partei des Demokratischen Sozialismus
PDS-LL	Partei des Demokratischen Sozialismus - Linke Liste
RBI	Radio Berlin International
RBr	Rundfunk Brandenburg, (Entwurf der Brandenburger Koalitionsfraktionen SPD, FDP und Bündnis 90 vom 7.5.1991 und Name des ORB bis 20.1.1991)
RIAS	Radio Im Amerikanischen Sektor
RTL	Radio Télévision Luxembourg
SBZ	Sowjetische Besatzungszone
SDP	Sozialdemokratische Partei in der DDR
SDR	Süddeutscher Rundfunk
SED	Sozialistische Einheitspartei Deutschlands
SFB	Sender Freies Berlin
SK	Staatliches Komitee

SPD	Sozialdemokratische Partei Deutschland
SR	Saarländischer Rundfunk
SRF	Sächsischer Rundfunk (Entwurf der ISL vom 6.9.1990)
SWF	Südwestfunk
ThR	Thüringischer Rundfunk (Entwurf der Arbeitsgruppe Medienpolitik vom November 1990)
USA	United States of America
USIA	United States Information Agency
VDJ	Verband der Journalisten der DDR
VFF	Verband der Film- und Fernsehschaffenden der DDR
WDR	Westdeutscher Rundfunk
ZDF	Zweites Deutsches Fernsehen
ZK	Zentralkomitee

„Man muß für die Glühbirnen, die funktionieren, nur neue Fassungen finden."
Michael Albrecht (DFF) 1991

0 Einleitung

Das Jahr 1990 ist in die Geschichte eingegangen - das Jahr der Deutschen Einheit. Manifestiert wurde am 3. Oktober, was seit Ende des Zweiten Weltkrieges stets in den Köpfen der Menschen in Ost und West - bei einigen mehr, bei anderen weniger - als Ziel deutscher Politik präsent war. Endgültig in den Vordergrund rückte dieses Ziel, nachdem das 40jährige Kapitel des Experiments eines *real existierenden Sozialismus* im anderen Teil Deutschlands 1989 zu seinem Schlußwort gekommen war ("Wer zu spät kommt, den bestraft das Leben"[1]). Zusammenwachsen sollte nun, was zusammengehörte. Was nicht zusammengehörte, mußte eben *passend* gemacht werden. Was nicht *passend* gemacht werden konnte, mußte *abgewickelt* werden.

Abwicklung, ein nicht neues deutsches Wort, aber eins, das heute nach der Einheit in den Köpfen - zumindest vieler in Ostdeutschland - noch präsent ist. Abwicklung meint im allgemeinen Sprachgebrauch *Erledigung, Ablauf, Auflösung von Firmen und Vereinen*. Andere Synonyme beschreiben sie als *Liquidation, Beseitigung* oder *Ausschaltung*. Besonders Letzteres kommt der Bedeutung im wörtlichen Sinn nahe, die am häufigsten in Verbindung mit der Abwicklung assoziiert wird, nämlich das *Ausschalten* bzw. die *Abwicklung der Einrichtung*.

Unter dem Begriff *Einrichtung* waren nach der staatlichen Vereinigung sowohl die Überbleibsel des ehemaligen Fernsehens der DDR (später DFF, noch später DFF-Länderkette genannt) als auch die verschiedenen Hörfunksender in den neuen Bundesländern zusammengefaßt. Die Einrichtung war endgültig abgewickelt am 1. Januar 1992 - eine politische Entscheidung, die schon im Einigungsvertrag als eine mögliche Option festgelegt worden war. Diesem Vertrag kommt für den rundfunkpolitischen Entwicklungsprozeß, der seit dem Umbruchjahr 1989 seinen Lauf nahm - das muß an dieser Stelle erwähnt werden, ohne der Ausführung vorzugreifen - entscheidende Bedeutung zu: Er setzte ihr einen festen zeitlichen Rahmen bis zum Neujahrstag 1992, in dem über den Rundfunk in den neuen Bundesländern entschieden werden mußte. Das Ergebnis waren zwei neue öffentlich-rechtliche Rundfunkanstalten, der MDR und der ORB, sowie die Eingliederungen Mecklenburg-Vorpommerns in den NDR und Ostberlins in den SFB.

Doch der Prozeß, der schließlich zu einer völlig neuen Rundfunklandschaft in den neuen Bundesländern geführt hat, wurde fortwährend von Kritik begleitet, sowohl innerhalb des politisch-administrativen Bereiches als auch auf Ebene der Medienpraktiker sowie der Medien- und Rechtswissenschaftler: Die Kritik reichte von

---

1   Eckart Thurich: Der Weg zur Einheit, in: Bundeszentrale für politische Bildung: Informationen zur politischen Bildung, Nr. 233, 4. Quartal 1991, S. 30-39, S. 31.

verpaßter „Chance für unsere Demokratie"[2] über Verzicht auf „Aufarbeitung der totalitären Vergangenheit"[3] bis hin zu verfassungsrechtlichen Bedenken und der Verurteilung als „Kolonialisation"[4]. Sie macht deutlich, daß es sich nicht um eine rundfunkpolitische Entwicklung gehandelt hat, die von allen Betroffenen in Ost und West befürwortet worden ist, sondern um eine äußerst spannungsgeladene, diskussionsreiche Phase politisch-administrativer Medienpolitik beider deutscher Staaten und des geeinten Deutschlands, in der die verschiedenen medienpolitischen Interessen miteinander kollidierten - man berücksichtige, daß die politischen Entscheidungsträger, denen die Rundfunkpolitik oblag, in den neuen Bundesländern allein von Oktober 1989 bis Oktober 1990 viermal wechselten.

Langenbucher wies schon Ende 1990 darauf hin, daß es notwendig ist, dieses kurze Stück Rundfunkgeschichte auch aus politikwissenschaftlicher Perspektive zu betrachten.[5] Nach fast sechs Jahren ist es nun tatsächlich an der Zeit, diesen Prozeß auf institutioneller Ebene nachzuzeichnen - das soll die Aufgabe dieser Arbeit sein. Dabei stellt sich natürlich vordergründig folgende Frage: Was waren überhaupt die Motive der sich letztlich behauptenden medienpolitischen Akteure, den ehemaligen DDR-Rundfunk abzuwickeln und die ostdeutsche Rundfunklandschaft in seine heutige Form umzugestalten? Zur Beantwortung dieser Frage muß unter anderem geklärt werden, welche Akteure in dieser Entwicklung involviert waren, welche Interessen sie aus welchen Gründen vertraten und auf welche Art und Weise sie diese durchsetzten.

„Alles 'Schnee von gestern?'" fragt Grubitzsch.[6] Das ist das Thema mit Sicherheit nicht, denn die Entscheidungen und die Entwicklungen von damals haben bis heute ihre Spuren hinterlassen: Nicht alle Elemente der Einrichtung sind durch die Abwicklung wirklich *liquidiert* worden, und die Diskussionen, ob die Entscheidungen vor wenigen Jahren richtig waren, sind auch heute noch nicht abgeschlossen.[7]

---

2   So der Titel von Christoph Singelnstein: Eine Chance für unsere Demokratie wurde vertan - Sieben Thesen zur Entwicklung des Rundfunkwesens nach der Wende, in: Walter A. Mahle (Hg.): Medien im vereinten Deutschland - Nationale und internationale Perspektiven, (AKM-Studien, Bd. 37), München 1991, S. 53-55.

3   Wolfgang Bergsdorf: Einleitung, in: Mahle: Medien im vereinten Deutschland, a.a.O., S. 29-34, S. 31.

4   Rainer Geißler: Fortschreibung bestehender Strukturen - Die Folgen der deutschen Vereinigung für das Mediensystem, in: Medium, 1/1993, S. 21-26, S. 26.

5   Wolfgang R. Langenbucher: Braucht eine demokratische Gesellschaft öffentlich-rechtlichen Rundfunk?, in: Media Perspektiven, 11/1990, S. 699-716, S. 709.

6   Jürgen Grubitzsch: Rezension zu Werner Claus (Hg.): Medien-Wende, Wende-Medien? - Dokumentation des Wandels im DDR-Journalismus, Oktober '89-Oktober '90, (Reihe Ost-West Media, Bd. 2), Berlin 1991, in: Publizistik, 38. Jg., 3/1993, S. 471f.

7   Im Zuge der Diskussion über die Länderehe zwischen Berlin und Brandenburg, die mit der Abstimmung im Mai 1996 scheiterte, verhandelten auch die Intendanten Rosenbauer

Fünf Jahre nach Gründung der von den neuen Ländern getragenen Rundfunkanstalten ist es bei weitem nicht zu spät, sich mit diesem Thema zu beschäftigen: Ein Rückblick auf eine nun *abgeschlossene* Entwicklung[8] ermöglicht eine weitestgehend distanzierte sowie bilanzierende Sicht. Für die politische Kommunikationsforschung, deren Stand ich im Zusammenhang mit rundfunkspezifischen Begriffsdefinitionen im ersten Kapitel kurz erläutern werde, ergeben sich daraus bisher kaum beachtete Zusammenhänge mit den Theorien zur Medienpolitik, die bereits vor der staatlichen Einheit in der Bundesrepublik diskutiert wurden. Meine Fragestellung verspricht vor allem, hier unterstützende Erkenntnisse über Autonomie und Interdependenz zwischen Politik und Publizistik erarbeiten zu können.

Die verhältnismäßig späte Bearbeitung dieses Themas birgt allerdings auch seine Tücken: Zu nennen wäre dabei die Fülle der Primärquellen und der Sekundärliteratur, die sich auf den politischen Prozeß beziehen. Eine weitere Besonderheit fällt bei der Sichtung der relevanten Literatur ins Auge: Unter den Autoren befinden sich äußerst wenige Politikwissenschaftler. Offensichtlich, weil in den Jahren 1989 bis 1992 für Politikwissenschaftler in der Tat unzählige andere Themen von größerer Bedeutung waren, haben sie das Feld hauptsächlich für Medienwissenschaftler, für einen großen Teil Medienpraktiker, aber auch für einige Rechtswissenschaftler geräumt. Dagegen fand das Thema dieser Arbeit stets vielfältiges Echo in den Printmedien, die wichtige Aspekte für den detaillierten Verlauf der Entwicklung festgehalten haben.

Bereits die Aufgabe dieser Arbeit, eine medienpolitische Entwicklung nachzuzeichnen, macht eine chronologische Vorgehensweise bindend. Dafür ist es zunächst unverzichtbar, als Ausgangslage einen zusammenfassenden Überblick über das Mediensystem der DDR kurz vor dem revolutionären Umbruch zu geben (Kapitel 2). Ideologische und Verfassungsrechtliche Grundlagen, die äußere und innere Struktur des zentralistischen Rundfunks sowie deren Auswirkung auf die Rundfunkpublizistik im totalitären System müssen hier betrachtet werden.

Den eigentlichen Prozeß der Neuordnung des Rundfunkwesens auf dem Gebiet der ehemaligen DDR vom Umbruch 1989 bis zur endgültigen Abwicklung der Einrichtung und der Etablierung neuer Rundfunkanstalten 1992 werde ich unter zwei Aspekten beleuchten: Im Vordergrund steht die administrative medienpolitische Entwicklung, die anhand von Diskussionen, Konzeptvorschlägen, Verfassungsänderungen, Gesetzentwürfen und -beschlüssen sowie Verträgen nachzuvollziehen ist. Parallel dazu ist ein Vergleich herzustellen zu den zeitlich analogen Veränderungen der Infra- und Personalstrukturen von Fernsehen und Hörfunk. Eine klare Trennung dieser zwei Bereiche wird zum einen nicht immer konse-

---

(ORB) und Lojewski (SFB) über Jahre hinweg über eine mögliche Fusion der beiden Rundfunkanstalten.

8   Wirklich abgeschlossen dürfte der Prozeß erst mit der Zusammenlegung der Hörfunkprogramme Deutschlandfunk, RIAS und Deutschlandsender-Kultur 1994 sein. Diese ist aber eine Konsequenz der Diskussionen und Entscheidungen bis Ende 1992.

quent möglich sein, dürfte zum anderen aber auch nicht immer zweckmäßig sein: Von hoher Bedeutung ist hier auch, die wechselseitigen Beziehungen zwischen dem politisch-administrativen Bereich und den Prozessen innerhalb der Einrichtungen aufzuzeigen.

Für die Analyse der ordnungspolitischen Entwicklung ist es dienlich, diese in drei Phasen einzuteilen: Dabei ist die erste Phase (Kapitel 3) bereits vor der eigentlichen *Revolution* im Herbst 1989 anzusetzen, nämlich schon in den Monaten davor, als der sozialistische Staat begann, die totalitäre Kontrolle über die Bevölkerung zu verlieren (Flüchtlinge über Ungarn und in den Botschaften, Etablierung der ersten Bürgerrechtsbewegungen). Denn zu dieser Zeit wurden schon die ersten Forderungen nach einer grundlegenden Veränderung des gesamten Mediensystems gestellt. Mit der eigentlichen *Wende* von Oktober bis Dezember verbesserten sich die Arbeitsbedingungen für die Journalisten, die Medien wurden vom Joch der *Geggelung*[9] befreit und taten es auch selbst. Auf ihre Initiative und auf Drängen der Bürgerrechtsbewegungen entstanden die ersten Ansätze von Verfassungsänderungen (Streichung des Führungsanspruches der SED) sowie erste Entwürfe für ein Mediengesetz.

Die zweite Phase (Kapitel 4) begann wenige Wochen vor der Volkskammerwahl am 18. März 1990. Zum ersten Mal in der Geschichte der DDR konstituierte sich ein frei gewähltes Parlament auf der politischen Bühne. Dieses machte es sich zur Aufgabe, die nun im Laufe des gesellschaftlichen Umbruches (sehr) frei gewordene Medienlandschaft gesetzlich an Normen einer Demokratie zu binden. Aber gleichzeitig stand auch die Idee der „Wiedervereinigung" bereits auf der Tagesordnung, womit sich abzeichnete, daß die Medienlandschaft, insbesondere das Fernsehen (mittlerweile der DFF) und der Hörfunk, kompatibel zur bundesrepublikanischen Rechtsordnung umzugestalten sei.

Den Beginn der dritten Phase lege ich auf den 3. Oktober 1990 fest, den formellen Vereinigungstag. Zwar war die künftige Entwicklung des Rundfunks in den neuen Bundesländern bereits im August mit dem Einigungsvertrag (Art.36: Fortführung bis spätestens 31. Dezember 1991, dann *Überführung* in öffentlich-rechtliche Anstalten der Länder oder *Auflösung*) festgelegt worden, jedoch fanden in der Volkskammer noch bis in die späten September die Verhandlungen für das Rundfunküberleitungsgesetz statt, das ursprünglich die Zukunft von DFF und Hörfunk auch noch im vereinten Deutschland regeln sollte. Wegen Inkompatibilität zur westdeutschen Rundfunkordnung wurde die Wirkungsdauer dieses Gesetzes jedoch kurzerhand auf sieben Tage (!) bis zum 3. Oktober gekürzt. An diesem Tag begann die durch den Einigungsvertrag ermöglichte Abwicklung. Rudolf Mühlfenzl (CSU), ehemals beim Bayrischen Rundfunk, erhielt wenig später den Auftrag, die Einrichtung bis zum 31.Dezember 1991 zu verwalten (Kapitel 5), während sich die neuen Länder bemühten, neue Rundfunkanstalten zu gründen oder

---

9 Zensur- und Kontrollpraktiken des Abteilungsleiters für *Agitation* im ZK der SED, Heinz Geggel.

sich anderen Anstalten anzuschließen (Kapitel 6). Am 1. Januar 1992, 0.00 Uhr, starteten die neuen Sender MDR und ORB ihre Programme, Mecklenburg Vorpommern schloß sich dem NDR an. Zugleich wurden bereits entscheidende Weichen für den nationalen Hörfunk gestellt. Von besonderem Interesse ist in diesem Kapitel die Gründungsentwicklung des ORB, auf die konzentriert einzugehen ist: Nicht nur die geographische Nähe zur Einrichtung, sondern auch die Situation, daß Brandenburg das einzige der fünf neuen Bundesländern war, das statt unter CDU- unter SPD-Regierung stand, bietet vielfältige Vergleichsmöglichkeiten zur Entwicklung der Einrichtung und zu der von den Unionsparteien dominierten Medienpolitik im Zuge der Vereinigung.

Zwar bearbeiten die Kapitel 5 und 6 zeitgleiche Phasen der Entwicklung, hinter der strikten Trennung von Einrichtung und Entstehung der neuen Rundfunkfunkanstalten steht jedoch meine Absicht, die erhebliche Beziehungslosigkeit zwischen diesen beiden Bereichen zu verdeutlichen. Kapitel 7 soll dann schließlich der Gegenüberstellung beider paralleler Entwicklungen dienen.

1 Rundfunk: Begriffsdefinitionen und theoretische Grundlagen

Die Definition des Begriffes *Rundfunk* ist international nicht einheitlich. Die Zeit, die es in der Bundesrepublik bedurfte, bis eine zumindest weit akzeptierte Definition eingeführt werden konnte, zeugt von der Schwierigkeit, präzise zu umschreiben, was *Rundfunk* ist. Ursprünglich wurde der Begriff in Deutschland 1921 von Hans Bredow geprägt und bezog sich damals ausschließlich auf den Hörfunk. Mit der Weiterentwicklung der Funktechnik seit den fünfziger Jahren wurde das Fernsehen im allgemeinen Sprachgebrauch der Bundesrepublik mit einbezogen. Prinzipiell galt, daß *Rundfunk* das ist, was aus den *Rundfunkanstalten* kommt, nämlich „immaterielle Signale", die „elektronisch vermittelt werden".[10]

Erstmals 1968 wurde der *Rundfunkbegriff* im Gebührenstaatsvertrag juristisch gefaßt. Der Wortlaut trägt auch heute noch seine Gültigkeit:

> *Rundfunk ist die für die Allgemeinheit bestimmte Veranstaltung und Verbreitung von Darbietungen aller Art in Wort, in Ton und in Bild unter Benutzung elektrischer Schwingungen ohne Verbindungsleitung oder längs oder mittels eines Leiters.*[11]

Diese Definition wurde lediglich um neue Verbreitungsformen innerhalb von Hörfunk und Fernsehen erweitert:

> *Der Begriff schließt Darbietungen ein, die verschlüsselt verbreitet werden oder gegen besonderes Entgelt empfangbar sind sowie Fernsehtext.*[12]

Mit dieser Begriffsbestimmung unterscheidet sich der *Rundfunk* von den anderen *elektronischen Massenmedien* (audio-visuelle Medien) wie z.B. Schallplatte, Tonband, Video und Compact Disk (CD), die stationär verfügbar sind.

1.1 Rundfunk ist ein Massenmedium

Rundfunk ist wie alle elektronischen Medien und Printmedien ein *Massenmedium*, das heißt ein technisches Verbreitungsmittel für die *Massenkommunikation*,

---

10 Hans J. Kleinsteuber: Rundfunk, in: Dieter Nohlen / Rainer-Olaf Schultze (Hg.): Politikwissenschaft - Theorien-Methoden-Begriffe, (Nohlen, Dieter (Hg.): Pipers Wörterbuch zur Politik, Bd. 1), München/Zürich 1985, S. 879f., S. 879.

11 Staatsvertrag über den Rundfunk im vereinten Deutschland, vom 31.8.1991, in: GVBl. Brandenburg, 2.Jg., Nr. 42, 17.12.1991, S. 581-614, 1. Abschnitt, § 2,1.

12 Ebd.

bei der Aussagen „öffentlich, ... indirekt und einseitig an ein disperses Publikum vermittelt" werden.[13] Bei der *Massenkommunikation* wendet sich folglich der Sender nicht an einen bestimmten Empfänger wie bei der zwischenmenschlichen Kommunikation, sondern an ein heterogenes Publikum, das weder begrenzt noch personell definiert ist. Durch die indirekte Verbreitungsform der Massenmedien besteht „eine räumliche, zeitliche oder raumzeitliche Distanz zwischen den Teilnehmern am kommunikativen Prozeß",[14] ein potentiell gleichberechtigter Informationsaustausch wie bei der zwischenmenschlichen Kommunikation kann nicht stattfinden, weil die Rollen von Sender und Publikum unumkehrbar festgelegt sind.

1.2 Massenkommunikation in der politischen Theorie

Weil zum heterogenen Publikum jede Person in der technischen Reichweite des Rundfunks zählt, die die Möglichkeit zum Empfang der Informationen hat (in der Bundesrepublik haben fast alle Haushalte Radio und Fernsehgeräte[15]), wird diesem Publikum auch die Repräsentation der *Öffentlichkeit* zugeschrieben.[16] Wenn Informationen an das Publikum weitergegeben werden, dann sind sie öffentlich. Die *Öffentlichkeit* versteht sich hier als „Diskurssphäre der Staatsbürger",[17] ein Kommunikationsbereich innerhalb dessen auch die zwischenmenschliche Kommunikation möglich ist und in der sich der gesellschaftliche Austausch abspielt.

1.2.1 Öffentliche Meinung

Für die Organisation eines *politischen Kommunikationsprozesses* kommt den Massenmedien, und hier neben der Presse insbesondere dem Rundfunk wegen der hohen Verbreitung, eine große Bedeutung zu: Die Massenkommunikation dient der *freien Bildung der öffentlichen Meinung*. Das ergibt sich aus der Überzeu-

---

13 Max Kaase: Massenkommunikation, in: Dieter Nohlen (Hg.): Wörterbuch Staat und Politik, Bonn 1995, S. 414-420, S. 414.

14 Hans J. Kleinsteuber: Massenmedien, in: Nohlen/Schultze: Politikwissenschaft, a.a.O., S. 547f., S. 547.

15 Vgl. Heribert Schatz: Massenmedien in der Bundesrepublik Deutschland, in: Werner Weidenfeld / Hartmut Zimmermann (Hg.): Deutschland-Handbuch - Eine doppelte Bilanz 1949-1989, (Bundeszentrale für politische Bildung: Schriftenreihe Studien zur Geschichte und Politik, Bd. 275), Bonn 1989, S. 389-401, S. 396.

16 Vgl. Kurt Koszyk: Öffentlichkeit, in: Everhard Holtmann (Hg.) / Heinz Ulrich Brinkmann / Heinrich Pehle: Politik-Lexikon, München/Wien 1991, S. 399-401, S. 399.

17 Ebd.

gung, daß in einer *Demokratie* [18] allen Personen am meisten gedient sei, wenn Fragen von öffentlichem *Interesse* [19] in freier und offener Diskussion erörtert werden.

Allerdings gibt es keinen Konsens darüber, was *öffentliche Meinung* ist. Dagegen bietet sich „ein breites Panorama von Deutungen, bei denen in je unterschiedlicher Dichte sich ideengeschichtliche, theoretische, empirische und normative Elemente verweben".[20] Umstritten ist, ob *öffentliche Meinung* als Summe aller relevanten Einzelmeinungen zu verstehen ist, die sich als Ergebnis von Umfragen feststellen läßt. In der wissenschaftlichen Auseinandersetzung steht der Begriff eher in der Nähe der „veröffentlichten" Meinung, die die Einschätzung derer widerspiegelt, die Zugang zu und Einfluß auf die Massenmedien haben.[21]

Die sich hier abzeichnende *Manipulierbarkeit* von *öffentlicher Meinung* durch die Massenmedien bzw. durch die, die ihre Meinung darin veröffentlichen können, ist stets Gegenstand der *Wirkungsforschung*.[22] Über die Wirkung und Funktion von Massenmedien im Prozeß der *politischen Kommunikation* und der *Bildung öffentlicher Meinung* gibt es eine Vielzahl von theoretischen Ansätzen. Als Beispiele sollen an dieser Stelle die häufig diskutierten Theorieentwürfe von Jürgen Habermas, Niklas Luhmann und Elisabeth Noelle-Neumann dienen.

Die normative Definition von Habermas versteht *Öffentlichkeit* zunächst als kritische Instanz gegenüber politischer Herrschaft. Jedoch ist Habermas der Meinung, daß es eine einheitliche, liberale und bürgerliche *Öffentlichkeit*, in der das Publikum aus räsonierenden Privatleuten im Interesse des Gemeinwohls selbsttätig zusammentritt, nicht mehr gebe. In sozialstaatlich verfaßten Massendemokratien entstehe *Öffentlichkeit* demnach nicht mehr selbständig, sondern werde auf dem Wege politischer Öffentlichkeitsarbeit durch die massenmedial adressierte

---

18 Da es für den Begriff *Demokratie* keine allseits akzeptierte Lehrmeinung gibt (bis auf, daß es die Staatsform bezeichnet, in der *die Staatsgewalt vom Volk ausgeht*), die sich in einer einzigen handfesten Definitionsformel verdichten ließe, muß hier auf weiterführende Literatur verwiesen werden, um nicht über den Rahmen dieser Untersuchung hinauszugehen. Massenmedien sind im Zusammenhang mit der Meinungs- und Informationsfreiheit in jedem Fall aber als ein entscheidendes Element für die Realisierung des freien Meinungswettbewerbes in einer Demokratie anzusehen; vgl. Bernd Guggenberger: Demokratie/Demokratietheorie, in: Nohlen: Wörterbuch, a.a.O., S. 80-90; vgl. Dietrich Thränhardt: Demokratie in Deutschland, in: Uwe Andersen / Wichard Woyke (Hg.): Handwörterbuch des politischen Systems der Bundesrepublik Deutschland, 2. Aufl., Bonn 1995, S. 128-130.

19 *Interesse* meint allgemein Anteilnahme, Wissensdrang und Neigung. Aus gleichen Gründen wie beim Begriff *Demokratie* muß hier auf weiterführende Literatur verwiesen werden; vgl. Peter Massing: Interesse, in: Andersen/Woyke, a.a.O., S. 217-225.

20 Hans J. Kleinsteuber: Öffentliche Meinung, in: Nohlen/Schultze: Politikwissenschaft, a.a.O., S. 622f., S. 622.

21 Vgl. ebd., S. 622f.

22 Vgl. Kaase, a.a.O., S. 415.

„Entfaltung demonstrativer Publizität" hergestellt. *Öffentliche Meinung* verliere damit ihre Bedeutung als Kontrollorgan staatlicher Politik, an Stelle des räsonierenden Publikums trete das konsumierende Publikum.[23]

In Luhmanns funktional-struktureller Theorie wird die *öffentliche Meinung* durch die Leistungen der Massenmedien in der *Öffentlichkeit* des Publikums erzeugt, indem für die Unterstützung bestimmter Themen geworben wird. Diese öffentliche Meinung könne weder die staatliche Politik kontrollieren noch die politischen Entscheidungen beeinflussen, wohl aber sei ihr die Möglichkeit gegeben, die Aufmerksamkeit auf bestimmte Themen zu lenken und auf diese Weise den politischen Kommunikationsprozeß zu steuern. Insofern sei *öffentliche Meinung* als ein „Gelenkstück" zwischen den Bürgern und dem *politisch-administrativen System*[24] aufzufassen.[25]

Das Konzept Noelle-Neumanns geht von einer verbreiteten „Isolationsfurcht" als sozialpsychologisches Verhaltensmuster aus: Die Menschen würden die in den Massenmedien tatsächlich oder auch nur scheinbar vorhandene Meinungsverteilung registrieren, deren dominierende Meinung sie aus „Isolationsfurcht" im Laufe der Zeit selbst übernähmen, während die ursprünglich eigene Meinung zurückgedrängt werde. Es entstehe ein spiralförmiger Prozeß zunehmenden Schweigens, die „Schweigespirale". Diese Theorie wird trotz vielfacher Einwände oft als Erklärungsrahmen für die „Macht der Medien" herangezogen, so z.B. in Verbindung mit der Diskussion über die wahlbeeinflussende Wirkung von Massenmedien.[26]

---

23 Jürgen Habermas: Strukturwandel der Öffentlichkeit, o.O. 1962, zit. in: Ulrich Sarcinelli: Kommunikationstheorien der Politik, in: Dieter Nohlen / Rainer-Olaf Schultze (Hg.): Politische Theorien, (Nohlen, Dieter (Hg.): Lexikon der Politik, Bd. 1), München 1994, S. 241-248, S. 242f.

24 Unter dem *politisch-administrativen System* ist „der Staatsapparat" zu verstehen, der „entsprechend der jeweiligen Verfassung in eine Mehr- bzw. Vielzahl von Institutionen ausdifferenziert ist" und in dem sowohl Politiker wie auch Staatsbeamte handeln, zit. aus: Rainer-Olaf Schultze: Staatstheorie - Staatszentrierte Ansätze, in: Nohlen: Wörterbuch, a.a.O., S. 733-740, S. 733.

25 Niklas Luhmann: Die öffentliche Meinung, in: Wolfgang R. Langenbucher (Hg.): Zur Theorie der politischen Kommunikation, München 1974, S. 44, zit. in: Ottfried Jarren: Politik und Medien im Wandel: Autonomie, Interdependenz oder Symbiose? - Anmerkungen zur Theoriedebatte in der politischen Kommunikation, in: Publizistik, 33. Jg., 4/1988, S. 619-632, S. 620.

26 Elisabeth Noelle-Neumann: Öffentliche Meinung - Die Entdeckung der Schweigespirale, Frankfurt a.M. 1989, zit. in: Sarcinelli: Kommunikationstheorien, a.a.O., S. 242; vgl. Kaase, a.a.O., S. 417.

1.2.2 Institutionelle Perspektive

Trotz der Differenzen zwischen den verschiedenen Ansätzen herrscht ein Konsens darüber, daß die Massenmedien für die *freie Meinungsbildung* in modernen demokratischen Staaten von hoher Bedeutung sind.[27] Diese gehöre laut Sarcinelli zum „Kernbestand der Demokratie".[28] Deshalb beschäftigt sich die politische Kommunikationsforschung auf der *institutionellen Ebene* (*polity*-Ebene) im bezug auf die Freiheit der Meinungsbildung mit Fragen der Autonomie und Interdependenz von Politik und Publizistik.[29] Gegenstand dabei ist die *Medienpolitik*.

Im wissenschaftlichen Sprachgebrauch meint *Medienpolitik* ein „politisch motiviertes und intendiertes Handeln, das sich auf die Organisation, die Funktionsweise, die Ausgestaltung und die materielle sowie personelle Situation der Massenmedien bezieht".[30] In westlichen Demokratien gibt es verschiedene *medienpolitische Akteure*: die Regierungen auf allen Ebenen des politischen Systems, die politischen Parteien, Interessengruppen wie Verbände, Gewerkschaften und Kirchen, die Medienorganisationen selbst und die Rezipienten.[31] Diesen Akteuren stehen jedoch nicht gleiche Instrumente zur Umsetzung medienpolitischer Ziele zur Verfügung: Während die Regierungen, hier insbesondere im öffentlich-rechtlichen Rundfunkbereich der Bundesrepublik, *regulative Maßnahmen* durch Gesetze und Staatsverträge ergreifen können (*Ordnungspolitik*), die technische sowie soziale Infrastruktur bestimmen können (*Infrastruktur- und Ressourcenpolitik*) und Programmgrundsätze gesetzlich festlegen können (*Informations- und Programmpolitik*), und während Parteien und Interessengruppen die Einflußnahme auf die Besetzung von Führungspositionen beanspruchen, so bleiben den Rezipienten kaum medienpolitische Instrumente (eventuell Leserbriefe, Gerichtsklagen, Demonstrationen etc.).[32] Die medienpolitischen Möglichkeiten der Medienorganisationen selbst, sprich öffentlich-rechtlichen Rundfunkanstalten, richten sich nach den jeweiligen Anstalten: Für die Führungspersonen sind hier *Infrastruktur- und Ressourcenpolitik* sowie *Informations- und Programmpolitik* zu nennen, für die Mitarbeiter bieten sich eingeschränkte Möglichkeiten über innerbetriebliche Institutionen.

Die theoretischen Ansätze in der politischen Kommunikationsforschung zur *Medienpolitik* lassen sich im wesentlichen in drei Gruppen gliedern: Ausgangspunkt

---

27 Vgl. Heribert Schatz: Massenmedien, in: Andersen/Woyke, a.a.O., S. 361-371, S. 363.

28 Sarcinelli: Kommunikationstheorien, a.a.O., S. 241.

29 Vgl. ebd., S. 243.

30 Hans J. Kleinsteuber: Medienpolitik - Westliche Länder, in: Nohlen: Wörterbuch, a.a.O., S. 420-422, S. 420.

31 Vgl. ebd.; zum Begriff *Interessengruppen* vgl. Rolf G. Heinze / Helmut Voelzkow: Interessengruppen, in: Andersen/Woyke, a.a.O., S. 235-240.

32 Vgl. Kleinsteuber: Medienpolitik, a.a.O., S. 420f.; vgl. Heribert Schatz: Medienpolitik, in: Holtmann u.a., a.a.O., S. 355-358, S. 355; vgl. Ders.: Massenmedien, a.a.O., S. 363f.

der *normativ-demokratietheoretischen Ansätze* - den ältesten Ansätzen - ist meist eine gruppenpluralistische Variante der Demokratietheorie,[33] nach der Interessen verbandsförmig organisiert am politischen Prozeß teilnehmen können. Die Massenmedien gelten bei der *Bildung der öffentlichen Meinung* als „Medium und Faktor".[34] Ihnen werden dementsprechend auch die Funktionen der Artikulation von gesellschaftlichen Bedürfnissen und politischen Forderungen (als *Medium*) sowie der Konsensbildung zu politischen Entscheidungen, der sozio-politischen Integration des Gemeinwesens und der Kritik und Kontrolle von Machtträgern (als *Faktor*) zugeordnet. Dem neutral gedachten Staat wird dabei die Aufgabe zuteil, diese Funktionsfähigkeit als „Medium und Faktor" zu gewährleisten.[35]

Die wenig beachteten *polit-ökonomischen* (auch neomarxistischen) *Ansätze* bemängeln an den demokratietheoretisch orientierten Konzepten den ideologischen Charakter, der lediglich auf Systemstabilisierung und Wahrung des „Legitimationsscheins" ausgerichtet sei. Durch die oberste Handlungsmaxime „Profitinteresse" in der Medienpolitik und durch die Unterdrückung der Kultur wird den Massenmedien in erster Linie ein Katalog manipulativer Funktionen zugeschrieben. Als Vertreter des „Gesamtkapitalinteresses" erfülle der Staat die Aufgabe, jede Verselbständigung der Massenmedien zu verhindern - das gelinge ihm am zuverlässigsten dadurch, daß er die Medien den Gesetzmäßigkeiten der kapitalistischen Wirtschaft aussetze.[36]

Ausgehend vom kritischen Rationalismus bedienen sich die jüngeren, mittlerweile vorherrschenden *rationalistisch-systemtheoretischen Ansätze* der Vorstellung, daß Massenkommunikation integrales Funktionserfordernis aller Teilsysteme moderner Gesellschaften sei. Das impliziere neben politischen und ökonomischen auch *gesellschaftliche* und *soziale Funktionen* der Massenmedien (Integration, Sozialisation etc.), wobei die Funktion der Kontrolle (Medien als *vierte Gewalt*) eine immer geringer werdende Bedeutung erfahre.

Der Staat fungiere in der Medienpolitik aber nicht als neutraler Sachverwalter gesellschaftlicher Interessen, sondern bringe seinerseits ebenfalls bestimmte Eigen-

---

33 *Pluralismus* als wesentlicher Bestandteil einer Demokratie kennzeichnet die Berücksichtigung der verschiedenen Meinungsinteressen. *Gruppenpluralismus* meint dabei, daß sich diese Interessen in Gruppen bzw. Verbänden organisieren, um an der politischen Gestaltung des demokratischen Gemeinwesens teilzunehmen; vgl. Rainer Eisfeld: Pluralismus/Pluralismustheorie, in: Nohlen: Wörterbuch, a.a.O., S. 537-542.

34 Ebd., S. 362.

35 Diese Ansätze finden sich z.B. bei Karl W. Deutsch, Franz Ronneberger und Heinrich Oberreuter; vgl. Schatz: Medienpolitik, a.a.O., S. 355; vgl. Ulrich Sarcinelli: Politikvermittlung durch Massenmedien - Bedingung oder Ersatz für politische Bildung? Herausforderungen politischer Kommunikation in der Mediengesellschaft, in: Bundeszentrale für politische Bildung (Hg.): Verantwortung in einer unübersichtlichen Welt - Aufgaben wertorientierter politischer Bildung, (Schriftenreihe Bd. 331), Bonn 1995, S. 443-458, S. 448f.; vgl. Sarcinelli: Kommunikationstheorien, a.a.O., S. 243f.

36 Schatz: Medienpolitik, a.a.O., S. 355f.

interessen mit ein. Das resultiere aus dem hohen Problemdruck, dem die Regierungen demokratisch verfaßter Staaten gegenüberstünden, der vor allem auf die Entwicklungsdynamik der zur „Risikogesellschaft"[37] tendierenden Ökonomien zurückzuführen sei. Wegen der Bedeutungszunahme von „symbolischer Politik"[38] der politischen Akteure (Schaffung eines Images von Sachkompetenz durch machtdemonstrative Rituale) würde es für diese immens an Attraktivität gewinnen, die Massenmedien für sich selbst zu instrumentalisieren.[39] Dabei spiele es gar keine Rolle, so Jarren, ob die empirischen Befunde und theoretischen Erklärungsansätze über die Wirkung der Massenmedien der Realität entsprechen:

> *Allein die Vermutung einer beträchtlichen Wirksamkeit massenmedial verbreiteter Informationen hat dazu geführt, daß die politischen Akteure in der Bundesrepublik Deutschland sich mit steigender Aufmerksamkeit und Intensität den Medien widmen.*[40]

Umstritten bleibe jedoch, ob aus dieser intensiver gewordenen Beziehung zwischen Politik und Massenmedien ein *Machtzuwachs* („Unregierbarkeit")[41] wegen der verstärkten Abhängigkeit des politisch-administrativen Systems von den Medien oder ein *Machtverlust* („Autonomieverlust")[42] der Medien durch beeinflussende Maßnahmen der Exekutive entsteht. Als weitere Möglichkeit wirft Jarren die Frage auf, ob diese Beziehung nicht gar zu einer „Symbiose" zwischen Kommunikationspolitik des politisch-administrativen Systems und dem Massenkommunikationssystem führe, zu einer Art „Supersystem", mit dem das klassische Prinzip der wechselseitigen Kontrolle endgültig obsolet werde.[43]

1.3 Rundfunk in der Bundesrepublik Deutschland

Die Struktur des Rundfunksystems in der Bundesrepublik wurde nach dem Zweiten Weltkrieg wie das Pressewesen durch die ordnungs- und programmpolitischen

---

37 Den Begriff *Risikogesellschaft* prägte Ulrich Beck, vgl. Ulrich Beck: Risikogesellschaft, Frankfurt a.M. 1986.

38 So die Titel verschiedener Publikationen: vgl. Ottfried Jarren: Symbolische Politik - Zur Bedeutung symbolischen Handelns in der Wahlkampfkommunikation der Bundesrepublik Deutschland, Opladen 1987; vgl. Ulrich Sarcinelli: Symbolische Politik, Opladen 1987.

39 Diese Ansätze finden sich z.B. bei Ulrich Saxer, Ottfried Jarren, Matthias Kepplinger und Ulrich Sarcinelli; vgl. Schatz: Medienpolitik, a.a.O., S. 355f.; vgl. Sarcinelli: Politikvermittlung, a.a.O., S. 449f.

40 Jarren: Politik und Medien, a.a.O., S. 619.

41 Dieser Ansatz findet sich z.B. bei Elisabeth Noelle-Neumann; vgl. Jarren: Politik und Medien, a.a.O., S. 624; vgl. Schatz: Massenmedien, a.a.O., S. 362f.

42 Dieser Ansatz findet sich z.B. bei Heribert Schatz; vgl. ebd., S. 362f.; vgl. Jarren: Politik und Medien, a.a.O., S. 626-628.

43 Vgl. ebd., S. 619, 629.

Vorstellungen der Alliierten geprägt. Die Medien sollten demnach die Aufgabe erfüllen, ...

> ... nach den Jahren nationalsozialistischer Indoktrination wieder zur Demokratie zu erziehen, dem von den Alliierten verordneten föderalen Aufbau Westdeutschlands die nötige Akzeptanz zu sichern und im übrigen als Verlautbarungsorgan für das sich langsam wiederbelebende öffentliche Leben zu fungieren.[44]

Mit diesen „Reeducation-Zielen" forcierten die Alliierten in Westdeutschland den Aufbau von *öffentlich-rechtlichen Rundfunkanstalten* nach dem Vorbild der „British Broadcasting Corporation" (BBC). Bei diesen sollte durch eine *föderalistische Grundstruktur*[45] auf jeden Fall die *Staatsferne* sichergestellt werden als Konsequenz aus dem von Goebbels zum zentralen Propagandainstrument ausgebauten Rundfunk während der Gewaltherrschaft des Nationalsozialismus.[46]

1.3.1 Öffentlich-rechtlicher Rundfunk

Öffentlich-rechtlich bedeutet zunächst, daß Rundfunkanstalten nicht ausschließlich nach Vorschriften des Privatrechts (Bürgerliches Gesetzbuch, Handelsgesetzbuch etc.) gegründet und betrieben werden können, sondern den Vorschriften des *öffentlichen Rechts* unterliegen, sprich Rundfunkgesetzen und Staatsverträgen.[47] Durch die *föderalistische Struktur* der Bundesrepublik obliegt das Beschließen von diesen Gesetzen und Verträgen den Ländern.

Beim Modell nach dem Vorbild der BBC erhält die inhaltliche Kontrollfunktion der hierarchisch hervorgehobene *Intendant*, während die Offenheit für neue Ideen und Personen durch ein plural zusammengesetztes und damit staatsfernes Organ, durch einen *Rundfunk-* oder *Fernsehrat* (Rundfunkgremium bestehend aus „gesellschaftlich relevanten Gruppen"[48]), gewährleistet werden soll.

Bei der Schaffung rundfunkrechtlicher Normen haben sich die Gesetzgeber der Länder seit der Gründung der Bundesrepublik an den Artikel 5 des Grundgesetzes

---

44   Schatz: Massenmedien in der Bundesrepublik, a.a.O., S. 392.

45   *Föderalismus* meint allgemein die Struktur gesellschaftlicher, politischer oder staatlicher Zusammenschlüsse, in der alle Einheiten über eigene Rechte, Autonomie und Legitimität verfügen; zum Begriff *Föderalismus* vgl. Wolfgang Reichardt: Föderalismus, in: Nohlen/Schultze: Politische Theorien, a.a.O., S. 102-110.

46   Schatz: Massenmedien in der Bundesrepublik, a.a.O., S. 392.

47   Vgl. Matthias Kollatz(Hg.): Kleines Lexikon zur Medienpolitik, Marburg 1984, S. 59; zum Begriff *öffentliches Recht* vgl. Dieter Hesselberger: Das Grundgesetz - Kommentar für die politische Bildung, 9. Aufl., Neuwied 1995, S. 5.

48   Kollatz, a.a.O., S. 60.

(GG) zu orientieren, weil Artikel 1 (3) GG diese an das Grundgesetz bindet.[49] Darin heißt es (Art. 5, 1-2):

> *Jeder hat das Recht, seine Meinung in Wort, Schrift und Bild frei zu äu-ßern und zu verbreiten und sich aus allgemein zugänglichen Quellen ungehindert zu unterrichten. Die Pressefreiheit und die Freiheit der Be-richterstattung durch Rundfunk und Film werden gewährleistet. Eine Zensur findet nicht statt.*

> *Diese Rechte finden ihre Schranken in den Vorschriften der allgemei-nen Gesetze, den gesetzlichen Bestimmungen zum Schutz der Jugend und in dem Recht der persönlichen Ehre.[50]*

Dieses Grundrecht (auch *äußere Pressefreiheit[51]*) ist das einzige den Rundfunk betreffende Gesetz, das bundesstaatlich im Grundgesetz verankert ist, und enthält keine Normen über Organisation, Struktur und Aufgaben von Rundfunkanstalten. In dieser Hinsicht erhält der Artikel erst Substanz durch die Rechtsprechung des *Bundesverfassungsgerichtes* (BVerfG), das die Bestimmungen des Grundgesetzes „autoritativ" (maßgebend) auszulegen habe.[52] In mehreren Urteilen hat das Bun-desverfassungsgericht den Art. 5 GG präzisiert, deren Normen für den öffentlich-rechtlichen, aber auch für den privaten Rundfunk in allen Ländern der Bundesre-publik bindend sind.[53]

Aus den Grundrechten der *freien Meinungsäußerung* und der *Informationsfreiheit* leiten sie sowohl für die Presse als auch für den Rundfunk neben der Freiheit der Berichterstattung auch die *Verpflichtung der Wahrheitsmäßigkeit* ab. Dabei dürfe die Wahrheit weder bewußt entstellt noch der Öffentlichkeit unterschlagen wer-den.[54] Damit diene die Rundfunkfreiheit der gleichen *Aufgabe* wie alle Garantien des Art. 5 GG: nämlich „der Gewährleistung freier individueller und öffentlicher

---

49 Vgl. Michael Brinkmann: Das neue Recht des Mitteldeutschen Rundfunks - Unter beson-derer Berücksichtigung der Entwicklungen des Rundfunkrechts in der ehemaligen DDR, (Europäische Hochschulschriften: Rh. 2, Rechtswissenschaft, Bd. 1557), Frankfurt a.M. 1994, S. 73.

50 Art. 5 GG, in: Niedersächsisches Kultusministerium / Niedersächsische Landeszentrale für politische Bildung (Hg.): Grundgesetz für die Bundesrepublik Deutschland (vorläufige Niedersächsische Verfassung), Hannover 1982, S. 8.

51 Vgl. Kollatz, a.a.O., S. 65-67.

52 Hesselberger, a.a.O., S. 288; vgl. Art. 93 GG, in: Niedersächsisches Kultusministerium / Niedersächsische Landeszentrale für politische Bildung, a.a.O., S. 52f.

53 Für diese Untersuchung muß ich mich jedoch auf die Bestimmungen zum öffentlich-rechtlichen Rundfunk beschränken.

54 Vgl. Entscheidungssammlung des BVerfG (BVerfGE) 12, S. 113, 130, zit. in Hesselber-ger, a.a.O., S. 86.

Meinungsbildung" durch die Pflicht, „in möglichster Breite und Vollständigkeit zu informieren", und durch die *Funktion* eines „Mediums" und „Faktors".[55]

Daraus werden zweierlei Richtlinien für den öffentlich-rechtlichen Rundfunk abgeleitet: Zum einen habe dieser die *gleichgewichtige Vielfalt* („Ausgewogenheit") im Programm sicherzustellen („Grundversorgung"),[56] und zum anderen müsse er frei von staatlicher Beherrschung und anderweitiger einseitiger Einflußnahme wirken können („Staatsfreiheit" bzw. *Staatsferne*).[57] Diese Aufgaben könnten private Rundfunkanstalten nicht in vollem Umfang leisten.[58]

Es ist juristisch allerdings nicht eindeutig definiert, was *Grundversorgung* ist. Sie sei ein „unbestimmter Rechtsbegriff", schreibt Wilhelmi.[59] Das BVerfG definiert die Grundversorgung selbst grob als die „essentiellen Funktionen" für die demokratische Ordnung und für das kulturelle Leben. Diese Funktionen gliedern sich inhaltlich auf in die Bereiche „Meinungs- und politische Willensbildung, Unterhaltung, laufende und Hintergrundberichterstattung, Information sowie kulturelle Verantwortung", die zusammengefaßt wiederum den „klassischen Auftrag des Rundfunks" ergeben.[60]

Hinsichtlich der *Staatsferne* hätten die Länder dafür Sorge zu tragen, daß Strukturen errichtet werden, die der Vielfalt der bestehenden Meinungen im Rundfunk in möglichster Breite und Vollständigkeit Ausdruck verleihen können. Die Freiheit des öffentlich-rechtlichen Rundfunks erfordere demnach Gesetze, durch welche die Rundfunkanstalten so organisiert werden, daß alle in Betracht kommenden *gesellschaftlichen Kräfte*[61] in ihren Gremien Einfluß haben und im Gesamtprogramm

---

55 BVerfGE 73, S. 152, zit. in: Martin Wilhelmi: Verfassungsrechtliche Probleme des öffentlich-rechtlichen Rundfunks in den neuen Bundesländern - Lokale Grundversorgung, Staatsfreiheit, Finanzierung, (Schriften zu Kommunikationsfragen, Bd. 21), Berlin 1995, S. 85.

56 BVerfGE 73, S. 157, zit. in: Ebd., S. 89.

57 BVerfGE 60, S. 64, zit. in: Brinkmann, a.a.O., S. 112; vgl. Hesselberger, a.a.O., S. 87; vgl. BVerfGE 57, S. 295, 320, zit in: Götz Frank: Vom Staatssender zur binnenpluralistischen Konzeption - Die aktuelle Entwicklung des DDR-Fernsehens, in: Walter A. Mahle (Hg.): Medien in Deutschland - Nationale und internationale Perspektiven, (AKM-Studien, Bd. 32), München 1990, S. 101-108, S. 102; das Gebot der *Staatsferne* sei in seinem verfassungsrechtlichen Gehalt jedoch lediglich eine „Zielvorstellung", so Frank, zit. aus: Ebd.

58 Vgl. BVerfGE 73, S. 155f., zit. in: Wilhelmi, a.a.O., S. 87f.

59 Ebd., S. 107.

60 BVerfG 73, S. 158, zit. in: Ebd., S. 90; zur kulturpolitischen Funktion des Rundfunks vgl. BVerfGE 57, S. 295, 319f., zit in: Frank, a.a.O., S. 108.

61 Unter *gesellschaftlich relevanten Kräften* werden *Interessengruppen* verstanden, die sich in Vereinigungen organisieren und ihre Interessen maßgeblich im politischen Willensbildungs- und Entscheidungsprozeß zur Geltung bringen (z.B. Gewerkschaften, Arbeitgeber, Kirchen,Verbände, Vereine, aber auch Parteien). Welche Organisationen dabei jedoch wirklich *relevant* sind, bleibt undefiniert; vgl. Hesselberger, a.a.O., S. 91; vgl. Peter Massing: Interessengruppen, in: Nohlen: Wörterbuch, a.a.O., S. 289f., S. 289.

zu Wort kommen können („binnenpluralistische Struktur"[62]), und die die Leitgrundsätze für das Gesamtprogramm entsprechend der *Grundversorgung* verbindlich machen.[63] Um die *Staatsferne* zu sichern, dürfe außerdem die Festsetzung der Rundfunkgebühren nicht zu Zwecken der Programmlenkung oder der Medienpolitik benutzt werden, sondern müsse strikt an ihrem Zweck, die *Grundversorgung* zu gewährleisten, gebunden werden.[64]

Ausdrücklich betont das BVerfG, daß die *Gesetzgebung den Landesparlamenten vorbehalten* sei. Und: Das Wesentliche zur Gewährleistung der Rundfunkfreiheit müsse das Parlament bestimmen, weder eine ermächtigte Exekutive noch die Anstalten selbst dürften derartige Bestimmungen, etwa durch eine *Satzung* oder durch vertragliche Regelungen, vornehmen.[65]

Mit diesen Bestimmungen verfolgt das BVerfG bei der juristischen Normierung der bundesrepublikanischen Rundfunkordnung nicht nur die ursprünglichen Ziele der Alliierten, sondern steht auch im Einklang mit den ideologischen Prinzipien der *normativ-demokratietheoretischen Ansätze* in der politischen Kommunikationsforschung. Darüber hinaus korrespondiert es in einem wesentlichen Punkt auch mit den *rationalistisch-systemtheoretischen Ansätzen*, nämlich in der gesellschaftlichen Rundfunkfunktion *Integration*: Es hält normativ fest, daß die Anstalten „eine integrierende Funktion für das Staatsganze" haben.[66]

1.3.2 Das öffentlich-rechtliche Rundfunksystem 1989

Nach den Vorstellungen der Alliierten und den Bestimmungen des Bundesverfassungsgerichtes haben die Bundesländer Westdeutschlands neun öffentlich-rechtliche Landesrundfunkanstalten per Gesetz bzw. Staatsvertrag errichtet. Diese verbreiteten eigene regionale Fernseh- und Hörfunkprogramme sowie ein Gemeinschaftsprogramm im Verbund der „Arbeitsgemeinschaft der öffentlich-rechtlichen Rundfunkanstalten" (ARD). Darüber hinaus bestanden die beiden Bundesrundfunkanstalten „Deutsche Welle" (DW) und „Deutschlandfunk" (DLF) sowie ein auf einen Staatsvertrag aller Länder, 1961 gegründetes „Zweites Deut-

---

62 *Binnenpluralistische Struktur* meint eine Organisation, bei welcher der Einfluß der Kräfte intern durch Organe der jeweiligen Anstalten vermittelt wird, bei der es auch namentlich einer der bestehenden Vielfalt prinzipiell Rechnung tragenden Gewichtung der relevanten gesellschaftlichen Kräfte und der Sicherstellung des effektiven Einflusses der Organe bedarf; vgl. Hesselberger, a.a.O., S. 89.

63 Unter *gesellschaftliche Kräfte* versteht das BVerfG organisierte Gesellschaftsgruppen wie Gewerkschaften, Arbeitgeber, Parteien, Kirchen etc.; vgl. BVerfGE 57, S. 320f., 325f. sowie BVerfGE 12, S. 205, 262, zit. in: Ebd., S. 87, 91.

64 BVerfG: Neue Juristische Wochenschrift, 1994, S. 1942, zit. in: Hesselberger, a.a.O., S. 92.

65 Vgl. BVerfGE 57, S. 321, zit. in: Hesselberger, a.a.O., S. 88.

66 BVerfGE 31, S. 314, zit. in: Langenbucher, a.a.O., S. 706.

sches Fernsehen" (ZDF). Das Monopol zur Verbreitung von Hörfunk- und Fernsehprogrammen hatten die öffentlich-rechtlichen Rundfunkanstalten jedoch durch die Einführung des privaten Rundfunks seit 1984 verloren.[67]

Vielfältige Kritiken erfährt das öffentlich-rechtliche Rundfunksystem auch heute noch hinsichtlich seiner Kontroll- und Entscheidungsgremien, die unter anderem auch die Anstöße zu den *rationalistisch-systemtheoretischen Ansätzen* der politischen Kommunikationsforschung gegeben haben: Durch die Begehrlichkeit der politischen Parteien gegenüber dem Rundfunk hat in den Gremien eine zunehmende „Parteipolitisierung"[68] stattgefunden, weil sie entweder durch die Personalentscheidungen mit hoher Einflußnahme der Parteien „durch-proporzionalisiert" worden sind oder weil sich in ihnen sogenannte „Freundeskreise"[69] (wie beim ZDF) gebildet haben. Der hohe Anteil von parteizugehörigen Vertretern in den Gremien resultiert aus der Tatsache, daß die Länderparlamente - sprich die Parteien - selbst bestimmen müssen, was *gesellschaftlich relevante Kräfte* sind und in welchem Verhältnis (*Proporz*[70]) diese Gremien zusammenzusetzen sind. Davon abgesehen können schließlich auch die nicht von den Parteien, sondern von anderen *gesellschaftlich relevanten Kräften* entsandten Vertreter durchaus parteipolitische Präferenzen haben.

Der auf diese Weise entstandene parteipolitische Einfluß auf Personal- und Programmentscheidungen steht nicht nur im Gegensatz zu der vom Verfassungsgericht gebotenen *Staatsferne*, sondern habe auch maßgeblichen Anteil am oft typischen „Verlautbarungsjournalismus", meint Schatz.[71]

---

67   Vgl. Schatz: Massenmedien, a.a.O., S. 365f.

68   Schatz: Medienpolitik, a.a.O., S. 357.

69   Schatz: Massenmedien in der Bundesrepublik, a.a.O., S. 397f.

70   *Proporz* ist das Verhältnis, in dem die gesellschaftlich relevanten Kräfte nach einem *Proporzschlüssel* in die Rundfunkgremien entsandt werden können; vgl. Kollatz, a.a.O., S. 77f.

71   Schatz: Medienpolitik, a.a.O., S. 400.

2 Ausgangslage: Rundfunk in der DDR bis 1989

Der folgende Überblick über den Rundfunk im totalitären SED-Staat soll sowohl als Basis der Untersuchung der Rundfunkentwicklung nach dem gesellschaftlichen Umbruch als auch dem Vergleich mit dem bundesdeutschen Rundfunksystem dienen. Die über Jahrzehnte diskutierte Frage - zuletzt von Dahrendorf und Kielmannsegg - wie totalitär die DDR tatsächlich war,[72] fand im Zuge der Einheit keine Beachtung. Schon allein die allgemeine Verwendung des Begriffes *Totalitarismus*[73] rief in Westdeutschland generell Skepsis gegenüber einem Mediensystem hervor, das das Herrschaftssystem stützen sollte. Anhand der ideologischen und verfassungsrechtlichen Grundlagen sowie der Rundfunkstrukturen ist diese Funktion auch nicht zu widerlegen. Die publizistische Tätigkeit muß jedoch differenzierter betrachtet werden, weil der Wandel der DDR-Medien nur basierend auf Kenntnissen über Ideologie, Verfassung, Lenkungs- und Kontrollmechanismen nicht zu erklären ist.

2.1 Die Sender und Programme

Der Hörfunk wurde schon 1945 in der SBZ unter zentralistische Kontrolle gestellt, unter die „Deutsche Zentralverwaltung für Volksbildung". Das Kontroll- und Zensurrecht oblag jedoch der sowjetischen Militäradministration. Bis 1946 waren mehrere Landessender in Leipzig, Dresden, Schwerin, Erfurt, Potsdam, Halle und Weimar entstanden, die aber 1952 durch einen Volkskammerbeschluß zusammen mit den Ländern aufgelöst wurden. Offiziell war seitdem, auf Verordnung des Ministerrates, das „Staatliche Komitee [SK] für Rundfunk" beim Ministerrat die oberste Leitungsinstanz. Diesem Komitee unterstand zunächst auch das 1952 gestartete Fernsehprogramm „Deutscher Fernsehfunk" (DFF), bis es 1968 in

---

72 Vgl. Wilfried Scharf: Zur wissenschaftlichen Behandlung der DDR-Massenmedien in der Bundesrepublik Deutschland: Theoriedefizit, in: Rolf Geserick / Arnulf Kutsch (Hg.): Publizistik und Journalismus in der DDR - Acht Beiträge zum Gedenken an Elisabeth Löckenhoff, (Jörg Aufermann / Hans Bohrmann / Winfried B. Lerg / Elisabeth Löckenhoff (Hg.): Schriftenreihe Kommunikation und Politik, Bd. 20), München 1988, S. 37-60, S. 53.

73 Als Merkmale eines *totalitären* Staates bezeichnen Friedrich und Brzezinski (idealtypisch statisches Modell) neben Klassen- oder Rassenfeindlicher Ideologie, Terrorsystem, staatlicher Kontrolle der Wirtschaft und Einparteiregime auch Waffen- sowie Nachrichtenmonopol des Staates; vgl. Wolfgang Wippermann: Totalitarismus/Totalitarismustheorie, in: Nohlen: Wörterbuch, a.a.O., S. 784-786, S. 785.

zwei getrennte Organisationseinheiten, die SKs für Hörfunk und für Fernsehen, umgewandelt wurde.[74]

Im Hörfunkbereich unterhielt die DDR zunächst fünf Hauptprogramme, die in der Berliner Nalepastraße von rund 5.400 Mitarbeitern produziert wurden: „Radio DDR 1" und „DDR 2", „Stimme der DDR", „Berliner Rundfunk" und „Radio Berlin International" (RBI). Daneben strahlten einzelne Sender in den 14 Bezirken, z.T. über die Frequenzen von „DDR 2", Regionalprogramme aus. In den Monaten Mai bis Oktober wurde zusätzlich die „Ostsee-Ferienwelle" verbreitet. In Folge einer Struktur- und Programmreform 1987 kam mit dem „Jugendradio DT64" ein weiteres Vollprogramm hinzu.[75]

Die Hauptprogramme ließen sich wie folgt charakterisieren: „Radio DDR 1" war vornehmlich ein Informations- und Unterhaltungsprogramm, „DDR 2" eher ein Kultur- und Bildungsprogramm. Die „Stimme der DDR", die 1971 aus dem „Deutschlandsender" hervorgegangen war, richtete sich mit Musik und Informationen an deutschsprachige Hörer in der DDR und im Ausland, der „Berliner Rundfunk" war neben der Unterhaltungsfunktion auch ein „Sprachrohr und Spiegel der Hauptstadt", und das RBI war das Auslandsprogramm in bis zu elf verschiedenen Sprachen.[76] Er sei laut der Auslandspresseagentur der DDR, „Panorama", der Sender, der „hilft in aller Welt die Wahrheit über die DDR [!] zu verbreiten".[77]

Neben dem seit 1952 bestehenden DFF kam im Oktober 1969 das zweite Fernsehprogramm DFF 2 hinzu. Die beiden Programme, 1972 in „Fernsehen der DDR 1 und 2" umbenannt, wurden zum größten Teil von insgesamt rund 12.500 Mitarbeitern in den Studios in Berlin-Adlershof produziert. Regional- oder Fensterpro-

---

74   Vgl. Manuela Glaab: Medien, in: Werner Weidenfeld / Karl-Rudolf Korte (Hg.): Handbuch zur deutschen Einheit, Bonn 1993, S. 461-472, S. 463; *Rundfunk* bedeutete nach dem Sprachgebrauch der DDR *Radio*, so daß dieser Begriff in Zitaten als solches aufzufassen ist. Entsprechend der in der Bundesrepublik gebräuchlichen Begriffsdefinition werde ich in meinen Ausführungen allerdings für Radio den Begriff *Hörfunk* verwenden und unter *Rundfunk* die Sendeformen *Hörfunk* und *Fernsehen* zusammenfassen.

75   Vgl. Jürgen Wilke / Elisabeth Noelle-Neumann: Medien DDR, in: Dies. / Winfried Schulz (Hg.): Das Fischer Lexikon - Publizistik, Massenkommunikation, Frankfurt a.M. 1989, S. 156-169, S. 163f.; vgl. Manfred Rexin: Massenmedien in der DDR, in: Weidenfeld/Zimmermann: Deutschland-Handbuch, a.a.O., S. 402-412, S. 408; vgl. Glaab, a.a.O., S. 463; vgl. Rainer Kabel / Hans-Jürgern Kupka: Der Rundfunk in der DDR - historisch, in: Sender Freies Berlin (SFB)(Hg.): Rundfunk im Umbruch - Materialien zur Entwicklung von Hörfunk und Fernsehen der ehemaligen DDR im Jahr 1990, (SFB-Werkstattheft Nr. 19), Berlin o.J. [1991], S. 6-11, S. 8f.; vgl. Panorama DDR (Auslandspresseagentur GmbH, DDR): Presse, Funk und Fernsehen in der DDR, in: Günter Bentele / Otfried Jarren, (Hg.): Medienstadt Berlin, Berlin 1988, S. 315-322, S. 317.

76   Rexin, a.a.O., S. 408; vgl. Wilke/Noelle-Neumann, a.a.O., S. 163f.; vgl. Kabel/Kupka, a.a.O., S. 8f.

77   Panorama DDR, a.a.O., S. 318.

gramme wie beim Hörfunk gab es nicht, die vorhandenen Außenstudios in Rostock, Halle und Dresden fungierten lediglich als Zulieferer einzelner Sendungen für Adlershof. Durch diese dominierende Stellung der Berliner Zentrale im Sendebetrieb war die *Regionalisierung*[78] im Fernsehen kaum entwickelt.[79]

Beide Fernsehprogramme ließen sich im wesentlichen ähnlich charakterisieren: Die Hauptbestandteile dienten der Information, Unterhaltung, Kulturvermittlung und Bildung. Unterschiede in der Programmstruktur ergaben sich meist daraus, daß beide in der Regel alternativ aufeinander abgestimmt waren.[80]

2.2 Ideologische und verfassungsrechtliche Grundlagen

Die Betrachtung der theoretischen und gesetzlichen Grundlagen des Mediensystems in der DDR zeigt, welche ideologische Rolle die sozialistische Staatsführung schon unter Walter Ulbricht den Massenmedien Fernsehen und Hörfunk zugewiesen hatte: Fernsehen und Hörfunk der DDR arbeiteten nach den Prinzipien der *marxistisch-leninistischen*[81] Pressetheorie. Danach sollten alle Druckerzeugnisse als „kollektiver Propagandist", „kollektiver Agitator" und „kollektiver Organisator"[82] der sozialistischen Idee fungieren. Insofern waren Medien allgemein als „Instrument der Partei zur Durchsetzung ihrer revolutionären Politik" zu verstehen. Diese gleichbleibende ideologische Stütze diente bis zum Ende der Amtszeit Honeckers zur Legitimation der zentralistischen Organisation dieser Medien. Die Rolle, ein Mittel zur Interpretation und Aufklärung zu sein, stand seit jeher im Hintergrund.[83]

„Agitation" und „Propaganda" hießen die ideologischen Standbeine für die Medien zur Sicherung der Herrschaft einer leninistischen Partei. Mit ihren Mitteln sollte das Bewußtsein breiter Bevölkerungsgruppen auf sozialistische Ideen ge-

---

78   Der Begriff *Regionalismus* ist nicht allgemeingültig definiert, jedoch soll er hier im Gegensatz zum *Föderalismus* eine Struktur beschreiben, in der einzelne Verwaltungseinheiten zwar mit Eigenkompetenzen ausgestattet sein können, aber in großer Abhängigkeit zur Basiseinheit stehen; vgl. Dirk Gerdes: Regionalismus, in: Nohlen: Wörterbuch, a.a.O., S. 647-650.

79   Vgl. Arnulf Kutsch: Zwischen Wende und heute - Ansätze zur Rundfunkneuordnung in der DDR bis zur deutschen Vereinigung, in: Studienkreis Rundfunk und Geschichte, 17. Jg., 4/1991, S. 169-185, S. 170; vgl. Wilke/Noelle-Neumann, a.a.O., S. 164f.; vgl. Glaab, a.a.O., S. 464; vgl. Kabel/Kupka, a.a.O., S. 10.

80   Vgl. ebd.

81   Zu den Lehren des *Marxismus-Leninismus* vgl. René Ahlberg: Marxismus-Leninismus, in: Klaus Ziemer (Hg.): Sozialistische Systeme - Politik-Wirtschaft-Gesellschaft, (Nohlen, Dieter (Hg.): Pipers Wörterbuch zur Politik, Bd. 4), München/Zürich 1986, S. 266-278.

82   Wladimir Iljitsch Lenin: Womit beginnen?, 1901, in: Iring Fetscher (Hg.): Lenin Studienausgabe, Bd.1, Frankfurt a.M. 1970, S. 29-36, S. 34.

83   Wilke/Noelle-Neumann, a.a.O., S. 156.

lenkt werden, bzw. es sollte systematisch erzogen werden. Als „Propaganda" galt die „systematische Verbreitung und gründliche Erläuterung politischer, philosophischer, ökonomischer, naturwissenschaftlicher und anderer Lehren und Ideen". „Agitation" hieß Führung zur Aktion, ...

... indem sie die Massen organisiert und mobilisiert mit dem vordringlichen Ziel, die entwickelte sozialistische Gesellschaft in der DDR weiter zu gestalten und damit grundlegende Voraussetzungen für den allmählichen Übergang zum Kommunismus zu schaffen.[84]

2.2.1 Verfassungsgrundsätze

Diese Ideologie spiegelte sich auch in den gesetzlichen Grundlagen der DDR, in der Verfassung, wider. Ein gesondertes Presse- bzw. ein Medien- oder gar ein Rundfunkgesetz gab es nicht. Nach Art. 27 (1) der 1968 in Kraft getretenen DDR-Verfassung hatte „Jeder Bürger ... das Recht, ... seine Meinung frei und öffentlich zu äußern". Dieses Recht sollte durch kein Dienst- oder Arbeitsverhältnis beschränkt werden, niemand sollte benachteiligt werden, wenn er von diesem Recht Gebrauch machte. Diese Meinungsfreiheit wurde im selben Satz aber wieder eingeschränkt durch den Zusatz, die Äußerungen dürften nur „den Grundsätzen dieser Verfassung gemäß" sein.[85] Und die erlaubten eben kein Infragestellen der bestehenden politischen und sozialökonomischen Strukturen, d.h. der uneingeschränkten Anerkennung der führenden Rolle der SED und des *demokratischen Zentralismus*.[86]

Auch die in Art. 27 (2) enthaltene Feststellung, „die Freiheit der Presse, des Rundfunks und des Fernsehens werden gewährleistet", wurde zur Makulatur, wenn es im Verfassungskommentar hieß:

Für antisozialistische Hetze und Propaganda, im besonderen für die vom imperialistischen Gegner betriebene ideologische Diversion kann es in der sozialistischen Gesellschaft keine Freiheit geben, sind diese

---

84 Kleines Politisches Wörterbuch, 3. Aufl., Berlin (Ost) 1978, S. 18, 370, zit. in: Rexin, a.a.O., S. 403.

85 Verfassung der Deutschen Demokratischen Republik vom 6. April 1968, in: Verlag Wissenschaft und Politik (Hg.): Die neue Verfassung der DDR, Köln 1974, S. 77-112, S. 90.

86 Vgl. Ulrich Lohmann: Legitimation und Verfassung in der DDR, in: Weidenfeld/Zimmermann: Deutschland-Handbuch, a.a.O., S. 468-487, S. 479; vgl. Wilke/Noelle-Neumann, a.a.O., S. 157; vgl. Gunter Holzweißig: Massenmedien unter Parteiaufsicht - Lenkungsmechanismen vor der Wende in der DDR, in: Rundfunk und Fernsehen, 38. Jg., 3/1990, S. 365-376, S. 367; Im Gegensatz zur Gewaltenteilung umschreibt der *demokratische Zentralismus* das Prinzip der Autorität eines Zentrums gegenüber der übrigen Organisation; vgl. ebd., S. 476f.; vgl. Gert-Joachim Glaessner: Der politische Prozeß in der DDR, in: Weidenfeld/Zimmermann: Deutschland-Handbuch, a.a.O., S. 509-531, S. 514f.; vgl. Wilhelm Bleek: Demokratischer Zentralismus, in: Ziemer, a.a.O., S. 77-83.

doch gegen die Freiheit gerichtet, die sich die Werktätigen im Sozialis-
mus errungen haben.

Und:

> *Die Freiheit der Presse, des Rundfunks und des Fernsehens zu sichern*
> *heißt deshalb vor allem, keinerlei Mißbrauch der Massenmedien für die*
> *Verbreitung bürgerlicher Ideologien zu dulden und ihre Tätigkeit bei*
> *der Verbreitung der marxistisch-leninistischen Ideologie, als Foren des*
> *schöpferischen Meinungsaustausches des Werktätigen, bei der Organi-*
> *sierung des gemeinsamen Handelns der Bürger für die gemeinsamen*
> *sozialistischen Ziele voll zu entfalten.*[87]

Die Freiheit der Medien durfte also nicht nach liberalem Verständnis begriffen
werden, sondern im Sinne Lenins, wonach „die Pressefreiheit in der sozialistischen Ordnung niemals die Freiheit für die Bourgeoisie, für die Feinde des Sozialismus sein kann"[88]. Pressefreiheit war laut Verfassung auch kein
„Menschenrecht", sondern ein „Bürgerrecht". Von einem Zensurverbot oder von
einer Garantie der Informationsfreiheit war keine Rede.

2.2.2   Medien als Herrschaftsinstrumente

In der Praxis bedeutete das nichts anderes, als daß die Massenmedien in der DDR
in erster Linie „Herrschaftsinstrumente der Machtelite" waren.[89] Das verdeutlicht
auch die Definition des Wörterbuches der marxistisch-leninistischen Soziologie,
wonach die Massenmedien „Führungs- und Kampfinstrumente der Partei der Arbeiterklasse und des sozialistischen Staates" sind.[90]

Das Unterbinden des einen „Mißbrauches" erlaubte die Inbesitznahme der totalen
Kontrolle - wie widersprüchlich war es, daß gerade dadurch die Freiheit der Medien gesichert werden sollte? Aus der Unterbindung des Mißbrauches für die

---

87   Klaus Sorgenicht (Hg.): Verfassung der Deutschen Demokratischen Republik. Dokumen-
      te, Kommentar, Bd.2, Berlin (Ost) 1969, S. 107, zit. in: Rexin, a.a.O., S. 403.

88   Rexin, a.a.O., S. 403.

89   Rainer Geißler: Agitation als Selbsttäuschung - Thesen zu den politischen Funktionen des
      DDR-Fernsehens vor der Wende (am Beispiel der Aktuellen Kamera), in: Peter Ludes
      (Hg.): DDR-Fernsehen intern - Von der Honecker-Ära bis „Deutschland einig Fern-
      sehland", Berlin 1990, S. 297-306, S. 298; Der Begriff *Machtelite* meint nach Jaeggi und
      Schluchter eine Gruppe von Personen, deren Einfluß auf Gesellschaft und Staat auf dem
      Vermögen basiert, ihre Interessen und Ziele auch gegen den Widerstand anderer zu reali-
      sieren. Insofern übt sie die „Herrschaft einer Minderheit über die Mehrheit" aus, zit. aus
      Peter Waldmann: Elite/Elitetheorie, in: Nohlen: Wörterbuch, a.a.O., Bonn 1995, S. 113-
      116, S. 114.

90   Wörterbuch der marxistisch-leninistischen Soziologie, Berlin (Ost) 1977, S. 416, zit. in:
      Rexin, a.a.O., S. 403.

Verbreitung bürgerlicher Ideologien wurde der Mißbrauch der Medien als Propagandainstrument der SED - die Konsequenz der fehlenden Legitimität des von der SED geschaffenen politischen Systems.[91] Zur Durchsetzung der Besitzergreifung standen der SED mehrere Paragraphen des Strafgesetzbuches zur Verfügung.[92] Ein „schöpferischer Meinungsaustausch" bzw. eine *freie Meinungsbildung* konnte unter diesen Voraussetzungen selbstverständlich nicht stattfinden.

2.3 Rundfunkstrukturen

Als die Pressetheorie in der Zeit der sowjetischen Besatzung auf den Hörfunk und in den fünfziger Jahren auf das Fernsehen transformiert wurde, war die Konsequenz jedoch nicht nur die Übertragung des zentralen Lenkungsmechanismus und der Kommandostruktur auf beide Medien, sondern auch eine Radikalisierung des Systems, weil auf gewachsene Strukturen wie bei den Printmedien keine Rücksicht genommen werden mußte. So besaß die DDR eine politisch definierte, zentralistische Rundfunkordnung: Der Rundfunk war wie die Presse ein Ideologieinstrument der SED, der das Meinungsmonopol der Partei zu wahren hatte.[93] Anderen gesellschaftlichen Organisationen wie den Kirchen waren jedoch anders als bei den Printmedien sämtliche Einflüsse entzogen.

Der Versuch, durch Zugang verschiedener Parteien oder gesellschaftlicher Gruppen eine zumindest scheinbare Medienöffentlichkeit zu suggerieren, wurde erst gar nicht unternommen: Hörfunk und Fernsehen waren Staatseigentum, zentralistisch organisiert und auf die SED fixiert: Wie in allen Bereichen der DDR war das Machtzentrum der Medien das Politbüro des SED-Zentralkomitees (ZK). Innerhalb des ZK bestanden die Abteilungen „Agitation" und „Propaganda". Durch diese Lenkungsinstanzen unterstanden die Massenmedien direkt der Anleitung und Kontrolle durch den Staatsapparat. Zwar waren die beiden Staatlichen Komitees für Hörfunk und Fernsehen, entsprechend dem in der DDR geltenden *demokratischen Zentralismus*, offiziell dem Presseamt beim Vorsitzenden des Ministerrats unterstellt, jedoch war der Ministerrat, das sogenannte Organ der Volkskammer, dem Politbüro ergeben.[94]

---

91 Vgl. Irene Charlotte Streul: Die Umgestaltung des Mediensystems in Ostdeutschland, in: Aus Politik und Zeitgeschichte, B 40/1993, S. 36-46, S. 36.

92 Z.B. §106 („Staatsfeindliche Hetze"), §219 („Ungesetzliche Verbindungsaufnahme"), §220 („Öffentliche Herabwürdigung") oder §214 („Beeinträchtigung staatlicher oder gesellschaftlicher Tätigkeit"); vgl. Holzweißig: Massenmedien unter Parteiaufsicht, a.a.O., S. 367; vgl. Wilke/Noelle-Neumann, a.a.O., S. 158.

93 Vgl. Kutsch: Zwischen Wende und heute, a.a.O., S. 170.

94 Vgl. Peter Ludes: Nachrichtensendungen des DDR-Fernsehens, in: Ders.: DDR-Fernsehen intern, a.a.O., S. 9-116, S. 28; vgl. Wilke/Noelle-Neumann, a.a.O., S. 158; vgl. Kabel/Kupka, a.a.O., S.8; vgl. Gunter Holzweißig: Das Presseamt des DDR-Ministerrats - Agitationsinstrument der SED, in: Deutschland Archiv, 5/1992, S. 503-512, S. 511f.

2.3.1 Funktionsdefinition durch Richtlinien des Politbüros

Das Politbüro der SED gab auch die politischen und programminhaltlichen Richtlinien für Hörfunk und Fernsehen vor. Eine dieser Richtlinien formulierte es unter
dem Vorsitz Honeckers am 7. November 1972 in dem Beschluß über „die Aufgaben von Agitation und Propaganda bei der weiteren Verwirklichung der Beschlüsse des VIII. Parteitages der SED", der seine Gültigkeit bis 1989 beibehielt.
Damit erklärte das Politbüro die Presse, den Rundfunk und das Fernsehen als
„scharfe Waffen in unserem Kampf". In dieser Zeit wuchs die Einsicht, daß gerade die elektronischen Medien zur Bewußtseinsbildung der Bevölkerung und damit
zur Sicherung der Macht der SED mehr als die Presse beitragen können. Betont
wurde die agitatorische und propagandistische Wirksamkeit:

*Presse, Rundfunk und Fernsehen der DDR tragen unsere Politik und
Ideologie täglich zu Millionen Menschen und wirken maßgeblich auf
die Ausprägung sozialistischer Überzeugungen, Denk- und Verhaltens-
weisen ein.*

Ein weiterer Absatz war an die Mitarbeiter des Fernsehens gerichtet:

*Starke Einwirkungen auf das politische und geistig-kulturelle Leben der
Gesellschaft gehen vom Fernsehen aus. Das stellt hohe Anforderungen
an die Schöpfer der Fernsehprogramme und gebietet, daß sie sich ständig höchsten Qualitätsmaßstäben stellen, die sowohl hinsichtlich des
politischen Journalismus, der Kunst als auch des Unterhaltungswertes
gelten...[95]*

Wenn von „Qualitätsmaßstäben...hinsichtlich des politischen Journalismus" die
Rede war, so waren damit die Anforderungen der politischen Führung, sprich die
des Politbüros gemeint. Mit dem Machtwechsel von Ulbricht zu Honecker ver-
schob sich so auch die Funktion der Medien und in erster Linie die der elektronischen vom „publizistischen und künstlerischen Instrument" zum Ideologiever-
mittler.[96]

2.3.2 Lenkung durch Leitlinien und hierarchische Struktur

Bei der Untersuchung der personellen Strukturen und der Funktionsweise der
Anweisungsmechanismen wird deutlich, daß das Lenkungssystem prinzipiell auf

---

95 Beschluß des Politbüros des Zentralkomitees der SED vom 7. November 1972, in: Die
Aufgaben der Agitation und Propaganda bei der weiteren Verwirklichung der Beschlüsse
des VIII. Parteitages der SED, Berlin 1972, S. 84, zit. in: Peter Hoff: „Die Kader entscheiden alles" - Zu den „Kaderanforderungen" im Fernsehen der DDR, in: Heide Riedel (Hg.):
Mit uns zieht die neue Zeit... - 40 Jahre DDR-Medien, Berlin o.J. [1993], S. 241-250, S.
241f.

96 Ebd., S. 241.

zwei Personen der SED konzentriert war: auf Politbüromitglied Joachim Herrmann, den ehemaligen Chefredakteur der Zeitung „Neues Deutschland". Er am-
tierte nämlich seit 1978 als Sekretär für Agitation und Propaganda im ZK.. Und
auf Erich Honecker, den Generalsekretär des ZK. Herrmann und in letzter Instanz
Honecker persönlich formulierten die Leitlinien für die Berichterstattung und
Kommentierung in allen Medien.[97] Der Begriff „Leitlinien" umfaßte ein breites
Spektrum von langfristigen Projekt- und Programmplanungen bis zu konkreten
aktuellen Argumentationsanweisungen (ARGUs) bzw. Textvorgaben und Tabuli-
sten für die Journalisten, die obligatorisch auch „Empfehlungen" genannt wurden.[98]

Vom Politbüro gingen diese über mehrere Instanzen, die für die Verteilung zuständig waren: über die Abteilungsleiter für Agitation und für Propaganda im ZK
der SED (zuletzt waren das Heinz Geggel und Klaus Gäbler), direkt oder konkre-
ter ausformuliert an die Chefredakteure der 17 SED-eigenen Zeitungen, an den
Allgemeinen Deutschen Nachrichtendienst (ADN) und an das Presseamt beim
Vorsitzenden des Ministerrats (bis zur Wende: Willi Stoph). Von dort gelangten
sie meist unbearbeitet an die SKs für Fernsehen und Hörfunk, wodurch das Presseamt letztlich nur zu einem „Transmissionsriemen" für die Vorgaben wurde.[99]
Anders wäre es nicht zu erwarten gewesen, war doch Stoph auch Mitglied des
Politbüros. Überhaupt war die Mehrzahl in diesen Kadern, also auch in den SKs,
SED-Mitglied.[100]

Vorsitzender des Staatlichen Komitees für Hörfunk war seit 1980 Achim Becker.
Zu seinem Gremium gehörten auch die Intendanten der Sender sowie Leiter von
Hauptabteilungen. In der spiegelbildlichen Organisation für das Fernsehen hatte
die Leitung seit 1968 Heinz Adameck, der seit 1954 auch Intendant des ersten
Fernsehprogramms war. In seinem Komitee waren auch die Vertreter der ver-

---

97   vgl. Ludes: Nachrichtensendungen, a.a.O., S. 28.

98   Die sogenannten ARGUs waren in der Regel handschriftliche Kurzanweisungen über Ta-
bus und Sprachregelungen, die die Redaktionen zu befolgen hatten. Unter Sprachregelungen waren jene Begriffstandards aus der marxistisch-leninistischen Literatur zu verstehen,
die in der Sprache zu verwenden waren. Mehrheitlich handelte es sich allerdings um Ta-
bus. So entstanden in den Redaktionen Berge von Zetteln mit Sachverhalten und Gegen-
ständen, über die nichts veröffentlicht werden durfte, die sogenannte „Tabu-Mappe".
Wörter wie „Glasnost" und „Perestroika", Musiktitel mit kritischem Inhalt, aber auch ganze Themen wie Handel und Versorgung, Atomkraft, Umweltbelastung oder über die inneren Vorgänge in der gesamten Führung der DDR waren verboten; vgl. Harro Hess: Die
„ARGU"-Sprachregelungen im Rundfunkjournalismus in der DDR, in: Riedel, a.a.O., S.
251-254, S. 251f.; Hannes Bahrmann: Wende und journalistisches Selbstverständnis in der
DDR, in: Rundfunk und Fernsehen, 38. Jg., 3/1990, S. 409-416, S. 412; vgl. Hans Eggert:
Wie ich die Wende im Journalismus erlebte, in: Bertelsmann Briefe, 4/1992, S. 8-11, S. 8f.

99   Holzweißig: Massenmedien unter Parteiaufsicht, a.a.O., S. 366; vgl. Ders.: Das Presseamt,
a.a.O., S. 508.

100   Vgl. Streul: Die Umgestaltung, a.a.O., S. 36.

schiedenen Programmbereiche, wegen der politisch-ideologischen Leitfunktion vornehmlich die der Publizistik, und die Direktoren des Fernsehens. Sie übergaben die Anweisungen an die jeweiligen Redakteure.[101]

2.3.3 Kontrolle durch den Staatsapparat

Die hierarchisch gegliederten Gremien, also die SKs, das Presseamt und die Abteilungen Agitation und Propaganda im ZK, fungierten letztlich jedoch nicht nur als Anweisungsübermittler, sondern übten auch bzw. hauptsächlich die Funktion der Überwachung aus. Sie kontrollierten, ob die Weisungen in der Realität eingehalten wurden. War das nicht der Fall, konnte der entsprechende Redakteur sowie der nächst höhere Verantwortliche mit disziplinarischen Maßnahmen bis hin zum Berufsverbot rechnen. Neben diesen offiziellen Kontrollinstanzen hatte die SED-Führung weitere installiert: Beispielsweise überwachte ein eigener Apparat des Wirtschaftssekretärs Günter Mittag die Medien auf kritische Berichterstattung über die Wirtschaftspolitik. Noch undurchschaubarer dürfte die Rolle des „Ministeriums für Staatssicherheit" (MfS) gewesen sein. Zumindest existierten drei Unterabteilungen der Hauptabteilung „XX", die für die „politisch-operative Durchdringung und Sicherung" der Massenmedien zuständig waren.[102] Fest steht ebenfalls, das ergab eine Überprüfung im Jahr 1991, daß 200 Mitarbeiter des DDR-Hörfunks und Fernsehens Kontakte zum MfS hatten.[103]

2.3.4 Lenkung und Kontrolle an den Beispielen Aktuelle Kamera und ADN

Einzelne Sendungen in Fernsehen und Hörfunk standen unter detaillierter Kontrolle, vor allem Nachrichtensendungen und politische Magazine. Am Beispiel der Nachrichtensendung des DDR-Fernsehens, der „Aktuellen Kamera" (AK), wird die Mediensteuerung durch Joachim Herrmann besonders deutlich. Ludes hat 1990 durch Interviews mit ehemaligen und damals aktiven Journalisten der AK einen umfassenden Eindruck vom Wechselspiel zwischen Lenkung und Überwachung erhalten können:

Die von den Redaktionskonferenzen vorgeschlagenen Sendeabläufe wurden von Berlin-Adlershof „in die Stadt" [ZK-Gebäude, meine Anm.] an Herrmann weitergeleitet; seine Abteilung strich vorgesehene Meldungen und Themenbereiche, änderte die Reihenfolge, verlangte die

---

101 Vgl. ebd.; vgl. Wilke/Noelle-Neumann, a.a.O., S. 158, 164; vgl. Rexin, a.a.O., S. 404f.; vgl. Kabel/Kupka, a.a.O., S. 8.

102 Gunter Holzweißig: Das MfS und die Medien, in: Deutschland Archiv, 1/1992, S. 32-41, S. 38.; vgl. Ders.: Massenmedien unter Parteiaufsicht, a.a.O., S. 367.

103 Siehe Anm. 531f.

Hinzunahme anderer Themenbereiche oder die Ausweitung von Berichterstattungen über SED-Ereignisse, ... Direkt nach der Ausstrahlung der „heute"-Sendung des ZDF um 19.20 Uhr ging oft das Telefon in der Chefredaktion der „Aktuellen", und es wurde die Anweisung gegeben, zu bestimmten Berichten des Klassenfeindes antipropagandistisch durch Überzeugungskraft der Tatsachen Stellung zu nehmen.[104]

Ein weiterer Lenkungsmechanismus ging den Umweg über den ADN. Die Presseagentur besaß ein Nachrichtenmonopol, denn sie war die einzige in der DDR, die von den Medien genutzt werden durfte. Neben der Zentrale in Berlin verfügte sie über 14 Bezirksredaktionen in der DDR und 47 Auslandsbüros (Stand 1987). Lediglich dem SK für Hörfunk war es gestattet, Korrespondentenbüros in 16 anderen Staaten zu betreiben. Als staatliche Institution war der ADN ebenfalls offiziell dem Presseamt des Ministerrates unterstellt und somit von den Weisungen des Politbüros abhängig. Eine Regierungsanordnung von 1966 verpflichtete sie sogar zu „parteilicher" Information, die „Mitarbeiter haben sich in ihrer Tätigkeit ständig für die Durchsetzung der Politik der SED und des Staates einzusetzen". Im Klartext: Die Wort- und Bildberichterstattungen bestanden hauptsächlich aus dem SED-Programm, aus den Beschlüssen des ZK und aus Gesetzen, Erlassen sowie Verordnungen der zentralen Staatsorgane.[105]

2.4 Ideologie und Ausbildung der Journalisten

Ein weiteres, sehr wirksames Mittel der Medienkontrolle bot sich der SED durch den staatlich geordneten Zugang zum Journalistenberuf. Für die Mehrheit der redaktionellen Mitarbeiter für Fernsehen und Hörfunk, aber auch für Printmedien war der berufliche Werdegang konkret festgelegt: Nach einem einjährigen Volontariat bei einer Zeitung oder bei einem Rundfunksender war ein abgeschlossenes Studium (Diplom) bei der Sektion für Journalistik an der Karl-Marx-Universität in Leipzig erforderlich. Für die Tätigkeit beim Fernsehen war auch die Ausbildung an der Hochschule für Film und Fernsehen der DDR (HFF) in Potsdam-Babelsberg möglich.

Die Inhalte dieser Ausbildungen orientierten sich wie das spätere Berufsfeld äußerlich an der marxistisch-leninistischen Pressetheorie. „Ein Journalist in unserem Land ist zuerst und vor allem Politiker" hieß es in Publikationen der Sektion selbst.[106] Diese Aussage schließt bereits ein, welche Einstellung Journalisten ha-

---

104   Ludes: Nachrichtensendungen, a.a.O., S. 22.

105   Wilke/Noelle-Neumann, a.a.O., S. 167, 158; vgl. Rexin, a.a.O., S. 405; vgl. Panorama DDR, a.a.O., S.318.

106   Sektion Journalistik der Karl-Marx-Universität Leipzig (Autorenkollektiv): Einführung in die journalistische Methodik, Leipzig 1985, S. 11, zit. in: Rexin, a.a.O., S. 404; vgl. Claudia Mast: Neue Bundesländer - Neuer Journalismus - Zum Wandel des journalistischen Berufs, in: Mahle: Medien im vereinten Deutschland, a.a.O., S. 85-104, S. 87.

ben sollten: In der DDR durfte es nur SED- oder zumindest SED-konforme Politiker geben. Der ehemalige Direktor der Sektion Emil Dusiska konkretisierte diese Tatsache im „Wörterbuch der sozialistischen Journalistik":

Der sozialistische J.[ournalist] ist Funktionär der Partei der Arbeiterklasse, einer anderen Blockpartei ... bzw. einer gesellschaftlichen Organisation und der sozialistischen Staatsmacht, der mit journalistischen Mitteln an der Leitung ideologischer Prozesse teilnimmt. ... Seine gesamte Tätigkeit wird grundlegend vom Programm und den Beschlüssen der marxistisch-leninistischen Partei der Arbeiterklasse sowie durch die Verfassung des sozialistischen Staates bestimmt.[107]

Ein Funktionär der Partei oder anderer Organisationen, die dieser untergeben waren, war selbstverständlich stärker an die SED gebunden als ein Politiker. Auf diese Weise wurden die Rolle und die Aufgaben der Journalisten von der ideologischen Funktion der Medien abgeleitet: Sie hatten „Sprachrohr der Partei" oder genauer „Helfer beim Aufbau der sozialistischen Gesellschaft" zu sein.[108]

2.4.1 Kaderanforderungen

Soweit ließ sich die Forderung nach parteilicher Bindung der angehenden Journalisten aus westdeutscher Sicht schon bis 1989 nachvollziehen. Das vorhergehende Volontariat war dabei vor allem auch eine Erprobung der politischen Disziplin der künftigen Mitarbeiter im Journalismus.[109] Nach der Wende offenbarten sich Dokumente, die vorher als „vertraulich" zu behandeln waren: die „Kaderanforderungen" des SK für Fernsehen an die Sektion und die HFF.[110] Sie geben Aufschluß über die Vorstellungen, die sich die Parteiführung von den Journalisten machte. Die Anforderungen beschreiben im wesentlichen „Berufsbilder", an denen sich die Ausbildung der künftigen Fernsehmitarbeiter orientieren sollte bzw. anhand derer die künftigen Journalisten bereits im Vorfeld selektiert werden sollten.

Auf den 21. Juni 1972 ist ein Katalog mit Anforderung an die Fernsehkader datiert, in dem die Journalisten „sich als Beauftragter der Arbeiterklasse und ihrer

---

107 Emil Dusiska (Hg.): Wörterbuch der sozialistischen Journalistik, Leipzig 1973, S. 115f.

108 Geißler: Agitation als Selbsttäuschung, a.a.O., S. 299.

109 Vgl. Hans Poerschke: Rückblicke auf das Journalistikstudium in der DDR, in: Riedel, a.a.O., S. 71-77, S. 74.

110 Peter Hoff, der seit Anfang der siebziger Jahre an der HFF als Fernsehwissenschaftler tätig war, veröffentlichte Teile dieser Anforderungen 1990; vgl. Peter Hoff: „Vertrauensmann des Volkes" - Das Berufsbild des „sozialistischen Journalisten" und die „Kaderanforderungen" des Fernsehens der DDR - Anmerkungen zum politischen und professionellen Selbstverständnis von „Medienmitarbeitern" während der Honecker-Zeit, in: Rundfunk und Fernsehen, 38. Jg., 3/1990, S. 385-399; vgl. Ders.: „Die Kader...", a.a.O.

marxistisch-leninistischen Partei *zu bewähren* haben [meine Hervorhebung]".[111] Er war in vier Rubriken gegliedert: „Verantwortung" (bzw. Funktion), „Wissen und Bildungsstand", „politisch-berufliche Fähigkeiten" und „politisch-charakterliche Anforderungen". Bemerkenswert ist, daß in keiner dieser Rubriken darauf verzichtet wurde, sich nach der politischen Weltanschauung der ideologischen Treue und Zuverlässigkeit der künftigen Mitarbeiter zu versichern. Beispielsweise waren vor dem Volontariat unter der ersten Rubrik bereits absolvierte Tätigkeiten wie „Leitung von Zirkeln im FDJ-Schuljahr" und die Herstellung von Wandzeitungsartikeln gefragt, unter der zweiten Rubrik neben guten Zeugnissen „erste Grundkenntnisse der Weltanschauung der Arbeiterklasse, dem Marxismus-Leninismus" und „Kenntnis der Beschlüsse von Partei und Regierung" sowie unter der vierten Rubrik eine „Klare politisch ideologische Grundhaltung, die sich durch Parteilichkeit und konsequentes Auftreten auszeichnet und Ansätze für die Entwicklung eines marxistisch-leninistischen Klassenstandpunktes zeigt".[112]

Die politischen Entwicklungen in der Sowjetunion und in anderen sozialistischen Staaten in den achtziger Jahren, aber auch die gestiegene Zahl von Ausreiseanträgen - darunter einige von prominenten Künstlern und Journalisten - veranlaßte vermutlich die SED-Führung, d.h. das ZK, die Kaderanforderungen zu verschärfen. Im Gegensatz zu den Anforderungen von 1972 waren die konkreten journalistischen Fähigkeiten in dem Katalog vom 20. März 1985 nun weit weniger gefragt als die politischen Grundanforderungen. Gefordert wurde in der Präambel die „unbedingte Treue zur Arbeiterklasse, ihrer Partei ... und zum Marxismus-Leninismus, ...", die konsequente „Erfüllung der Hauptaufgabe ... in ihrer Einheit von Wirtschafts- und Sozialpolitik als Leitmotiv des Denkens und Handelns, ..." und „selbstlose Einsatzbereitschaft".[113]

2.4.2   Journalisten als „Parteiarbeiter"?

Der Rundfunk sollte durch die Vorselektion, die in letzter Instanz der „Sekretär für Agitation und Propaganda" Herrmann selbst vornahm, zu einer „Parteiinstitution"[114] umgewandelt werden. Die künftigen Journalisten sollten sich nicht nur diszipliniert in die Medienpraxis einpassen[115], sondern „ergebene Parteiarbeiter" sein, die sich allen Weisungen und Forderungen der politischen Leitung bedingungslos unterwerfen. Dieser Wunsch bescherte der Sektion letztlich den

111   Hoff: Vertrauensmann, a.a.O., S. 391; vgl. Ders.: „Die Kader...", a.a.O., S. 243.

112   Ebd.

113   Ebd, S. 246; vgl. Hoff: Vertrauensmann, a.a.O., S. 396.

114   Ebd.

115   vgl. Tim Herden / Klaus Preisigke: Die Leipziger Fernsehjournalistenausbildung im Umbruch, in: Media Perspektiven, 7/1990, S. 430-437, S. 430.

Spitznamen „rotes Kloster".[116] Hoff zitiert aus einem Gespräch, das er mit Dieter Glatzer, dem ehemaligen stellvertretenden Vorsitzenden des SK für Fernsehen, geführt hatte. Darin kommentierte dieser die Kaderanforderungen mit dem Satz:

Unsere Mitarbeiter müssen nicht unbedingt alle in der Normannenstraße [dem Hauptquartier des Ministeriums für Staatsicherheit in Berlin, Anmerkung von Hoff] arbeiten, aber sie müssen jederzeit dort angestellt werden können.[117]

Fraglich erscheint, ob es der SED-Führung mit einer Personalpolitik, die auf derartigen Kaderanforderungen basierte, und einem Studium, das die Theorien des sozialistischen Journalismus lehrte, gelungen war, parteitreue „Mediendiener" zu rekrutieren. Denn die Anziehungskraft des Journalistenberufes - die Zahl der Bewerber war höher als die verfügbaren Ausbildungsplätze - dürfte letztlich anders begründet gewesen sein als in der „Parteiarbeit". Ausschlaggebend könnte z.B. die Vorstellung gewesen sein, gesellschaftlich sinnvolle Arbeit zu leisten, freieren Zugang zu ungefilterten Informationen zu erhalten oder aber auch materielle Privilegien genießen zu können.[118]

2.5 Die journalistische Arbeit

Der ostdeutsche Journalist Henryk Goldberg schrieb 1990 in einer Selbstanklage:

Wir haben doch alle mitgemacht. Jeder auf seine Weise und mit seinem Motiv. Und das ist, spätestens seit „Sputnik" und den verbotenen Filmen von ebenda, im besseren Falle eine merkwürdige Mischung von Engagement und Opportunismus gewesen, die Balance beider mag ein jeder für sich bestimmen, allein und leise. Aber laut sagen sollten wir doch: Es war von beiden dabei...

Warum klären wir nicht auch mal dieses auf: Meinen Artikel hat nicht Joachim Herrmann geschrieben, kein Bundes- oder Parteivorstand und auch kein Zentralrat der FDJ. Den habe ich geschrieben, eigenfingrig, eigenköpfig. Und sagt nicht: unter Protest. Denn unter den Beiträgen standen Namen, nicht Proteste.[119]

So offen wie Goldberg sprachen nur selten die Journalisten über ihre Tätigkeit vor der Wende. Und so ist auch heute noch nicht eindeutig geklärt, warum sie über

---

116 Brigitte Klump: Das rote Kloster - Als Zögling in der Kaderschmiede des Stasi, München 1991.

117 Hoff: „Die Kader...", a.a.O., S. 245f., 247.

118 Vgl. Rexin, a.a.O., S. 405.

119 Henryk Goldberg: „Wir haben doch alle mitgemacht" - Selbstanklage eines Journalisten namens seiner Zunft bei Gelegenheit nachdenklicher Einkehr am Jahresende, in: Rundfunk und Fernsehen, 38. Jg., 3/1990, S. 428f.

Jahrzehnte den Gehorsam übten. Eins steht fest: Abgesehen von direkten Verlautbarungen und zensurartigen Eingriffen können nicht alle Beiträge der DDR-Medien unmittelbar im Politbüro hervorgebracht oder zumindest abgesegnet worden sein. Auch Berufsverbote oder Versetzungen fanden nur selten statt.

Daß es nur selten zu Maßregelungen kam - wie die Ausweisung Biermanns 1976 und die disziplinarischen Bestrafungen nach der Ausstrahlung der Fernsehfilme „Geschlossene Gesellschaft" (1978) und „Ursula" (1979), die drei bekanntesten Beispiele für Disziplinierung der Mitarbeiter in Adlershof[20] - dafür war eine Selbstzensur verantwortlich, die sogenannte „Schere im Kopf" [121]. Sie herrschte durch den moralischen Druck des Chefredakteurs und durch die Angst, die berufliche Existenz zu verlieren.

Insofern standen die sozialistischen Journalisten und alle anderen Fernseh- und Hörfunkmitarbeiter permanent in einem Spannungsfeld, in dem sich die ethisch-moralische Forderung nach „Wahrhaftigkeit" und „Verantwortungsbewußtsein" und die politisch-pragmatischen Forderungen nach „Treue zur Arbeiterklasse" und „zum Marxismus-Leninismus", in dem sich also Theorie und Praxis einander widersprachen.[122]

Das Resultat war nicht nur ein „Bestätigungsjournalismus"[123], sondern auch ein „Verschweigejournalismus". Denn für etwas, was ein Redakteur nicht veröffentlichte, konnte er nicht gemaßregelt werden. Manfred Klein, der spätere Generalintendant für Hörfunk, erklärte während eines Workshops 1992: „Wir wurden wahre Meister im Weglassen, im Verschweigen und glaubten wenigstens so, einen Beitrag zur Wahrhaftigkeit zu leisten."[124]

2.5.1 Die Sprache

Statt aufklärerischen Journalismus hatten die Redakteure einen parteikonformen Journalismus zu betreiben. Das spiegelte sich auch in der Sprache wieder, denn der Gebrauch oder Nichtgebrauch der durch Anweisungen des ZK vorgegebenen Wörter demonstrierte den „Klassenstandpunkt" des Redakteurs. Hess schreibt dazu:

---

120 Vgl. Wolfgang Mühl-Benninghaus: Medienpolitische Probleme in Deutschland zwischen 1949 und 1989 - Zum unterschiedlichen Verständnis der audiovisuellen Medien in beiden deutschen Staaten, in: Riedel, a.a.O., S. 9-20, S. 15.

121 Christian Neef: Für den Hörfunk in Moskau, in: Riedel, a.a.O., S. 206-210, S. 210.

122 Vgl. Hoff: „Die Kader...", a.a.O., S. 245.

123 Streul: Die Umgestaltung, a.a.O., S. 36; Diesen Begriff prägte H.Dieter Schütt, seit 1984 Chefredakteur der FDJ-Zeitung „Junge Welt".

124 Klein, zit. in: Protokoll: 5. Workshop „Perestroika und Medien" vom 9.11.1992, in: Riedel, a.a.O., S. 254-266, S.257.

Etwa nicht korrekt den „Klassenstandpunkt" der Arbeiterklasse zu vertreten, durfte getrost als Abschiedsformel aus dem Kreis „sozialistischer Journalisten" betrachtet werden.

Daher achteten Redakteure und Chefredakteure akribisch darauf, daß man sich nicht durch falsche Wortwahl diesem Verdacht aussetze.[125]

In den Sendungen von Fernsehen und Hörfunk, vornehmlich in den Nachrichten und publizistischen Beiträgen, tauchten deshalb ständig Wendungen kommunistischer Stilistik auf: „Kampf, Kämpfer, kämpferisch, Kampfauftrag, ..." waren Kennwörter der ideologischen Kampfrhetorik. Negative Entwicklungen der Politik oder Wirtschaft wurden in ein positives Licht gestellt, wenn berichtet wurde, etwas müsse „weiter ausgebaut, beschleunigt, erhöht, erweitert oder vertieft" werden.[126] Der Schriftsteller Stefan Heym nannte diese Berichterstattung „Hofnachrichten", die Sprache sei „Hoch-DDRsch, gepflegt bürokratisch, voll hochtönender Substantiva, die mit entsprechenden Adjektiven verbrämt werden". Heym betonte, wie sehr das Fernsehen durch die auferlegte Sprache der Journalisten auch nach außen als Parteiinstrument wirken mußte:

Man sieht den Sprechern an: sie [sic] verkörpern eine staatliche Institution, sie verkörpern Autorität, und zwar unter schwierigen Umständen, denn die Sprache, in der sie da reden müssen, ist nicht einfach.[127]

Durch das notgedrungene Verschweigen wichtiger negativer Informationen, aber auch durch deren Verhüllung hinter positiven Wortschöpfungen und durch die Hervorhebungen prinzipiell unwichtiger Erfolgsmeldungen entsprach das Bild der DDR, wie es durch Fernsehen und Rundfunk - das gilt selbstverständlich auch für die Presse - vermittelt wurde, nicht der authentischen Realität. Statt dessen vermittelten die Journalisten die Bilder, die die politisch Verantwortlichen sehen wollten, nämlich vom „Illusionsaufbau" und von der „Wirklichkeitsverdrängung".[128]

2.5.2 Die Journalisten als „Rädchen im Getriebe"?

Angesichts der effizienten Lenkungs- und Kontrollmechanismen sowie der unfreien Arbeitsbedingungen stellt sich trotzdem die Frage, inwieweit die Journali-

---

125 Hess, a.a.O., S. 253f.

126 Friedrich-Ebert-Stiftung (Hg.): Politik und Sprachentwicklung in der DDR - Zu neuen Ufern, Bonn 1989, S. 36f.

127 Stefan Heym: Je voller der Mund, desto leerer die Sprüche - Leben mit der Aktuellen Kamera, in: Edith Spielhagen (Hg.): So durften wir glauben zu kämpfen ... - Erfahrungen mit DDR-Medien, Berlin 1993, S. 93-100, S. 94, 98.; Heym hat vier Wochen lang die Nachrichten der Aktuellen Kamera verfolgt und anschließend diesen Artikel im „Stern" (10. Februar 1977) veröffentlicht.

128 Ludes: Nachrichtensendungen, a.a.O., S. 30.

sten selbst dieses System mitgetragen haben, sei es mit Engagement oder aus Opportunismus, wie Goldberg schreibt.[129] Manfred Hempel wirft den Journalisten die Mittäterschaft vor:

> *Haben Fernsehjournalisten gegen Menschenhandel mit politischen Häftlingen oder gegen Schüsse an der Mauer protestiert? Nein. Somit ergab sich Mittäterschaft ... Die Duldsamkeit der Journalisten im Fernsehen gegenüber dem angsteinflößenden Machtsystem ist mit Sicherheit nicht bewundernswert. Sie ist zu bedauern.*[130]

Hempel ist der Meinung, daß die Mehrheit der Fernsehmacher den Orientierungen der Partei- und Staatsmacht geglaubt habe und gefolgt sei - „Fast durchweg aus ehrlichem Herzen". Er räumt allerdings ein, daß dieses „Folgen" durchaus nur die bequemere Alternative gewesen sein kann, einfach zu gehorchen, um keine Unannehmlichkeiten auf sich zu ziehen.[131]

Der spätere Intendant des Funkhauses Berlin, Christoph Singelnstein, bescheinigte den Journalisten Unschuld, weil sie durchaus versucht hätten, ihre eigenen Vorstellungen zu vermitteln:

> *Ja, Rundfunk und Fernsehen der DDR waren große ideologietransportierende Maschinen, und die dort arbeitenden Menschen fühlten sich häufig als Rädchen im Getriebe und waren es wohl auch. Nur, daß es sich bei diesen Rädchen nicht um Objekte handelte, die nach Verschleiß auszutauschen waren, sondern um Subjekte, die sich durchaus ihre eigenen Gedanken machten und zuweilen auch transportierten.*[132]

Verallgemeinerungen des gesamten Berufsfeldes führen in dieser Frage also nicht weiter, denn letztlich waren *Mittäterschaft* oder *Unschuld* von den einzelnen Personen abhängig. Eventuell ließen sich verschiedene Gruppen definieren, in denen sich die journalistischen Akteure in Tätigungsfeld, Alter oder Biographie unterschieden - hierzu fehlen jedoch detaillierte Untersuchungen.

---

129   Siehe Anm. 119.

130   Manfred Hempel: Zwischen Mauer und Tor - Professionelle Einstellung unter Adlershofer Fernsehleuten, in: Arnulf Kutsch (Hg.): Publizistischer und journalistischer Wandel in der DDR - Vom Ende der Ära Honecker bis zur Volkskammerwahl im März 1990, (Bochumer Studien zur Publizistik- und Kommunikationswissenschaft, Bd. 64), 2. Aufl., Bochum 1990, S. 57-71, S. 59.

131   Ebd., S. 60.

132   Christoph Singelnstein: Demokratie von unten, in: Riedel, a.a.O., S. 277-281, S. 278.

2.5.3 Ansätze kritischer Berichterstattung

Unterschiedliche Voraussetzungen für die Möglichkeit kritischer Berichterstattung lassen sich bestenfalls anhand einzelner Sendungen feststellen oder schon allein anhand der unterschiedlichen Kontrolle von Hörfunk und Fernsehen. Denn im Zuge der weiten Verbreitung des Fernsehens und der Änderung der Hör- und Sehgewohnheiten der Bevölkerung konzentrierte sich die Überwachung des Programms durch das Presseamt beim Ministerrat, Sekretariat für Agitation und Propaganda beim ZK und letztlich durch das Politbüro mehr auf das Fernsehen als auf den Hörfunk. Der Journalist Christian Neef schreibt dazu:

> *Das Politbüro nahm Radiomachen offenbar weit weniger ernst als die Selbstdarstellung im Fernsehen oder auch das gedruckte Wort ... das Medium Hörfunk [schien] mit seinem flüchtigen Wort ein vergleichsweise zu vernachlässigender Faktor zu sein.*[133]

Insofern war im Hörfunk an problembewußter Kultur und kontroversem Wortwechsel immer mehr möglich als im Fernsehen. Gerade die Hörspielabteilung und die Musik- und Wissenschaftsredaktionen des Hörfunks unterlagen nicht so sehr der parteilichen Kontrolle und hatten einen relativ großen Handlungsspielraum. Im Gegensatz zum Fernsehen waren im Hörfunk auch Live-Berichterstattungen möglich. Deutlich wird der Unterschied zwischen Fernsehen und Hörfunk auch in den Beschreibungen von Neef und vom Redakteur der Fernsehsendereihe „Wettlauf mit der Zeit", Klaus Flemming: Während Beiträge im Hörfunk nach Neefs Aussage in der Regel nur durch einen „abzeichnungsberechtigten" Redakteur freigegeben werden mußten, so war zur Abnahme eines Filmbeitrages von Flemming die Zustimmung von nicht weniger als zehn Verantwortlichen erforderlich.[134]

Kritischer Journalismus war so im Fernsehen weit weniger möglich. Das Magazin „Prisma", das über die lokalen Alltagsprobleme der Bürger berichtete, hatte dabei eher eine „Alibifunktion".[135] Und doch änderte sich der ostdeutsche Journalismus auch im Fernsehen seit Mitte der achtziger Jahre und vor allem 1989. In den Medien wuchsen die Spannungen zwischen einigen engagierten Journalisten und der weisungsgebundenen Administration: Während das ZK die Anweisungen mehr

---

133 Neef, a.a.O., S. 208; vgl. Mühl-Benninghaus: Medienpolitische Probleme, a.a.O., S. 15.

134 Vgl. Neef, a.a.O., S. 207; vgl. Holzweißig: Massenmedien unter Parteiaufsicht, a.a.O., S. 372.

135 Helmut Hanke: Macht und Ohnmacht des Mediums - Wandel in Funktion und Gebrauch des DDR-Fernsehens, in: Knut Hickethier / Irmela Schneider (Hg.): Fernsehtheorien - Dokumentation der GFF-Tagung 1990, (Sigma-Medienwissenschaft, Bd. 8 - Schriften der Gesellschaft für Film- und Fernsehwissenschaft, Bd. 4), Bonn 1992, S. 150-160, S. 153.

und mehr verschärfte, steigerte sich in den Redaktionen die Unzufriedenheit über Verbote von Themen, die Glasnost und Perestroika betrafen, erheblich.[136]

---

136 Vgl. Glaab, a.a.O., S. 464; vgl. Helmut Hanke: Das „deutsche Fernsehen" - doch kein Null-Medium?, in: Peter Hoff / Dieter Wiedemann (Hg.): Medien der Ex-DDR in der Wende, (Beiträge zur Film- und Fernsehwissenschaft, Bd. 40), Berlin 1991, S. 7-23, S. 14f.; vgl. Holzweißig: Massenmedien unter Parteiaufsicht, a.a.O., S. 371f.

3 Rundfunk der DDR in der Umbruchphase 1989 bis Anfang 1990

Für westliche Beobachter begann der gesellschaftliche Umbruch in der DDR erst mit dem „Loch im Eisernen Vorhang"[137] im Sommer 1989. Zehntausende DDR-Bürger flüchteten legal mit Ausreiseanträgen oder illegal über die Grenzen von Ungarn nach Österreich bzw. durch Botschaftsbesetzungen über andere Ostblockstaaten. Verkannt blieb dabei, daß dieser Exodus Ausdruck der langjährigen politischen und sozialen Spannungen im Land war, wodurch der Zusammenbruch auch als „Überraschung"[138] empfunden wurde - ein schneller Wandel des Mediensystems schien deshalb ebenfalls kaum absehbar zu sein. Dabei war neben der katastrophalen Wirtschaftssituation und den beschränkten Reisemöglichkeiten auch die unterdrückte Meinungs- und Informationsfreiheit in der DDR schon lange ein Grund für die Unzufriedenheit der Bevölkerung, die sie schließlich mit Ausreisen und Demonstrationen zum Ausdruck brachte.

3.1 Die Forderungen nach einem neuen Mediensystem

Die Medien waren stets ein Thema bei Massenkundgebungen. Schon am 15. Januar 1989 waren Demonstranten, die sich in Leipzig für Meinungs-, Versammlungs- und Pressefreiheit eingesetzt hatten, energisch durch Sicherheitskräfte unterdrückt und verhaftet worden.[139] Bei den zunehmenden Protestmärschen seit September 1989 wurde die Meinungsfreiheit durchweg als ein Teil von Reformen in der DDR gefordert.

Die Reihe von Demonstrationen mit ständig steigender Teilnehmerzahl (am 2. Oktober waren es noch 10.000, zwischen 23. und 29. Oktober schon über 540.000 Teilnehmer in der ganzen DDR) und mit dem Ruf „Wir sind das Volk!" fand seinen Höhepunkt am 4. November mit einer halben Million Teilnehmern auf dem Berliner Alexanderplatz.[140] Der Journalist Klaus Baschleben erklärte dort:

---

137 Konrad H. Jarausch: Die unverhoffte Einheit - 1989-1990, Frankfurt a.M. 1995, S. 29.

138 Ebd., S. 10.

139 Vgl. Michael Richter: 1989-1990 - Von der friedlichen Revolution zur deutschen Einheit, in: Bundeszentrale für politische Bildung: Informationen zur politischen Bildung, Nr. 231, 2. Quartal 1991, S. 41-47, S. 41.

140 Ebd., S. 42f.; Vgl. Kurt R. Hesse: Fernsehen und Revolution: Zum Einfluß der Westmedien auf die politische Wende in der DDR, in: Rundfunk und Fernsehen, 38. Jg., 3/1990, S. 328-342, S. 337f.; vgl. Andreas Graf / Heike Graf: Der Medienkontrollrat - Insel der Stabilität im medienpolitischen Schlachtenlärm, in: Werner Claus (Hg.): Medien-Wende,

Die von der Straße durch solche Demonstrationen wie die heutige er-
zwungene politische Wende und der damit verbundene Beginn eines
demokratischen Prozesses der Erneuerung erfordern auch eine Demo-
kratisierung der Informations- und Medienpolitik.[141]

Kutsch stellt die These auf, daß im Prinzip gerade die Freiheit von Publizistik und
Journalismus ein Leitmotiv war, das die Menschen zu den Demonstrationen im
Herbst 1989 bewegte.[142]

3.1.1 Forderungen der Kirchen und Bürgerbewegungen nach Öffentlichkeit

Anforderungen an ein neues Mediensystem wurden allerdings nicht ausschließlich auf den Demonstrationen gestellt, es herrschte vielmehr ein Wechselspiel
zwischen Demonstrationen, Aufrufen und Proklamationen, Anträgen und Briefen
von verschiedenen Bevölkerungs- und Oppositionsgruppen, Komitees und Einzelpersonen. Aus dieser Fülle von Forderungen, die in ihrer Funktion als Ideen-
spender und Initiator verschiedener Demonstrationen anzuerkennen sind, sollen
hier einige exemplarisch herausgegriffen werden.

Schon im Oktober 1988 hat die ökumenische Versammlung aller christlichen Kirchen der DDR in Magdeburg drei Diskussionspapiere beschlossen, die aber auf
Bitte der katholischen Kirche noch zurückgehalten wurden. Direkte Kritik an der
Medienpolitik der SED findet sich darin noch nicht, jedoch wird bereits das Fehlen der Meinungsfreiheit bemängelt:

Viele in unserem Lande sehen ihre Besonderheiten oder besonderen
Probleme nicht hinreichend berücksichtigt; sie fühlen sich deshalb an
den Rand gedrängt und ungerecht behandelt. Ihre Möglichkeiten, sich
zu organisieren und zu artikulieren, sind eingeschränkt.[143]

Um diesem Problem in der Gesellschaft entgegenzukommen, brauche man einen
„gesellschaftlichen Grundkonsens", der Meinungs- und Informationsfreiheit be-
sitzen müsse, „sowohl in Versammlungen als auch in den Medien."[144]

Wende-Medien? - Dokumentation des Wandels im DDR-Journalismus, Oktober '89-
Oktober '90, (Reihe Ost-West Media, Bd. 2), Berlin 1991, S. 7-15, S. 7.

141   Klaus Baschleben: Ohne Offenheit und Wahrheit gibt es keine Demokratie, Statement auf
      der Demonstration auf dem Alexanderplatz am 4.11.1989, in: Claus, a.a.O., S. 194-195, S.
      194.

142   Vgl. Kutsch: Publizistischer und journalistischer Wandel, a.a.O, S. 9.

143   Diskussionspapier „Mehr Gerechtigkeit in der DDR unsere Aufgabe, unsere Erwartung"
      der ökumenischen Versammlung aller christlichen Kirchen in der DDR von Oktober 1988
      (Auszüge), in: Die Tageszeitung (DDR-Christen in der Offensive), vom 25.1.1989, S. 7.

144   Ebd.

Mehrere Initiativgruppen bildeten sich 1989, die sich als Oppositionsgruppen verstanden. Sie wollten der freien Meinungsäußerung bzw. dem gesellschaftlichen Grundkonsens eine „politische Plattform" geben, die es allen Menschen möglich machen sollte, „sich an der Diskussion und Bearbeitung lebenswichtiger Gesellschaftsprobleme in diesem Land zu beteiligen". So formulierte es z.b. das „Neue Forum" in seinem Gründungsaufruf. Auf Grundlage der geforderten freien Meinungsäußerung sollte ein demokratischer Dialog „über die Aufgaben des Rechtsstaates, der Wirtschaft und der Kultur" entstehen, auch mit der SED-Führung. Darüber müsse „in aller Öffentlichkeit gemeinsam und im ganzen Land" nachgedacht und gesprochen werden.[145]

Für einen Dialog „in aller Öffentlichkeit" und „im ganzen Land" war der Zugang zu den Medien, aber auch eine weitestgehend objektive Berichterstattung darüber in den Medien erforderlich. Genau in diese Richtung gingen die Ansprüche der Gruppe „Demokratie jetzt":

> *Die Medien gehören in die Hände von* nichtkommerziellen Körperschaften öffentlichen Rechts*, damit sie zu* Instrumenten freier und öffentlicher Meinungsäußerung *werden können. Alle gesellschaftlichen Gruppen müssen Zugang zu Presse, Funk und Fernsehen haben [meine Hervorhebung].*[146]

In diesem Zusammenhang sind auch die Forderungen von der Konferenz der evangelischen Kirchenleitung in der DDR an den Staatsratsvorsitzenden Honeker vom 2. September zu sehen, in dem die Grundkritik der ökonomischen Versammlung von 1988 konkretisiert wird. Sie verlangte ...

> *... zutreffende Informationen in allen Bereichen von Politik und Wirtschaft und ... eine realistische Berichterstattung in unseren Medien ..., die nicht im Widerspruch zu dem stehen, was der Bürger Tag für Tag selbst sieht und erlebt.*[147]

In Folge dieses Briefes schrieben vier im kirchlichen Bereich beschäftigte CDU-Mitglieder[148] am 10. September in Weimar einen weiteren, den sogenannten „Brief aus Weimar". In dem Aufruf an die eigene Partei heißt es:

> *Eine Medienpolitik, die auf Verdrängen, Verschweigen und Beschönigen setzt, macht ihre eigenen Sachanliegen unglaubwürdig, verärgert*

---

145 ufruf zur Gründung der Initiativgruppe „Neues Forum" in der DDR, in: Die Tageszeitung (Die Zeit ist reif), vom 13.9.1989, S. 8.

146 Demokratie jetzt, hektographiertes Flugblatt, vom 12.9.1989, in: Historischer Durchläufer - Dokumente einer abgebrochenen Mediengeschichte der DDR, in: Medium, 2/90, S. 35-39, S. 35f.

147 Brief des evangelischen Kirchenbundes vom 10.9.1989, in: Deutschland Archiv, 10/1989, S. 1174f.

148 Darunter neben Martina Huhn, Oberkirchenrat Martin Kirchner und Pastorin Christine Lieberknecht auch der Kirchenrat und spätere Medienminister Gottfried Müller.

die Menschen und öffnet den Westmedien weite Räume der publizisti-
schen Landschaft der DDR [Fernsehen und Hörfunk, meine Anm.]. Sie
stellt nach unserer Erkenntnis eine der Hauptursachen im Bereich der
Ausreiseproblematik dar.[149]

Die Tatsache, daß dieser Brief erst am 26. Oktober veröffentlicht und sonst nur kircheninternen besprochen wurde, verdeutlicht, wie stark das repressale System im Frühherbst noch auf den Beteiligten lastete. In dem Beschluß der Synode des evangelischen Kirchenbundes vom 19. September wird sogar deutlich eine „verantwortliche pluralistische Medienpolitik" gefordert.[150]

Im Kontext dieser kirchlichen und oppositionellen Initiativen folgten in immer kürzeren Abständen weitere Forderungen, in denen eine „wahrheitsgemäße Informationspolitik" und grundlegende „Veränderungen im Medienbereich" gefordert wurden.[151] In einer Erklärung vom 11. Oktober kommt das Präsidium des Komitees für Unterhaltungskunst zu der Erkenntnis, daß durch die geänderte Stimmung der Bevölkerung, „mehr wirkliche Demokratie und erlebbare Öffentlichkeit" gefordert werde und „die Kritik an Bevormundung und Entmündigung von Bürgern" immer offener werde.[152] Und das Präsidium der Akademie der Künste forderte in einer Erklärung vom darauffolgenden Tag „ein neues Verständnis für den Gebrauch der Medien", sprich eine Neudefinition der Medienfunktion.[153]

3.1.2   Grundkonsens der Forderungen

Diesen Petitionen bis Mitte Oktober 1989 sind mehrere inhaltliche Schwerpunkte gemeinsam: Es wird darauf hingewiesen, daß Veränderungen im Medienbereich dringend erforderlich seien, da die unwahrheitsgemäße Berichterstattung nicht nur zu einem Widerspruch zwischen dem dargestellten Bild der DDR und den Alltagserfahrungen, sondern auch zu einer Entmündigung der Bürger führe. Gleichzeitig bedürfe es aber eines Dialoges über die Mißstände in der DDR, für den ein

---

149   Brief aus Weimar, in: Deutschland Archiv, 10/1989, S. 1185-1188, S. 1187.

150   Beschluß der Synode des Bundes der Evangelischen Kirchen in der DDR vom 19. September, in: Deutschland Archiv, 10/1989, S. 1175-1178, S. 1177.

151   So z.B. von Regisseur Hans Werner Hohnert, Markus Meckel, Schriftsteller Hermann Kant, Schauspielerin Ursula Werner, Mitgliedern der SED, Mitarbeitern des Werkes für Fernsehelektronik Berlin, vom Präsidium des Schriftstellerverbandes, von der Gewerkschaftsgruppe der Regisseure, Dramaturgen, Schauspieler des Bereichs Fernsehdramatik des DDR-Fernsehens, vom Hörfunksender DT 64 und von der Sektion Rockmusik des Komitees für Unterhaltungskunst; vgl. Joachim Nölte: Chronik medienpolitischer Ereignisse in der DDR - Oktober 1989 bis Oktober 1990, in: Claus, a.a.O., S. 17-116, S. 21-27.

152   Erklärung des Präsidiums des Komitees für Unterhaltungskunst der DDR, vom 11. Oktober 1989 (Auszüge), in: Claus, a.a.O., S. 118f.

153   Erklärung des Präsidiums der Akademie der Künste der DDR, vom 12. Oktober 1989 (Auszüge), in Claus, a.a.O., S. 119f.

freier Informations- und Meinungsaustausch auch in den Medien erforderlich sei, sprich die *freie Bildung der öffentlichen Meinung.* Gefordert wird jedoch in erster Linie ein Handeln der Staatsführung. Nur wenige, zum Beispiel der Schriftstellerverband, fordern den Dialog über ein neues Mediensystem so unmißverständlich wie die Akklamationen auf den Straßen:

> *Die Ignoranz der Medien ist unerträglich. Der öffentliche demokratische Dialog auf allen gesellschaftlichen Ebenen über Gleichgültigkeit, Verantwortungslosigkeit, Mißwirtschaft und Bevormundung muß sofort beginnen.*[154]

Auffällig ist, daß in allen Forderungen nicht der Sozialismus an sich kritisiert wird. Im Gegenteil: „Die wirklichen Errungenschaften und Leistungen des Sozialismus geraten in Gefahr, wenn sie beständig und einseitig überbetont werden, ..."[155] schreibt das Komitee für Unterhaltungskunst, und „Ideologische, ökonomische und soziale Stagnation gefährden zunehmend das bisher Erreichte",[156] schreibt der Schriftstellerverband. Die Veränderungen im Medienbereich sollten nach diesen Forderungen den oder einen neuen Sozialismus stärken.

3.2 Medienpolitische Entwicklung im administrativen Bereich

Unter dem Druck einer nicht mehr zu bremsenden Demokratisierungswelle und den sich steigernden Protesten auf den Straßen verbunden mit den Ausreisen von nahezu 100.000 DDR-Bürgern, formulierte das SED-Politbüro noch unter der Leitung Honeckers am 11. Oktober einen Versuch, die Bevölkerung zu besänftigen: Es sei an der Zeit, „grundlegende Fragen unserer Gesellschaft [zu] beraten, die *heute und morgen* zu lösen sind [meine Hervorhebung]." Dabei gehe es neben wirtschaftlicher Leistungsfähigkeit, demokratischem Miteinander und engagierter Mitarbeit, guten Warenangeboten, leistungsgerechter Bezahlung und gesunder Umwelt auch „um lebensverbundene Medien".[157]

Diese Erklärung ist durchaus als ein „Fluchtversuch nach vorn"[158] zu sehen, doch die Initiative zu einer lediglich vagen Andeutung einer Dialogbereitschaft kam eindeutig zu spät. Außerdem war die Erklärung kaum ernst zu nehmen, denn die

---

154 Resolution des Präsidiums des Schriftstellerverbandes der DDR, vom 11. Oktober (Auszüge), in: Claus, a.a.O., S. 118.

155 Erklärung des Präsidiums des Komitees für Unterhaltungskunst der DDR, a.a.O., S. 119.

156 Resolution des Präsidiums des Schriftstellerverbandes der DDR, a.a.O., S. 118.

157 Erklärung des Politbüros des Zentralkomitees der SED vom 11.10.1989, in: Deutschland Archiv 12/1989, S. 1435-1437, S. 1437; vgl. Arnulf Kutsch: Meinungs-, Informations- und Medienfreiheit - Zum Volkskammer-Beschluß vom 5. Februar 1990 (a), in: Kutsch: Publizistischer und journalistischer Wandel, a.a.O, S. 107-156, S. 115.

158 Ebd.

innenpolitischen Probleme waren keineswegs *heute und morgen* lösbar, auch nicht im Medienbereich.

Auch wenn das Politbüro verkündete, „Wir stellen uns der Diskussion", so blieb fraglich, mit wem. Denn die SED-Führung wollte eindeutig mit keiner anderen Organisation reden als mit der eigenen Partei: Dafür habe man „alle erforderlichen Formen und Foren der sozialistischen Demokratie". Eine Änderung bestehender oder die Schaffung neuer Gesetze stünden für die SED ebenfalls nicht zur Diskussion:

Doch wir sagen auch offen, daß wir gegen Vorschläge und Demonstrationen sind, hinter denen die Absicht steckt, Menschen irrezuführen und das verfassungsgemäße Fundament unseres Staates zu verändern.[159]

3.2.1 Medienpolitische Wende unter Krenz

Um die Herrschaft der SED zu retten, beschloß das Politbüro unter dem innenpolitischen Druck der vorhergegangenen Wochen sowie auf Drängen von Krenz und Schabowski, Honecker zum 18. Oktober von seinen Funktionen in Politbüro und Staatsrat zu entbinden. Neuer Generalsekretär des ZK wurde Egon Krenz, der am 24. Oktober auch zum Vorsitzenden des Staatsrates und des Nationalen Verteidigungsrates gewählt wurde. Damit übernahm er die wichtigsten politischen Funktionen in der DDR. Zu seiner ersten Amtshandlung im ZK gehörten die Entlassungen des Wirtschaftssekretärs Günter Mittag sowie des Sekretärs für Agitation und Propaganda, Joachim Herrmann. Am folgenden Tag, dem 19. Oktober, wurde auch die Abteilung Agitation beim ZK abgeschafft. Mit dem Sturz Honeckers und Herrmanns waren folglich die beiden Personen von der politischen Bühne gezerrt worden, die seit den siebziger Jahren die Lenkung der Massenmedien als oberste Instanz in den Händen hatten. Gerade die Verabschiedung Herrmanns wirft den Verdacht auf, die neue Führung wollte eine Wende in der Medienpolitik und eine Distanzierung von der staatlichen Medienlenkung suggerieren, selbst wenn in der Folgezeit Günter Schabowski als Nachfolger tätig sein durfte.

In der Tat nahm Krenz die Initiative zur „Wende" nun für sich in Anspruch. In einer Fernsehansprache in DDR 1 sagte er schon am 18. Oktober: „Mit der heutigen Tagung werden wir *eine Wende* einleiten, ... [meine Hervorhebung]" Und doch sollte eine solche *Wende* für die Medien zunächst nicht gelten, statt dessen kritisierte er sie für gewagte Annäherungen an Andersdenkende in den Medien:

Unsere Presse kann nicht Tribüne eines richtungslosen, anarchischen Geredes werden. Sie wird mit Sicherheit kein Tummelplatz für Demagogen sein, und sie muß - wie die Politiker - darauf achten, daß kom-

---

159   Erklärung des Politbüros des Zentralkomitees der SED vom 11.10.1989, a.a.O.

plizierte Sachverhalte und Fragen nicht durch allzu flinke und simple Antworten verwässert werden.[160]

Dieses verbale Festhalten an der ideologischen Vorstellung von der Funktion der Medien war allerdings schon zu diesem Zeitpunkt illusionär, denn die SED hatte mit dem Wegfall von Honecker und vor allem von Herrmann sowohl die Zeitungen als auch die elektronischen Medien nicht mehr wirklich unter ihrer Kontrolle.[161]

Auch wenn Krenz behauptete, er wolle nun die Wende einleiten, so stützte er sich doch auf die Kontinuität, die das Politbüro schon am 11. Oktober proklamiert hatte. Wieder hieß es, die Gesellschaft verfüge „über genügend demokratische Foren" und „Der Sozialismus auf deutschem Boden steht nicht zur Disposition!", die SED werde „vor allem die politische und ideologische Offensive wiedererlangen".[162]

Auch fast eine Woche später, nach seiner Wahl zum Staatsratsvorsitzenden am 24. Oktober, wollte sich Krenz das Steuer der politischen Macht nicht aus den Händen nehmen lassen.[163] Und doch machte er nun endlich Zugeständnisse hinsichtlich des Dialogs mit Initiativgruppen und gravierender Reformen - auch in der Medienpolitik. Der Dialog sollte nun „zur Grundlage politischer Entscheidungen" genommen werden, ein Dialog, der künftig durch eine umfassendere und aktuellere politische Berichterstattung durch die Medien getragen werden sollte:

Zur besseren parlamentarischen Arbeit der Volkskammer gehört, daß die Massenmedien die Bürger von ihr und aktuell über den Prozeß der parlamentarischen Willensbildung informieren. Die Öffentlichkeit will über die Tätigkeit der Volkskammer, ihre Ausschüsse und der [sic] Abgeordneten Bescheid wissen. Dem sollte mit einer umfassenden gezielten Parlamentsberichterstattung Rechnung getragen werden.[164]

Zum ersten Mal in der Geschichte der DDR durften die Medien selbst über politische Ereignisse recherchieren, ohne auf die vorgefertigten Berichte des ADN zurückgreifen zu müssen. So waren erstmals auch Live-Übertragungen aus der Volkskammer möglich.

---

160 Rede von Egon Krenz vom 18.10.1989 (Gleichzeitig Fernsehrede am selben Tag in DDR 1, 20 Uhr), in: Deutschland Archiv 11/1989, S. 1307-1310, S. 1307ff.

161 Vgl. Holzweißig: Massenmedien unter Parteiaufsicht, a.a.O., S. 366.

162 Rede von Egon Krenz vom 18.10.1989, a.a.O.; zwar erklärte Krenz, „... wir [werden] ... die politische und ideologische Offensive wiedererlangen", doch unter dem Wort „wir" war die SED zu verstehen, wenn er die Fernsehzuschauer mit „Liebe Genossinnen und Genossen!" begrüßte.

163 In seiner Rede zu seinem Amtsantritt vor der Volkskammer bekräftigte er nochmals diesen Willen; vgl. Antrittsrede des neuen DDR-Staatsratsvorsitzenden Krenz vor der Volkskammer vom 24.10.1989 (Auszüge), in: Die Tageszeitung (Mut zur Wahrheit), vom 25.10.1989, S. 8.

164 Ebd.

Krenz ging am diesem Tag von einer weiteren Haltung des 11. Oktober ab: Hieß es da noch, man sei gegen die Änderung „des verfassungsmäßigen Fundamentes"[165], so verkündete er in der Antrittsrede nicht nur wie am 18. Oktober die Vorbereitung eines neuen Reisegesetzes, sondern allgemein, daß die Volkskammer „ihre parlamentarische Praxis wieder aufnehmen" solle, um „Gesetzentwürfe ... zu behandeln".[166] Entsprechend seiner Empfehlung, daß der Dialog zur „Grundlage politischer Entscheidungen" genommen werden solle, sah er auch vor, daß dieser Anstöße für Gesetzentwürfe geben solle:

> *An der [sic] Vorbereitung dieser Entscheidungen sollte auf neue Weise herangegangen werden, und zwar so, daß die Erfahrungen und Vorschläge der Abgeordneten sowie die Ergebnisse ihrer Diskussionen mit den Wählern im Gesetz direkter zur Geltung kommen und Vorschläge für Reformen in Angriff genommen werden können. [meine Hervorhebung][167]*

Für die Diskussionen über das totalitäre Mediensystem und die Forderungen nach Meinungs- und Informationsfreiheit hatte dieses Angebot von Krenz, neue Gesetze auf Anregungen der Wähler zu gestalten, rückführende Folgen: Gefordert wurde nun ein Mediengesetz für die DDR.

3.2.2 Forderungen der Journalistenverbände

Schon am 19. Oktober waren die Journalisten selbst, explizit das Präsidium des „Verbandes der Journalisten der DDR" (VDJ), zusammengetreten. Dabei hatte es von seinen Mitgliedern gefordert, „jetzt überholte Denk- und Arbeitsschemata schnell zu überwinden", und vom Presseamt beim Ministerrat „die Einrichtung eines Regierungssprechers ..., der die Presse regelmäßig über die Sitzungen des Ministerrats und die Arbeit der Regierung informiert." Letzteres war eine Forderung, auf die Krenz in der folgenden Woche reagierte. Aber schon am 19. Oktober hatte der VDJ, noch ganz im Sinne der Tagung des ZK am 18. Oktober, die Erfordernis einer Beratung über medienpolitische Richtlinien angedeutet:

> *Das Präsidium stimmte der Meinung zu, daß die Gremien des VDJ zu Diskussionen mit allen bereit sind, die Vorschläge für eine lebensnahe Berichterstattung der Medien einer sozialistischen Gesellschaft zu unterbreiten haben.[168]*

---

165 Erklärung des Politbüros des Zentralkomitees der SED vom 11.10.1989, a.a.O.

166 Antrittsrede des neuen DDR-Staatsratsvorsitzenden Krenz vor der Volkskammer vom 24.10.1989, a.a.O.

167 Ebd.

168 Pressemitteilung über die Sitzung des Präsidiums des Verbandes der Journalisten der DDR am 19. Oktober 1989, in: Claus, a.a.O., S. 120f.

Nach der Antrittsrede von Krenz als Staatsratsvorsitzender fragte schließlich der VDJ-Vorsitzende, Eberhard Heinrich, in einem offenen Brief an Ministerpräsident Willi Stoph vorsichtig an, ob die DDR nicht ein „Mediengesetz" brauche, ...

> ... in dem Rechte und Pflichten eindeutig geregelt sind, womit „Subjektivismus" und Willkür ausgeräumt, die Verfassungsgrundsätze über Pressefreiheit ... eindeutig geregelt und ein Mißbrauch ausgeschlossen werden kann.[169]

Somit hatten die Journalisten selbst, insbesondere durch ihre Verbände, die Idee eines Mediengesetzes zuerst zur Diskussion gebracht. Noch deutlicher wird das an der Resolution des anderen großen Journalistenverbandes, dem „Verband der Film- und Fernsehschaffenden" (VFF), vom 24. Oktober - also vom selben Tag, an dem Krenz die Möglichkeit neuer Gesetze einräumte. Viel schärfer als der VDJ konkretisiert die Resolution die Ursachen für den Vertrauensverlust des ostdeutschen Journalismus: Die seien in der „Gleichsetzung der Interessen von Staat und Gesellschaft und von Partei und Gesellschaft in der Informations- und Medienpolitik" zu suchen.[170] Deshalb forderte der Vorstand neben der Berücksichtigung aller gesprächsbereiten Gruppen in den Medien und der Neudefinition der gesellschaftlichen Funktion des Fernsehens die „rechtlichen Grundlagen", die „die Freiheit der Medien und die politische Unantastbarkeit der in ihnen Arbeitenden sichern", die aber auch „Instrumente einer demokratischen Kontrolle über die Medien schaffen."[171] Damit traten zum ersten Mal mögliche Gegenstände eines künftigen Mediengesetzes in Form einer Medienfunktionsdefinition offiziell auf den Plan. Gleichzeitig schlug der Verband dem VDJ vor, eine gemeinsame Arbeitsgruppe zu bilden, die der Volkskammer erste Entwürfe für ein solches Gesetz zur Verabschiedung zuleiten solle.[172]

3.2.3 Entwicklung zu einer gesetzlichen Regelung für die Medien

Ende Oktober war die Forderung nach einem Mediengesetz bereits Thema der Parteien. Schon am 26. Oktober, dem Tag, an dem der Ministerrat unter der Führung der SED die Bildung einer staatlichen Kommission zur Ausarbeitung eines Mediengesetzentwurfes beschloß, legte der Leipziger Bezirksvorstand der National-Demokratischen Partei Deutschlands (NDPD) einen zwölf Punkte umfassenden Forderungskatalog vor. In dem steht, es sei „auf neuer gesetzlicher Grundlage die Eigenverantwortung der Journalisten zu erhöhen, wobei die Interessen aller

---

169 Neue Deutsche Presse: Fragen an den Verbandsvorsitzenden, 43. Jg., Nr.11, S. 1-3, zit. in: Kutsch: Meinungs-, Informations- und Medienfreiheit (a), a.a.O., S. 111.

170 Kommuniqué des Vorstandes des Verbandes der Film- und Fernsehschaffenden der DDR vom 24. Oktober 1989, in: Claus, a.a.O., S. 121f.

171 Ebd.

172 Ebd.

gesellschaftlicher Kräfte einzubeziehen sind".[173] In erster Linie war es unter den Parteien aber die CDU, die nun das Mediengesetz zu ihrer Aufgabe deklarierte.

3.2.3.1 Programmatischer Wandel der DDR-CDU

Schon am 12. Oktober war Kritik am Mediensystem auch aus den oberen Reihen der CDU gekommen: Gerald Götting, CDU-Vorsitzender und stellvertretender Staatsratsvorsitzender, hatte sich in einem Kommentar in dem CDU-Organ „Neue Zeit" für wohlüberlegte Entscheidungen eingesetzt, unter denen auch die Verwirklichung realistischer Medien zu verstehen seien. Gerade aber bezüglich der Medienpolitik hatte Götting versucht, die DDR-CDU von der SED zu distanzieren, als er den „Brief aus Weimar" als „Anstoß" gedeutet hatte, durch den die CDU „ihr Profil als politische Partei von Christen unverwechselbar zeigt."[174]

In dieser Absicht stand schließlich auch der Entwurf eines neuen Grundsatzprogramms der CDU, der am 28. Oktober erschien. Für „realistische Medien" beinhaltet das Programm Forderungen nach wahrhafter und pluralistischer Berichterstattung, angemessener Darstellung der Parlamentsarbeit sowie aller Parteien in Rundfunk und Fernsehen, breiter politischer Diskussionen unter Beteiligung aller politischen Kräfte, Einrichtung eines „Fernseh- und ein[es] Rundfunkrats", der „alle gesellschaftlichen Kräfte repräsentiert" sowie nach einem „Presse- bzw. Mediengesetz ..., das Rechte und Pflichten von Presse, Rundfunk und Fernsehen benennt, die Informationspflicht der Regierung und der gesellschaftlichen Kräfte formuliert und Festlegungen über Gegendarstellungen enthält".[175]

Damit wurden zum ersten Mal konstruktive Vorschläge für ein Mediengesetz von einer DDR-Partei unterbreitet. Mit dem programmatischen Wandel, den die CDU zum 25. November vollzog, nachdem Lothar de Maizière den Parteivorsitz für den am 2. November zurückgetretenen Gerald Götting übernommen hatte, erfuhren auch die medienpolitischen Ziele der Partei eine Erweiterung. Im zweiten Entwurf des CDU-Grundsatzprogrammes für den Sonderparteitag am 15. und 16. Dezember definierte sich die ehemalige „Partei des Sozialismus"[176] nun als „Partei der demokratischen Erneuerung", die für „Rechtsstaatlichkeit und Rechtssicherheit, für Wahrung der Menschenrechte und *Grundfreiheiten*, für strikte Gewaltenteilung zwischen Parlament, Regierung und Rechtsprechung [Hervorhebung durch Kutsch]" stehe. Sie trete „ein für weltanschauliche Freiheit, politische Mei-

---

173 Diskussionspapier des Leipziger Bezirksvorstandes der NDPD, vom 31.10.1989, zit. in: Kutsch: Meinungs-, Informations- und Medienfreiheit (a), a.a.O., S. 114.

174 Gerald Götting, zit. in: Kutsch: Meinungs-, Informations- und Medienfreiheit (a), a.a.O., S. 115.

175 Positionen der CDU zu Gegenwart und Zukunft (Entwurf zur Diskussion), zit. in: Kutsch: Meinungs-, Informations- und Medienfreiheit (a), a.a.O., S. 117f.

176 Kutsch: Meinungs-, Informations- und Medienfreiheit (a), a.a.O., S. 118f.

nungsvielfalt und öffentliche Willensbildung des Volkes."[177] Die medienspezifisch entscheidende Erweiterung zum CDU-Programm gab de Maizière auf dem Sonderparteitag selbst: Auf Grundlage der „strikten Gewaltenteilung" sprach er den Medien nun gar die „Qualität einer vierten Gewalt" zu, womit er der CDU auch eine neue Funktionsauffassung von Medien in einer demokratisch erneuerten Gesellschaft auferlegte.[178]

3.2.3.2 Mediengesetzbehandlung der SED-Führung unter Krenz

Mit dem „Rücktritt" Honeckers war die heile Welt der SED in wenigen Tagen zusammengebrochen. Unter Krenz, dessen Akzeptanz in der Bevölkerung, auch innerhalb der eigenen Partei merklich fehlte, blieb der SED nur ein Weg: den rapiden Machtverfall zu begrenzen durch Demonstration der eigenen Handlungsfähigkeit. In dieser Absicht standen auch die medienpolitischen Entscheidungen und Äußerungen. Sie sollten gar einen wesentlichen Bestandteil des „demokratischen Erneuerungs-Konzeptes" der SED bilden.[179]

Die Idee des Mediengesetzes deklarierte nun die Partei nach den Journalistenverbänden, den oppositionellen Gruppen und den Blockparteien als eigene Initiative. So verkündete Krenz am 3. November im Fernsehen:

> *Wir gehen nach vorn, unaufhaltsam. Wir sind im Begriff, Neues zu erschließen ... in der demokratischen Ausgestaltung unseres Staatswesens. Ein Zurück gibt es nicht. Davon ... [zeugt] unter anderem ... die Berufung einer staatlichen Kommission zur Ausarbeitung eines Medienengesetzes, ...*[180]

Mit dem „Aktionsprogramm der SED", in seinen Grundzügen am 3. November verkündet, bekannte sie sich nun zu „einem sozialistischen Rechtsstaat, der von den Grund- und Menschenrechten ausgeht und die Gesellschaft durchgehend auf der Grundlage des Rechts organisiert." Das erfordere unter anderem ein Mediengesetz. Das war lediglich ein Bekenntnis zu den Forderungen, die die Bevölkerung längst artikuliert hatte. Wirklich konstruktive Vorschläge für ein Mediengesetz blieben bis auf einen Grundsatz aus:

> *Offenheit und Sachkunde, umfassende und wahrhafte Information, kritische Untersuchung und konstruktive Erfahrung braucht jede sozialisti-*

---

177 Positionen der CDU zu Gegenwart und Zukunft (Zweiter Entwurf), in: Neue Zeit, Nr. 278, vom 25.11.1989, o.S., zit. in: Claus, a.a.O., S. 130f.

178 Lothar de Maizière, zit. in: Kutsch: Meinungs-, Informations- und Medienfreiheit (a), a.a.O., S. 121.

179 Kutsch: Meinungs-, Informations- und Medienfreiheit (a), a.a.O., S. 122

180 Fernsehansprache von Egon Krenz am 3.11.1989, in: Deutschland Archiv 12/1989, S. 1437-1440, S. 1438.

sche Gesellschaft. Zwischen Realität und ihrer Widerspiegelung darf es keinen Gegensatz geben.[181]

Auch wenn das Aktionsprogramm die Funktion der Medien nun umdefinierte als „Organe der öffentlichen Kontrolle"[182] und Schabowski sie während der Tagung unscharf umriß als „beständige und weitest verbreitete Form des Dialogs zwischen Volk und Partei, zwischen Volk und Regierung", der wiederum „der Kontrolle von Verantwortlichkeiten in der Gesellschaft"[183] diene, so blieb hinsichtlich eines Mediengesetzes jedoch völlige Konzeptlosigkeit seitens des Politbüros und des ZK - wie auf allen Entscheidungsebenen.

Diese Funktionsdefinitionen waren letztlich aber auch nur eine Übernahme der Ansprüche der Oppositionsbewegungen, wie sie „Demokratie jetzt" bereits im September formuliert hatte. „Durch die ernste und komplizierte Lage fühlten sich SED-Mitglieder in die Defensive gedrängt und agierten immer kopfloser"[184] schreibt Jarausch, denn inzwischen hatte sich die Führungskrise bis zum äußersten vertieft, eine Handlungsfähigkeit konnte überhaupt nicht mehr demonstriert werden, auch nicht in der Medienpolitik.[185]

3.2.3.3 Medienpolitische Entscheidungen unter Modrow

Die Handlungsfähigkeit des Politbüros war zerstört, die SED agierte nun vornehmlich mit neuen Gesichtern durch Volkskammer und Regierung, namentlich durch Hans Modrow, dem auf Vorschlag des ZK am 17. November neu gewählten Ministerpräsidenten. Er war der „Hoffnungsträger", der der ostdeutschen Regierung zunächst eine „Atempause" verschaffte.[186] Modrow kündigte vor der Volkskammer zugleich das neue Regierungsprogramm der „demokratischen Erneuerung" an, in dem er auch die Notwendigkeit eines Mediengesetzes unterstrich. Insofern sah sich die neue SED-Regierung nun veranlaßt, die von Heusinger, dem Justizminister der Regierung Stoph, bereits am 2. November angekündigte Regierungskommission zur Ausarbeitung eines Mediengesetzes endlich einzuberufen. Den Termin für die Konstituierung der Kommission legte Heusinger, der dem

---

181 Aktionsprogramm der SED vom 3. November, in: Deutschland Archiv, 12/1989, S. 1445-1451, S. 1446f.; vgl. Redaktion des Fischer Weltalmanach (Hg.): Fischer Weltalmanach 1991, Frankfurt a.M. 1990, S. 234.

182 Ebd.

183 Kutsch: Meinungs-, Informations- und Medienfreiheit (a), a.a.O., S. 124.

184 Jarausch, a.a.O., S. 98f.

185 Statt dessen waren schon am 3. November Hermann Axen, Kurt Hager, Erich Mielke, Erich Mückenberger und Alfred Neumann aus dem Politbüro zurückgetreten. Wenige Tage nach der größten Demonstration der DDR-Geschichte am 4. November in Berlin verabschiedete sich die alte SED-Führung von der politischen Bühne: Die Regierung Stoph trat am 7. November zurück und am Tag darauf das gesamte Politbüro im ZK, Krenz blieb allerdings Generalsekretär im ZK.

186 Jarausch, a.a.O., S. 101; vgl. Fischer Weltalmanach, a.a.O., S. 231f.

61

Kabinett Modrow bis zum Januar 1990 ebenfalls als Justizminister angehörte, auf den 20. Dezember fest.[187] Diese Entscheidung basierte allerdings wieder auf Druck von außen: Der VDJ-Vorsitzende Heinrich hatte schon am 27. November die Einsetzung dieser Kommission in einem Brief an Modrow verlangt, aber auch der sich zwischen 30. November und 7. Dezember allmählich konstituierende Runde Tisch[188] legte der Regierung diesen Schritt nahe.[189]

Die politischen Entscheidungen der Regierung Modrow zeigen, daß sie die „demokratische Erneuerung" zunächst für medienpolitische Bereiche, und hier speziell für den Rundfunk, nicht anwenden wollte: Sie reagierte weiter nur auf die Anforderungen, die von außen an sie herangetragen wurden. Die Streichung des Führungsanspruches der SED aus Art. 1 der DDR-Verfassung am 1. Dezember machte auf diese Weise die Einschränkung der Meinungsfreiheit, die durch den Zusatz „den Grundsätzen der Verfassung gemäß" manifestiert war, obsolet. Die Umbenennung der SKs für Hörfunk und Fernsehen in „Rundfunk der DDR" und „Fernsehen der DDR", die schon am 1. Dezember vollzogen und am 21. Dezember durch den Ministerrat beschlossen wurde, sollte eine Distanzierung von der alten Leitungsstruktur demonstrieren. Denn anstatt der Komiteevorsitzenden setzte Modrow die Generalintendanten Manfred Klein für den Hörfunk und Hans Bentzien für das Fernsehen ein.[190] Doch gerade der Beschluß des Ministerrates vom 21. Dezember offenbarte, wie widersprüchlich die Regierung an die Demokratisierung der elektronischen Medien herangehen wollte: Er schreibt das Fernsehen und den Hörfunk weiterhin als „Einrichtungen beim Ministerrat" fest, sie unterlägen „der Dienstaufsicht des Vorsitzenden des Ministerrats", der auch die Generalintendanten berufe und abberufe.[191] An der staatlichen Organisation und an der Regierungsabhängigkeit änderte dieser Beschluß infolgedessen nichts, auch die personellen Erneuerungen an der Spitze der beiden Einrichtungen bewirkten keine Umgestaltung der zentralistischen Strukturen. Widersprüchlich war er aber, weil er gleichzeitig vorschrieb, daß die Generalintendanten einen Fern-

---

187 Kutsch: Meinungs-, Informations- und Medienfreiheit (a), a.a.O., S. 124, 132.

188 Der *Runde Tisch* etablierte sich in der DDR im Zuge des Umbruches nach polnischem Vorbild. Vertreter der neuen demokratischen Parteien, der Kirchen und Bürgerrechtsbewegungen meldeten über ihn ihren Anspruch auf Mitgestaltung der Politik an; vgl. Holtmann u.a., a.a.O., S. 568f.

189 Vgl. Arnulf Kutsch: Meinungs-, Informations- und Medienfreiheit in der DDR - Zum Volkskammer-Beschluß vom 5. Februar (b), in: Studienkreis Rundfunk und Geschichte, 16. Jg., 1/1990, S. 18-34, S. 21; vgl. Artur Wandtke: Zur Medienordnung nach der Wende bis zur staatlichen Einheit Deutschlands, in: Zeitschrift für Urheber- und Medienrecht, 12/1993, S. 587-591, S. 587.

190 Vgl. Kabel/Kupka, a.a.O., S. 8; vgl. Edith Spielhagen: Rundfunk im Transit, in: Kutsch: Publizistischer und journalistischer Wandel, a.a.O, S. 37-55, S. 40; vgl. Nölte, a.a.O., S. 43.

191 Beschluß über das Fernsehen der DDR und den Rundfunk der DDR vom 21. Dezember 1989, in: Claus, a.a.O., S. 135.

sehrat bzw. einen Medienbeirat zu bilden hätten.[192] Offensichtlich waren damit Aufsichtsgremien vorgesehen, wie sie die CDU bereits eingefordert hatte. Die Hinzunahme dieser Vorschrift - ohne nähere Erläuterung von Funktion, Zusammensetzung und Befugnissen dieser Räte - im Kontext mit der alleinigen Schirmherrschaft des Ministerrats ist nur im Zusammenhang mit der Veröffentlichung des Thesenpapiers der Arbeitsgruppe von VDJ und VFF sowie der Konstituierung der Regierungskommission am Tag zuvor zu verstehen, nämlich als erneute Reaktion.

3.2.3.4 Formulierungen der Arbeitsgruppe von VDJ und VFF

Hatten die beiden großen Journalistenverbände schon das Mediengesetz überhaupt zur Diskussion gebracht, so bestimmten sie auch die ersten substantiellen Konzepte. Wie schon im Oktober vereinbart, trafen sich im Hinblick auf die Konstituierung der Regierungskommission die beiden Journalistenverbände VDJ und VFF am 15. Dezember zu einer Arbeitsgruppe,[193] um „Vorstellungen für ein Mediengesetz zu formulieren". Das Ergebnis war jenes Papier mit zehn Thesen, das die Minimalanforderungen an ein künftiges Mediengesetz festschreiben sollte. Dieses wurde am 20. Dezember sowohl der Regierungskommission als auch dem Runden Tisch zur öffentlichen Diskussion vorgelegt.[194]

Der Inhalt dieses Papieres ist gegenüber den bisherigen Resolutionen der Verbände geradezu *revolutionär*: An erster Stelle stehen das „Recht auf Information und freie Meinungsäußerung" sowie die „Freiheit der Teilnahme an der Massenkommunikation", die als Grundrechte in der Verfassung festzuschreiben seien. Zusätzlich wollte die Arbeitsgruppe auch Berufsrechte der Journalisten im künftigen Mediengesetz verankert wissen. Im Gegensatz zu allen vorherigen Vorstellungen stützen sich die Thesen nicht mehr auf eine - inzwischen völlig undefinierte - sozialistische Gesellschaftsordnung, sondern auf liberal-demokratische Vorstellungen. Das wird deutlich in dem Versuch, eine demokratische Funktion der Medien festzuschreiben:

Die Massenmedien widerspiegeln im Rahmen der Verfassung die Vielfalt von Interessen in der Gesellschaft und deren Artikulation. Sie verleihen dem Meinungspluralismus ungehindert öffentlichen Ausdruck. Mit ihrer Vermittlung von Information und Meinungen leisten sie einen unabdingbaren Beitrag zu Öffentlichkeit und öffentlicher Kontrolle so-

---

192   Beschluß über das Fernsehen der DDR und den Rundfunk der DDR vom 21. Dezember 1989, a.a.O.

193   Ebenfalls vertreten waren dabei Mitglieder des Schriftstellerverbandes und der Akademie der Künste sowie der Kommunikationswissenschaftler Heinz Odermann, ebenfalls Mitglied des VDJ.

194   Kutsch: Meinungs-, Informations- und Medienfreiheit (a), a.a.O., S. 132f.

wie zur Gewährleistung demokratischer Meinungsbildung [meine Hervorhebung].[195]

Diese Funktionsdefinition korrespondiert mit der Auffassung, die Medien als *vierte Gewalt* zu bestimmen, wie es de Maizière formuliert hatte. Sie ist aber auch stark angelehnt an die Vorstellungen der Oppositionsgruppe „Demokratie jetzt", genauso wie die folgenden zwei Punkte hinsichtlich der „Freiheit der Medien": Um eine *Staatsferne* der Medien zu erreichen, heißt es, „Staatliche Eingriffe sind unzulässig" und „Rundfunk, Fernsehen und der ADN sind Anstalten des öffentlichen Rechts". Zum ersten Mal wurde offiziell - in Anlehnung an die Bundesrepublik - die pluralistische Organisationsform der elektronischen Medien eingefordert, auch wenn die Definition von öffentlich-rechtlichen Anstalten noch völlig offen blieb.

Erste Ansätze dazu finden sich in den Formulierungen, zur öffentlichen Kontrolle seien „gesellschaftliche Räte in den Medien" zu installieren. Das war eine Forderung, wie sie aus dem ersten CDU-Grundsatzprogramm bereits hervorgegangen war und die der Ministerrat in dem Beschluß vom 21. Dezember übernommen hat. Die Definition von öffentlich-rechtlichen Anstalten bleibt nach dem Thesenpapier dagegen den Medien selbst überlassen: Sie „geben sich Satzungen/Statuten, die ihre Programmatik und Struktur regeln".[196] Festgelegt wird allerdings eine *basisdemokratische*[197] Form der journalistischen Mitbestimmung dadurch, daß die Mitarbeiter Chefredakteure und Intendanten bestätigen sollen. Völlig neu war die Idee eines unabhängigen Medienrates, der sich aus Vertretern gesellschaftlich relevanter Gruppen und anderer Persönlichkeiten des öffentlichen Lebens zusammensetzen sollte.[198]

Auffällig ist, daß in diesen Thesen, die bereits Kernelemente des späteren Volkskammerbeschlusses beinhalteten, nicht nur Vorschläge der VFF-Resolution vom 24. Oktober einflossen, sondern auch verschiedene Forderungen von Seiten der CDU. Insofern stellt Kutsch berechtigt die Frage, „warum die Ost-Union keinen eigenen Mediengesetz-Vorschlag ausarbeitete".[199]

---

195 Thesen für ein Mediengesetz - gemeinsamer Vorschlag von Berufsverbänden vom 20. Dezember 1989, in: Claus, a.a.O., S. 133-135.

196 Thesen für ein Mediengesetz - gemeinsamer Vorschlag von Berufsverbänden vom 20. Dezember 1989, a.a.O.

197 *Basisdemokratie* rührt vom Modell des *Rätesystems* her und ist ein Sammelbegriff für verschiedene Konzeptionen der *direkten Demokratie*, die im Gegensatz zur *repräsentativen Demokratie* „die unmittelbare Herrschaft des Volkes" bezeichnen. In diesem Fall meint sie die Einflußmöglichkeit der Basis (Rundfunkmitarbeiter) auf die Entscheidungen der Medienorganisationen (Rundfunkanstalten); vgl. Holtmann u.a., a.a.O., S. 53; vgl. Peter Lösche: Direkte Demokratie, in: Nohlen: Wörterbuch, a.a.O., S. 108-110.

198 Thesen für ein Mediengesetz - gemeinsamer Vorschlag von Berufsverbänden vom 20. Dezember 1989, a.a.O.

199 Kutsch: Meinungs-, Informations- und Medienfreiheit (a), a.a.O., S. 134.

3.2.3.5 Die Regierungskommission Mediengesetz

Es war praktisch ein „Runder Medientisch"[200], der unter dem Namen „Mediengesetzgebungskommission" am 20. Dezember im Richtersaal des Ministeriums für Justiz in Berlin zusammentrat, bei dem alle gesellschaftlich relevanten Kräfte gleichberechtigt mitarbeiten sollten. Ihm gehörten Vertreter der Regierung, aller am Runden Tisch vertretenen Parteien und Gruppierungen, der Kirchen, der Berufsverbände, der Medien, der Gewerkschaften sowie eine Reihe unabhängiger Experten bzw. Wissenschaftler verschiedener Fachrichtungen an.[201] Für den Bereich Medienpolitik bedeutete das, daß zum ersten Mal geeignete Repräsentanten der gesellschaftlichen Gruppen wie beim Vorbild, dem Runden Tisch, zur Verantwortung gezogen wurden. Die Medienpolitik sollte nicht mehr allein der Regierung überlassen werden.[202]

Die erste Sitzung war allerdings ernüchternd: Die Kommission stand vor dem Dilemma, daß gesetzliche Regelungen für Meinungs- und Pressefreiheit unmittelbar nötig waren - der Instrumentalisierung der Medien sollte endgültig ein Ende gesetzt werden, denn gerade nach der Etablierung des Runden Tisches drängten die oppositionellen Gruppen und die ehemaligen Blockparteien auf einen freien Medienzugang - aber die sorgfältige Ausarbeitung eines Mediengesetzes einen längeren Zeitraum in Anspruch nehmen würde. Außerdem war man sich dahingehend einig, daß ein solches Gesetz erst von einer frei gewählten Volkskammer beschlossen werden sollte. Doch für eine freie Volkskammerwahl war zu diesem Zeitpunkt auf Vorschlag des Runden Tisches erst der 6. Mai 1990 vorgesehen.[203]

Aus diesem Grund kam die Kommission zu der Einsicht, daß es dienlicher sei, als Übergangslösung zunächst lediglich Grundsätze für die Meinungs-, Informations- und Medienfreiheit auszuarbeiten, um sie anschließend der Volkskammer zum Beschluß vorzulegen. Das beanspruche erheblich weniger Zeit als ein umfassen-

---

200 Wolfgang Kleinwächter: Die Vorbereitungen für ein Mediengesetz der DDR, in: Media Perspektiven, 3/1990, S. 133-139, S. 133; Den Begriff verwendet auch Wandtke, a.a.O., S. 587.

201 Vgl. Kleinwächter: Die Vorbereitungen, a.a.O., S. 133; vgl. Heinz Odermann: Der Umbruch und die Mediengesetzgebung in der DDR, in: Rundfunk und Fernsehen, 38. Jg., 3/1990, S. 377-384, S. 378; vgl. Wandtke, a.a.O., S. 587; über die Anzahl der Vertreter herrscht allerdings kein Konsenz, sie schwangt zwischen 30 und 60 Personen.

202 Vgl. Edith Spielhagen: Zur Rolle von Öffentlichkeit - Der Übergang vom zentralistischen zum öffentlich-rechtlichen Rundfunksystem in den neuen Bundesländern, in: Winand Gellner (Hg.): An der Schwelle zu einer neuen deutschen Rundfunkordnung - Grundlagen, Erfahrungen und Entwicklungsmöglichkeiten, Berlin 1991, S. 139-146, S. 139.

203 Vgl. Ulrich Meyerholt: Zwischen Strukturwandel und Kontinuität: Entwicklungsperspektiven für eine deutsch-deutsche Rundfunkordnung, in: Dieter Kopetz (Hg.): Perspektiven für die Medien in den neuen Bundesländern, (Europa 2000, Bd. 2), Münster / Hamburg 1991, S. 39-55, S. 41; vgl. Kutsch: Meinungs-, Informations- und Medienfreiheit (b), a.a.O., S. 23f; vgl. Ders.: Meinungs-, Informations- und Medienfreiheit (a), a.a.O., S. 132.

des Gesetz, und außerdem sollten diese Grundsätze den Orientierungsrahmen für den Prozeß der Umgestaltung der Medienlandschaft bilden, an dessen Ende das noch zu verfassende Mediengesetz stünde. Der Beschluß sollte also bis zu einer endgültigen Mediengesetzgebung in Kraft bleiben. Hinsichtlich dieser Grundsätze wollte die Kommission die medienspezifischen Grundrechte und Freiheiten in der DDR auf international vergleichbarem Niveau gesichert wissen.[204]

Auf Vorschlag Heusingers, der auch Vorsitzender der Kommission war, legte man fest, daß neben dem Ministerrat auch der Runde Tisch diesen Volkskammerbeschluß bestätigen müsse, um der öffentlichen Verantwortung Rechnung zu tragen.[205] Die erste Sitzung der Kommission verdeutlicht letztlich aber auch, welch bedeutende Rolle die Journalistenverbände in der Entwicklung dieses Volkskammerbeschlusses besetzten: Das Thesenpapier der Arbeitsgruppe von VDJ und VFF sollte dem Entwurf als Diskussionsgrundlage dienen.[206]

3.2.4   Der Volkskammerbeschluß

Nicht einmal drei Wochen später, am 9. Januar 1990, legte die Regierungskommission einen Entwurf für den „Beschluß über die Gewährleistung der Meinungs-, Informations- und Medienfreiheit" dem neuen Justizminister Kurt Wünsche (LDPD), dem Ministerrat und dem Runden Tisch zur Beratung vor.[207] Nach deren Bestätigung wurde er in der Volkskammer am 5. Februar beschlossen - an dem Tag, an dem Modrow seine „Regierung der nationalen Verantwortung" vorstellte, eine aus der Not geborene Koalition aus 13 verschiedenen Parteien und Gruppen.

3.2.4.1   Gewährleistung der Grundrechte

Aufgrund der Erfahrung aus den vergangenen Jahrzehnten sollten mit diesem Beschluß in erster Linie die Verfassungsgrundsätze der Meinungsfreiheit des Art. 27 (1) und der Medienfreiheit des Art. 27 (2) endlich auf einfachgesetzlicher Ebene gewährleistet werden. Deshalb stehen die Grundrechte und Freiheiten der Bürger im Medienbereich im Mittelpunkt der Ausführungen.[208] Den „totalen Bruch mit der staatlich verordneten Pressepolitik durch die Führung der Staatspartei"[209] zu

---

204 Vgl. Kleinwächter: Die Vorbereitungen, a.a.O., S. 133f.

205 Vgl. Kutsch: Meinungs-, Informations- und Medienfreiheit (b), a.a.O., S. 24.

206 Vgl. ebd., S. 23.

207 Vgl. Gesetzgebungskommission Mediengesetz: Entwurf - Beschluß der Volkskammer über die Gewährleistung der Meinungs-, Informations- und Medienfreiheit, vom 9.1.1990, in: Medium, 1/1990, S. 11.

208 Vgl. Beschluß der Volkskammer über die Gewährleistung der Meinungs-, Informations- und Medienfreiheit vom 5. Februar 1990, Drucksache Nr. 63, in: Media Perspektiven, 2/1990, S. 126f.

209 Wandtke, a.a.O., S. 588.

demonstrieren und aus dem *Bürgerrecht* ein *Menschenrecht* werden zu lassen, das waren anscheinend die Motive, die Regelungen an völkerrechtlichen Normen orientiert zu formulieren. So wurde Punkt 1 von der UNO-Konvention über die bürgerlichen und politischen Rechte vom 19. Dezember 1966, Art. 19 (2), fast wortgleich übernommen:

> *Alle Bürgerinnen und Bürger haben das Recht auf freie Meinungsäußerung. Dieses Recht schließt die Freiheit ein, sich um Informationen und Ideen aller Art, ungeachtet der Grenzen mündlich, schriftlich oder gedruckt, in Form von Kunstwerken oder durch jedes andere Mittel seiner Wahl zu bemühen, diese zu empfangen und mitzuteilen.*[210]

Mit verfassungsrechtlichem Charakter ausgestattet sind auch die Punkte 2 bis 5, hier vor allem Punkt 5, der „Jegliche Zensur der Medien ... untersagt". Zum ersten Mal in der Geschichte der DDR wurde nun die Zensur rechtlich verboten. Ebenfalls als Konsequenz aus der Vergangenheit legt Punkt 3 wie in der Verfassung Art. 27 (1) erneut fest, daß niemandem ein Nachteil aus der Wahrnehmung dieser Rechte erwachsen dürfe. Erstmalig in der DDR sind aber medienspezifische Regelungen, die die Würde des Menschen betreffen: So sind Veröffentlichungen verboten, die „die Würde des Menschen verletzen" (Punkt 2 und 6), und die Bürger erhalten das „Recht auf Gegendarstellung" (Punkt 4), auch wenn dieses ohne nähere Erläuterung stehenbleibt.[211] Die Formulierung im selben Abschnitt, „Die Bürgerinnen und Bürger der DDR haben das Recht auf wahrhaftige, vielfältige und ausgewogene Information durch die Massenmedien", kommt der *Grundversorgungspflicht* durch die Urteile des Bundesverfassungsgerichtes nahe. Hierbei sollte massenmediale Information primär als „Kulturgut" und nicht als „Wirtschaftsgut" interpretiert werden, schreibt Kleinwächter.[212]

3.2.4.2 Unabhängige Medien

Bezüglich des Rundfunks in der DDR hatte dieser Beschluß Folgen für den Rechtsstatus der Einrichtungen: Sie seien „unabhängige öffentliche Einrichtungen, die nicht der Regierung unterstehen" und sie seien „Volkseigentum" (Punkt 11).[213] Damit und mit der vorgesehenen Umgestaltung in öffentlich-rechtliche Anstalten sollte der unbedingten Eigenständigkeit dieser Medien, sprich *Staatsferne*, zum Ausdruck verholfen werden. Diese Definition ist nur zu verstehen im Zu-

210 Beschluß der Volkskammer vom 5. Februar 1990, a.a.O.; vgl. Internationaler Pakt über bürgerliche und politische Rechte vom 19. Dezember 1966, Art. 19 Abs. 2, in: Bundeszentrale für politische Bildung (Hg.): Menschenrechte - Dokumente und Deklarationen, Bonn 1995, S. 52-72, S. 60f.

211 Beschluß der Volkskammer vom 5. Februar 1990, a.a.O.; vgl. Wandtke, a.a.O., S. 588.

212 Beschluß der Volkskammer vom 5. Februar 1990, a.a.O.; Kleinwächter: Die Vorbereitungen, a.a.O., S. 134, 136.

213 Beschluß der Volkskammer vom 5. Februar 1990, a.a.O.

sammenhang mit dem Wunsch der Kommissionsmitglieder, die neue Medienpolitik Teil einer staatlichen Wirklichkeit werden zu lassen, die das Volk zum Subjekt politischer Macht bestimmt.[214]

Diese gesetzliche Verordnung zu *Öffentlichkeit* und *Staatsferne* geht einher mit dem neuen *Funktionsverständnis* der Medien. Zwar werden sie nicht explizit als *vierte Gewalt* im Staate deklariert, aber übernommen wurde hier die Definition der Arbeitsgruppe von VDJ und VFF, nach der sie „dem Meinungspluralismus ungehindert öffentlichen Ausdruck" verleihen (Punkt 9).[215] Auf Grundlage dieser neuen öffentlichen Funktion wird festgelegt sowohl das Recht aller „staatlichen Organe, politischen Parteien und sonstigen gesellschaftlichen Organisationen und Gruppen, ... [der] Kirchen und Religionsgemeinschaften sowie ... [der] sozialen und ethnischen Minderheiten ... auf angemessene Darstellung in den Medien" als auch deren Verpflichtung, „den Medien alle Auskünfte zu erteilen, die für die Erfüllung ihrer öffentlichen Aufgabe und eine wahrheitsgetreue Information erforderlich sind" (Punkte 9 und 8).[216]

Unterstrichen werden sollte die Unabhängigkeit der Medien mit den Bestimmungen über die Berufsrechte der Journalisten. Darin erhalten sie das Recht, „die Ausarbeitung eines Materials zu verweigern, wenn Themenstellung und Auftrag ihren persönlichen Überzeugungen widersprechen" und sie seien „nicht verpflichtet, öffentlich Ansichten zu vertreten, die ihrer persönlichen Meinung zuwiderlaufen" (Punkt 7).[217] Damit waren die Journalisten erstmalig wirklich frei in ihrer Entscheidung, was den Forderungen nach der *inneren Pressefreiheit*[218] in der Bundesrepublik nahekam.

Die Unabhängigkeit gerade der Rundfunkmedien erhält aber noch eine weitere Dimension: Vorgeschrieben ist, daß sie sich Statuten geben, „die ihre Programmatik und Struktur regeln" (Punkt 13). Das heißt, sie selbst sind dafür verantwortlich, den Begriff „unabhängige öffentliche Einrichtung" zu definieren, weil dieses in dem Beschluß ausbleibt. Eine völlig neuartige Regelung bezüglich dieser Selbstbestimmung ist die Verpflichtung, daß die „demokratische Mitbestimmung der journalistischen und künstlerischen Mitarbeiter bei der Erarbeitung und Durchsetzung der Statuten" zu sichern ist. Sie ist das Produkt der Demokratisie-

---

214 Vgl. Odermann, a.a.O., S. 379.

215 Beschluß der Volkskammer vom 5. Februar 1990, a.a.O; vgl. Kleinwächter: Die Vorbereitungen, a.a.O., S. 134.

216 Beschluß der Volkskammer vom 5. Februar 1990, a.a.O.

217 Ebd.

218 Die *innere Pressefreiheit* bestimmt im Gegensatz zur *äußeren Pressefreiheit* die Bedingungen, unter denen die Journalisten in den Redaktionen arbeiten: Sie könnte ihnen einen weiteren Spielraum sichern als er wie in den meisten Redaktionen durch Weisungen der Verleger oder Rundfunkorgane eingeschränkt wird. Die *innere Pressefreiheit* wird in der Bundesrepublik jedoch weder durch das Grundgesetz noch durch andere Gesetze rechtlich geschützt; vgl. Kollatz, a.a.O., S. 67.

rungsprozesse, die in diesem Fall bereits zu *basisdemokratischen* Ansätzen führ-ten. Erst nach dieser Anweisung folgt die Pflicht für die Rundfunkmedien, gesell-schaftliche Räte zur öffentlichen Kontrolle ihrer Arbeit zu bilden. Deren Zusam-mensetzung und Kompetenzen obliegen ebenfalls den Medien selbst.[219]

3.2.4.3 Medienkontrollrat

Wie im Thesenpapier der Arbeitsgruppe von VDJ und VFF bereits vorgeschlagen worden war, sollte ein „Medienkontrollrat" gebildet werden mit Vertretern des Runden Tisches, der Volkskammer, der Kirchen und der jüdischen Gemeinden, dessen Arbeitsfähigkeit von der Regierung bis zur Mediengesetzgebung zu ge-währleisten sei (Punkt 12).[220] Eine externe Kontrolle der Medien, wie der Name zuerst assoziieren läßt, sollte aber nicht die entscheidende Aufgabe dieses Rates sein,[221] auch wenn die Generalintendanten ihm gegenüber berichtspflichtig waren. Sein Auftrag war in erster Linie, die Verwirklichung dieses Beschlusses zu si-chern.[222] Insofern ist die Definition, seine Aufgabe sollte die *externe Kontrolle der administrativen Medienpolitik* sein, exakter.

Im Sinne dieser Kontrollfunktion gibt der Beschluß dem Rat auch entscheidende Kompetenzen, die einem Vetorecht in medienpolitischen Fragen gleichkommen: So hat der Medienkontrollrat „jede Eigentumsbeteiligung an Medien der DDR durch Ausländer [z.B. Westdeutsche, meine Anmerkung]" vorerst zu genehmigen (Punkt 11). Maßgeblicher ist allerdings die Auflage, daß die Generalintendanten des Rundfunks und des Fernsehens, die der Ministerrat beruft, von ihm bestätigt werden müssen (Punkt 12), womit das Berufungsrecht des Ministerrats, das im Beschluß vom 21. Dezember 1989 festgelegt worden war, relativiert wird. Des-weiteren ist kommerzielle Werbung bis zu einer gesetzlichen Regelung seitens der Volkskammer nur mit Zustimmung des Rates erlaubt (Punkt 14).[223] Gerade dieser Punkt hatte vor der Beschlußfassung zu Kontroversen zwischen der Regierung und dem Runden Tisch geführt: Hatte der Entwurf der Kommission noch jede kommerzielle Werbung vornehmlich im Rundfunk zunächst für unzulässig er-klärt, hatte der Ministerrat diesen Punkt ins Gegenteile geändert. Die finanzielle Not der Einrichtungen mag dafür ausschlaggebend gewesen sein, außerdem waren bisher keine gesetzlichen Rahmenbedingungen dafür geschaffen worden. Wegen

---

219 Beschluß der Volkskammer vom 5. Februar 1990, a.a.O.

220 Ebd.

221 So aber Spielhagen: Rundfunk im Transit, a.a.O., S. 41f.

222 So auch Graf/Graf, a.a.O., S. 11; so auch Wandtke, a.a.O., S. 591; so auch Kleinwächter: Die Vorbereitungen, a.a.O., S. 137.

223 Beschluß der Volkskammer vom 5. Februar 1990, a.a.O.

der Dringlichkeit der Regelungen einigte man sich auf die vorliegende Formulierung.[224]

Am 13. Februar, einen Tag nach der vereinbarten Frist, konstituierte sich der Medienkontrollrat im Palast der Republik. Dessen Zusammensetzung erfolgte, wie im Medienbeschluß festgehalten, nach dem Vorbild des Runden Tisches mit 24 Medienexperten. Zum Vorsitzenden bzw. „Moderator" wurde Martin Kramer gewählt, der Konsistorialpräsident der Evangelischen Kirche der Kirchenprovinz Sachsen.[225]

3.2.4.4   Wertungen des Beschlusses

Gerade die Einrichtung des Medienkontrollrates demonstriert den Übergangscharakter dieses Volkskammerbeschlusses. Alle Entscheidungen, die in der kurzen Zeit nicht gefällt werden konnten oder sollten, wurden bis zur umfassenden Mediengesetzgebung zunächst der Verantwortung dieses Rates übergeben. Die Arbeit der Regierungskommission war damit also nicht beendet. Punkt 15 regelt das weitere Procedere: Danach habe sie Vorschläge für das künftige Mediengesetz zu erarbeiten und „der Öffentlichkeit zur Diskussion zu unterbreiten"[226], womit dem „plebiszitären Demokratiegedanken"[227] bezüglich der Medienpolitik auch in Zukunft Rechnung getragen werden sollte. Die Verabschiedung sollte jedoch erst nach Inkrafttreten einer neuen Verfassung erfolgen.

Trotz seiner Eigenschaft als Provisorium, d.h. als „rechtliche[m] Zwischenschritt auf dem Weg zu einem Mediengesetz"[228], ist die Dimension des Beschlusses nicht zu unterschätzen. Spielhagen resümiert:

Dieser in einem rasanten Tempo und mit viel demokratischen [sic] Engagement nach der Wende erstellte Beschluß brachte nicht nur die Hoffnungen und Ideale zum Ausdruck, sondern auch die Einsichten aus 40 Jahren zentralistischer Medienordnung.[229]

In der Tat wurden darin im Hinblick auf die alte zentralistische Ordnung in erster Linie die Forderungen festgeschrieben, die in der Vergangenheit nicht erfüllt worden waren, nämlich die rechtliche Grundlage für die wesentlichen, uneingeschränkten Grundsätze der Medienfreiheit. Vor allem hinsichtlich der Umwand-

---

224   Vgl. Gesetzgebungskommission Mediengesetz: Entwurf vom 9.1.1990, a.a.O.; vgl. Kutsch: Meinungs-, Informations- und Medienfreiheit (a), a.a.O., S. 137-139.

225   Vgl. ebd., S. 139f.; vgl. Kleinwächter: Die Vorbereitungen, a.a.O., S. 137.

226   Beschluß der Volkskammer vom 5. Februar 1990, a.a.O.

227   Karola Wille: Medienrecht in der DDR - Vergangenheit und Gegenwart, in: Zeitschrift für Urheber- und Medienrecht, 1/1991, S. 15-20, S. 19.

228   Kutsch: Meinungs-, Informations- und Medienfreiheit (a), a.a.O., S. 137.

229   Edith Spielhagen: Öffentlich-rechtlicher Rundfunk in den neuen Bundesländern, in: Mahle: Medien im vereinten Deutschland, a.a.O., S. 47-51, S. 47.

lung von Hörfunk, Fernsehen, aber auch des ADN in öffentliche Einrichtungen ist wohl Stiehlers positives Ergebnis zu werten:

> *Mit dem Medienbeschluß ... sind Pfähle für das Fundament einer neuen Medienordnung in der DDR gesetzt worden. Sie stehen ... für die Sicherung des erreichten Demokratisierungsprozesses in den Medien mit Optionen für Zukünftiges ...*[230]

Gerade die basisdemokratische Idee ist in ihm als Ausdruck der Herbstereignisse von 1989 stark ausgeprägt, so auch bezüglich des künftigen Rundfunksystems, wobei für dessen gewählte Organisationsform anscheinend die gesellschaftliche Kontrolle ausschlaggebend war.[231]

Wesentlich bestimmt wurde die Ausformulierung des Beschlusses durch den Gedanken, endlich den Einfluß von Staat, Regierung und SED auf Medien und Journalisten zu unterbinden, und diese Situation sollte ab „sofort" unumkehrbar sein.[232] Aus dieser Perspektive habe der Medienbeschluß lediglich das vollzogen, was die Verfassungsänderung im Dezember 1989 bereits getan hatte, schreibt Wandtke, nämlich den Führungsanspruch der SED aufzuheben und die Voraussetzungen für eine demokratische Parteienlandschaft zu schaffen.[233]

3.2.4.5   Widersprüchlichkeit des Beschlusses

Und doch, trotz aller „wichtigen Impulse",[234] sind an diesem Beschluß nicht nur leichte Defizite, sondern auch krasse Widersprüche zu bemängeln. Zu den zunächst belangloseren Defiziten zählen sicherlich das Fehlen von organisatorischen Sicherungen der Meinungsvielfalt, Formulierungen über den Auftrag bezüglich der Informations-, Kultur- und Bildungsvermittlung sowie Regelungen zu einem künftigen privaten Rundfunk.[235] Gravierender sind gerade im Rundfunkbereich die Mängel hinsichtlich der Klärung der Begriffe „unabhängige öffentliche Einrichtungen" bzw. „öffentlich-rechtliche Anstalten", deren Strukturen sowie der Zusammensetzung der gesellschaftlichen Räte. Das bleibt den Bestimmungen der Einrichtungsstatuten überlassen (Punkte 11 und 13)[236]. Insofern bleibt darin unklar, wie die Umgestaltung des Rundfunksystems in ein möglichst dezentrales, prinzipiell offenes und pluralistisches System verlaufen sollte.

---

230   Hans-Jörg Stiehler: Medienwelt im Umbruch - Ansätze und Ergebnisse empirischer Medienforschung in der DDR, in: Media Perspektiven, 2/1990, S. 91-103, S. 91.

231   Vgl. Wille, a.a.O., S. 19; vgl. Kutsch: Zwischen Wende und heute, a.a.O., S. 171.

232   Vgl. ebd., S. 172; vgl. Ders.: Meinungs-, Informations- und Medienfreiheit (a), a.a.O., S. 141.

233   Vgl. Wandtke, a.a.O., S. 589.

234   Ebd. S. 591.

235   Vgl. Kleinwächter: Die Vorbereitungen, a.a.O., S. 136f.; vgl. Brinkmann, a.a.O., S. 51.

236   Beschluß der Volkskammer vom 5. Februar 1990, a.a.O.

Diese Unklarheit verstärkt sich durch den markantesten Widerspruch des Beschlusses: Einerseits wird durchgängig die Unabhängigkeit und Staatsferne der Medien betont, andererseits hatte der Ministerrat wie durch den Beschluß vom 21. Dezember 1989 weiterhin die Befugnis, die Generalintendanten von Hörfunk und Fernsehen zu berufen, auch wenn dieses Recht durch die Bestätigungskompetenz des Medienkontrollrates wieder eingeschränkt wird (Punkt 11). Die Gefahr, daß der Staat durch Personalentscheidungen einen Einfluß auf die weitere Entwicklung des Rundfunks ausüben konnte, war damit also nicht gebannt.[237] Ein weiterer Aspekt im selben Abschnitt ist völlig gegenläufig zur geforderten Staatsferne: „Bis zur Umgestaltung von Rundfunk und Fernsehen in öffentlich-rechtliche Anstalten ... garantiert der Staat ihre Finanzierung."[238]

Und so blieb der Medienbeschluß eben doch nur ein „Kompromiß", zwar ein „ausgewogene[r] und konstruktive[r]"[239], aber eben ein Kompromiß mit der Regierung Modrow, die - das darf nicht vergessen werden - schließlich ebenfalls an der Ausarbeitung sowohl in der Mediengesetzgebungskommission als auch an der Beratung in der Volkskammer beteiligt war und anfangs zumindest versucht hat, den Machtverlust der SED zu begrenzen.

3.3 Wandlungen der Rundfunkstrukturen

In Anbetracht der bisherigen Ausführung entsteht zunächst der Eindruck, erst der Volkskammerbeschluß vom 5. Februar 1990 hätte den Einrichtungen für Hörfunk und Fernsehen *von oben*, auf Drängen der oppositionellen Gruppen, der journalistischen Verbände und der gewandelten ehemaligen Blockparteien, eine demokratische und pluralistische Organisationsform *aufgezwungen*. Innerhalb der Lenkungsstrukturen bis zu den Führungsgremien, sprich bis zum Politbüro, sowie innerhalb der Einrichtungen, und damit auch in der publizistischen Tätigkeit, hatten sich in der Zeit von Oktober 1989 bis zum Volkskammerbeschluß jedoch einige Wandlungen vollzogen.

3.3.1 Veränderungen in den Lenkungs- und Kontrollstrukturen

Der Sturz Honeckers und vor allem Herrmanns am 18. Oktober 1989 sollte mutmaßlich eine Distanzierung von der staatlichen Medienlenkung suggerieren, aber an den Lenkungsstrukturen, wie sie seit der Entstehung der Einrichtungen installiert worden waren, hatte sich damit noch nichts geändert. Krenz übernahm die Ämter Honeckers, des *Medienanweisers* aus oberster Instanz, und Schabowski

---

237 Vgl. ebd.; vgl. Brinkmann, a.a.O., S. 51.

238 Beschluß der Volkskammer vom 5. Februar 1990, a.a.O.

239 Konrad Weiß, zit. in: Kleinwächter: Die Vorbereitungen, a.a.O., S. 136; auch zit. in: Graf/Graf, a.a.O., S. 9; Konrad Weiß war Sprecher des Runden Tisches für Medienfragen.

trat an die Stelle Herrmanns. Zwar wurde mit der Verbannung Herrmanns sowohl der Posten mit der Bezeichnung „Sekretär für Agitation und Propaganda" als auch die Abteilung „Agitation" beim ZK gestrichen, was Nölte zu der Annahme veranlaßt, zu diesem Zeitpunkt habe die zentrale Anleitung der Massenmedien aufgehört[240], aber Schabowskis neues Arbeitsgebiet erhielt lediglich einen neuen Namen: die entideologisierte Bezeichnung „Informationswesen und Medienpolitik".[241]

3.3.1.1 Weiterbestehen der Anweisungstradition

Mit der Tradition der Anweisungen wollte aber die neue „Führung der Wende" nicht brechen: Auch nach dem 18. Oktober kamen die sogenannten ARGUs aus dem ZK der SED zu den Redakteuren. Bernhard Büchel, der Anfang 1989 stellvertretender Bereichsleiter für Publizistik und im Sommer erster stellvertretender Chefredakteur von „Elf99" geworden war, veröffentlichte ARGU-Auszüge nach persönlichen Aufzeichnungen. Darin heißt es beispielsweise am 30. Oktober:

... nichts herunterspielen, aber an Vernunft appellieren ... nicht endlos über Fehler reden, sondern Ärmel hochkrempeln ... Sendungen wie zu Harry Tisch nicht als Kette anschieben ...

Die *Empfehlungen* vom darauffolgenden Tag tragen ähnlichen Charakter:

... offizielle Politik ungeschminkter darstellen, aber ohne subjektivistische Ausuferungen ... jedes Wort und jedes Bild neu und genauer bedenken ... klug Produktives und Gefährliches auseinander halten ... Dialog auf der Straße ist keine Dauereinrichtung ... es muß gekämpft und nicht gejammert werden ...[242]

In den Formulierungen sind keine klaren Verbote und detaillierten Sprachregelungen mehr enthalten, aber dennoch demonstrieren sie die Absicht der SED-Führung, die Medien dahingehend zu beeinflussen, daß sie die neue SED-Politik weiterhin in einem positiven Licht erscheinen lassen. Insofern waren auch dann noch Berichte über oppositionelle Gruppierungen und ausreisewillige Bürger unerwünscht.[243] Nach Angabe Singelnsteins seien derartige *Empfehlungen* durchaus noch bis in den Dezember hinein üblich gewesen.[244]

Krenz übernahm ab 18. Oktober nicht nur die Ämter Honeckers, sondern auch dessen Gewohnheit, persönlich in die Berichterstattung eingreifen zu wollen. Dazu benutzte er noch am selben Tag die Telefon-Direktleitung seiner Vorgänger vom ZK-Gebäude zum Studio der Aktuellen Kamera:

---

240 Vgl. Nölte, a.a.O., S. 29.

241 Kutsch: Meinungs-, Informations- und Medienfreiheit (a), a.a.O., S. 123.

242 Bernhard Büchel: Jähe Wendungen ..., in: Riedel, a.a.O., S. 282f., S. 282.

243 Vgl. Spielhagen: Rundfunk im Transit, a.a.O., S. 39f.

244 Vgl. Singelnstein: Eine Chance, a.a.O., S. 53.

... [Er] rief ... bei der Chefredaktion der „Aktuellen" an und fragte, wie lange sie brauche, eine bessere und andere AK zu produzieren; die Antwort des Chefredakteurs war, hierzu seien 48 Stunden erforderlich. Krenz meinte, es müsse schneller gehen - und es ging schneller.[245]

Dieser Anruf von Krenz läßt Hanke zu dem Schluß kommen, die Wende in den Medien sei „von ‚oben' verordnet" worden und der Rundfunk habe während dieser Zeit „wie eh und je auf Anweisungen" wie dieser „getreulich" gehandelt.[246] In der Tat wandelte sich vor allem die AK in Inhalt und Aufmachung mit kritischen Analysen, Berichten und Kommentaren quasi über Nacht. Aber gerade das Tempo der Umgestaltung macht deutlich, daß auch in diesem Fall Krenz nicht der Initiator gewesen ist: Die Pläne und Ideen dafür müssen bereits intern vorhanden gewesen sein.[247] Insofern kann Krenz' Anruf sowie seine Verlautbarungen beispielsweise am 24. Oktober nur noch als *Erlaubnis* für Veränderungen der AK eingestuft werden, auch wenn sie nur dafür gedacht war, publikumsattraktiver über für die SED-Politik zu berichten.

3.3.1.2   Zerfall der alten Kontrollstrukturen in den mittleren Ebenen

Wenn auch Tatsache ist, daß von der SED-Führung unter Krenz versucht worden ist, die alten Lenkungsmechanismen mittels Anweisungen noch zu benutzen, so ist festzustellen, daß sich die Strukturen intern aufzulösen begannen, und zwar in ihrer Kontrollfunktion. In Hinblick auf die Vorwürfe gegen die Leitungsgremien in Hörfunk und Fernsehen, die neben den Forderungen nach Veränderungen im Mediensystem sowohl von Seiten der Bevölkerung und verschiedener Gruppierungen als auch von Seiten der Journalisten kamen, gestanden die Mitglieder dieser hierarchisch gegliederten Gremien im November 1989 nicht selten ihre Schuld an der zentralistischen Lenkung und Kontrolle. So erklärte z.B. die SED-Kreisleitung des Fernsehens am 3. November in der Nachrichtensendung AK-Zwo:

Unsere Mitverantwortung an der entstandenen Krisensituation in der DDR konstatieren wir mit tiefer Betroffenheit. Wir haben es zugelassen, daß unser Medium durch dirigistische Eingriffe mißbraucht wurde. Da-

245   Ludes: Nachrichtensendungen, a.a.O., S. 24; Schaboswki hat ebenfalls Gebrauch vom Telefon gemacht: Am 4. November habe er mehrfach beim Chefredakteur der Hörfunk-Nachrichten, Manfred Klein, angerufen, um Meldungen über Forderungen nach dem Rücktritt der Parteiführung zu unterdrücken, vgl. Manfred Klein: In Verantwortung für den Hörfunk - Versuche und Versagen, in: Spielhagen: So durften wir, a.a.O., S. 83-91, 89f.

246   Helmut Hanke,: „Umbruch" im Fernsehen der DDR?, in: Ästhetik und Kommunikation, 19. Jg., 73/74/1990, S.79-86, S. 82; Hanke: Das „deutsche Fernsehen", a.a.O., S. 19; vgl. Hanke: Macht und Ohnmacht, a.a.O., S. 157.

247   So auch Helmut Hartung: Die Rolle des DDR-Fernsehens bei der revolutionären Wende, in: Ludes: DDR-Fernsehen intern, a.a.O., S. 342-348, S. 342.

durch wurde das Vertrauen vieler Zuschauer und nicht zuletzt zahlreicher Mitarbeiter im DDR-Fernsehen erschüttert. Dafür bitten wir die Bürger der DDR um Entschuldigung.[248]

Auch der Vorsitzende des SK für Fernsehen, Heinz Adameck, schloß sich am 7. November diesem Eingeständnis an:

Wir haben die Kompliziertheit der Prozesse in unserer Gesellschaft und die Widersprüche im Alltag verdrängt ... Mit dem, was wir als Erfolgspropaganda bezeichneten, war ein großer Vertrauensverlust verbunden. Dafür trage ich als Leiter des Fernsehens die Verantwortung ...[249]

Ob die Mitarbeiter der Leitungsgremien diese Eingeständnisse wirklich ernst meinten, läßt sich aus heutiger Perspektive nicht mehr nachvollziehen, jedoch zeigen sie, unter welch starker psychologischer Last sie standen. Auch wenn Adameck versuchte sich zu verteidigen („Ich folgte einer äußerst verbindlich vorgegebenen zentralen Linie, die wenig Spielraum ließ...") und gleichzeitig den Willen vorgab, sich zu ändern („*Wir* haben begonnen, uns zu beteiligen an dem großen Lernprozeß unserer Gesellschaft, ... [meine Hervorhebung]"[250]), so waren diese Last und der Druck von außen anscheinend die Beweggründe, die sowohl die SED-Kreisleitung als auch Heinz Adameck am 21. November zum geschlossenen Rücktritt veranlaßten. Sie machten es Kurt Blecha gleich, dem Leiter des Presseamtes beim Ministerratsvorsitzenden, also dem *Transmissionsriemen* für die Anweisungen durch das ZK. Der schon am 7. November „auf eigenen Wunsch" von seiner Funktion entbunden worden war.[251]

Es ist anzunehmen, daß diese Rücktritte wirklich ohne Anweisungen aus dem ZK geschahen. Für das SK für Hörfunk läßt sich das unzweifelhaft nachweisen: In einer Erklärung seiner Mitglieder, die während einer Sitzung am 11. November verfaßt wurde, in der sie „die Arbeit in den zurückliegenden Jahren ... diskutiert" und „selbstkritisch" zu „ihrer Verantwortung Stellung genommen" haben, heißt es:

Das Vertrauen der Mitarbeiter des Rundfunks in die Institution Komitee ist nicht mehr gegeben ...

... in seiner gegenwärtigen Struktur hat [sie] sich historisch überlebt. Heute geht es um effektivere Leitungsstrukturen. Wir schlagen deshalb

248 Erklärung der SED-Kreisleitung Fernsehen der DDR vom 3. November 1989 in AK Zwo, in: Deutscher Fernsehfunk/Historisches Archiv (Hg.): Fernsehfunk im Wandel - Aufzeichnungen über das Fernsehen Berlin-Adlershof in der Zeit von September 1989 bis Mai 1990, Berlin 1990, S. 26; auch zit. in: Monika Möller-Riester: Von der Tatarenmeldung zum Joint Venture - Chronik des Medienumbruchs in der DDR aus westlicher Sicht, in: Medium, 2/1990, S. 40-43, S. 41.

249 Rede von Heinz Adameck am 7. November 1989, zit. in: Büchel: Jähe Wendungen, a.a.O., S. 282f.

250 Ebd.

251 Vgl. Nölte, a.a.O., S. 35, 40.

vor, das Staatliche Komitee für Rundfunk als Ganzes abzuberufen. Wir bitten den Ministerrat, über diesen Vorschlag bald zu entscheiden.[252]

Auf diese Weise war der gesamte Apparat, der zuvor den Rundfunk kontrolliert hatte, in Auflösung begriffen, sowohl durch Funktionsverfall der Verwaltungsorgane als auch durch Rücktritte der Organverwalter. Ob mit Personalwechsel wie beim SK für Fernsehen oder zunächst ohne wie beim Hörfunk, ist davon auszugehen, daß die Mitglieder der SKs etwa seit Anfang November nicht mehr in gewohnter Weise ihrer ursprünglichen Kontrollfunktion entsprachen, obwohl sie die Anweisungen des ZK auch folgezeitlich weitergaben. Wolfgang Meyer, der neue Leiter des umgebildeten Presseamtes beim Ministerrat, Ende November in „Presse- und Informationsdienst der Regierung" umbenannt, sollte indes auch eine neue Funktion erfüllen, nämlich die eines Regierungssprechers.[253] Auch wenn damit eine wirkliche Unabhängigkeit der elektronischen Medien bei weitem noch nicht erreicht wurde, und somit das Informations- und Meinungsmonopol der SED nicht aufgehoben war[254], so bedeutete es zumindest doch eine Lockerung der Abhängigkeit von Staat und Partei.

3.3.2 Generalintendanten als neue Leitungsspitzen

Den Vorschlag der Mitglieder des Hörfunkkomitees griff Modrow erst am 1. Dezember auf, indem er Bentzien und Klein als Generalintendanten einsetzte - zwei neue Ämter, die die Stellen der SK-Vorsitzenden ersetzten.[255] Im Ministerratsbeschluß vom 21. Dezember wird dementsprechend auch festgelegt, daß die SKs umbenannt werden in „Fernsehen" und „Rundfunk der DDR".[256] Damit war ein weiterer Schritt in Richtung Lockerung der Abhängigkeit getan, denn folgezeitlich schwiegen die Telefone, und Anweisungen seitens der ZK-Agitationsabteilung blieben aus.[257] Am 8. Dezember wurden die obersten Ebenen der alten Lenkungs- und Kontrollmechanismen, die Gremien ZK und Politbüro, aufgelöst. So wird offensichtlich, was der Name Generalintendanz bereits impliziert: Bentzien und Klein sollten die neuen Leitungsspitzen der Einrichtungen sein, die offiziell nicht mehr an staatlichen und parteipolitischen Anweisungen

---

252 Erklärung der Komiteemitglieder des Rundfunks der DDR vom 11. November 1989, in: Funkhaus Berlin (Hg.): Radio im Umbruch - Oktober 1989 bis Oktober 1990 im Rundfunk der DDR, Darstellungen, Chronik, Dokumentation, Presseresonanz, Berlin 1990, S. 275.

253 Vgl. Nölte, a.a.O., S. 35, 39.

254 So aber Wilhelmi, a.a.O., S. 47.

255 Ein Vorgang, der nach Aussage Bentziens gerade fünf Minuten gedauert habe, vgl. Hans Bentzien: „...Gratulation zur neuen Offenheit!", in: Riedel, a.a.O., S. 283-286, S. 284.

256 Beschluß über das Fernsehen der DDR und den Rundfunk der DDR vom 21. Dezember 1989, a.a.O.

257 Vgl. Klein: In Verantwortung, a.a.O., S. 90.

gebunden sein sollten.[258] Folgerichtig heißt es in dem Beschluß: Die Einrichtungen „werden von Generalintendanten *geleitet* [meine Hervorhebung]".[259]

Die Widersprüchlichkeit dieses Beschlusses hinsichtlich der Staatsunabhängigkeit wurde bereits dargelegt.[260] Hinzuzufügen ist an dieser Stelle jedoch, daß er trotz personeller Erneuerung der Leitungsspitzen keine Umgestaltung der zentralistischen Strukturen innerhalb der Einrichtungen bewirkte. Diese Aufgabe war den Generalintendanten überlassen worden mit der einzigen Vorgabe, einen Fernsehbeirat bzw. einen Medienbeirat zu bilden. Auch trugen die Berufungen Bentziens und Kleins von vornherein nur Übergangscharakter: Gegen ein längeres Verweilen in diesen Ämtern sprachen zum einen das Alter der beiden - Bentzien war zu diesem Zeitpunkt 62, Klein 60 Jahre alt - zum anderen deren langjährige publizistische und parteitreue Karrieren, die allerdings bei Bentzien schwerer ins Gewicht fallen als bei Klein.[261]

3.3.3 Die Konstituierung der Beiräte

Die Beiräte konstituierten sich am 9. bzw. am 12. Januar 1990 zunächst provisorisch und zumindest in der groben Aufgabenstellung nach Muster der bundesdeutschen Rundfunkräte: Ihre Funktion sollte die externe öffentliche Kontrolle der elektronischen Medien sein.[262] Damit war als erstes die Überwachung der ausgewogenen Darstellung gesellschaftlicher Gruppen und Parteien gemeint, hier vor allem hinsichtlich der bevorstehenden Volkskammerwahl.[263]

---

258 Vgl. Kabel/Kupka, a.a.O., S. 8.

259 Beschluß über das Fernsehen der DDR und den Rundfunk der DDR vom 21. Dezember 1989, a.a.O.

260 Siehe Anm. 234ff.

261 Hans Bentzien war nach einem gesellschaftswissenschaftlichen Studium und einem weiteren an der SED-Parteihochschule 1958 Sekretär für Kultur und Volksbildung der SED-Bezirksleitung Halle sowie Mitglied der Kulturkommission beim Politbüro. Von 1961 bis 1966 schließlich bekleidete er das Amt des Kulturministers. Zu den elektronischen Medien kam er 1975 als Leiter der Hauptabteilung Funkdramatik beim Hörfunk, bevor er 1977 gar stellvertretender Vorsitzender des SK für Fernsehen und später Arbeitsgruppenleiter Publizistik im Fernsehen wurde. Der anfänglich als Reporter beim Funkhaus Grünau angelernte Manfred Klein hatte ebenfalls ein gesellschaftswissenschaftliches Studium absolviert, bevor er verschiedene redaktionelle Berufsstationen durchlief. Zuletzt war er seit 1970 der Chefredakteur der Zentralen Hauptverwaltung Nachrichten beim Hörfunk; vgl. Arnulf Kutsch: Generalintendanten in den DDR-Rundfunkmedien, in: Studienkreis Rundfunk und Geschichte, 15. Jg., 4/1989, S. 241-244, S. 241f.

262 Vgl. Kleinwächter: Die Vorbereitungen, a.a.O., S. 136; vgl. Edith Spielhagen: Hörfunk nach der Wende aus der Sicht des Aufsichtsgremiums, in: Kopetz, a.a.O., S. 17-28, S. 21f.

263 Vgl. Spielhagen: Zur Rolle von Öffentlichkeit, a.a.O., S. 142; vgl. Gerhild Schulzendorf: Medienentwicklung aus der Sicht des DFF-Fernsehrates, in: Kopetz, a.a.O., S. 30-38, S. 30.

Über deren Zusammensetzung waren jedoch keinerlei Bestimmungen vorhanden. Auch der in seinen Grundzügen damals bereits veröffentlichte Volkskammerbeschluß vom 5. Februar legte lediglich fest, daß sie „gesellschaftlich" zu sein haben.[264] Und als solche wurden sie zunächst zu spiegelbildlichen Gremien des Runden Tisches, aus welchem Grund der Fernsehbeirat zunächst auch „Runder Tisch beim Fernsehen der DDR" hieß.[265] Durch diese gleichberechtigte Einbeziehung aller damals relevanten gesellschaftlichen Kräfte war die parteipolitische Anbindung im Gegensatz zu den Rundfunkräten der Bundesrepublik unterdrückt - parteipolitische Richtungskämpfe standen daher mehr im Hintergrund.[266] Regelungen betreffend der Zusammensetzung und Aufgaben dieser Gremien sollten erst in den noch zu beschließenden Statuten getroffen werden. An deren Ausarbeitungen war der Hörfunkrat intensiv beteiligt, der Fernsehrat dagegen zunächst nicht.[267]

3.3.4 Personal- und Programmstrukturveränderungen innerhalb der Einrichtungen

Auch unter der Leitung der beiden Generalintendanten kam es zwar zu einigen Personalwechseln, aber die inneren Strukturen blieben zunächst unverändert mit Ausnahme der Abschaffung der Kaderabteilung im Fernsehen und der Leitung im Hörfunk: Hier wurden die Positionen der drei stellvertretenden Generalintendanten neu geschaffen, die mit Wernfried Maltusch, Klaus Schmautz und Günter Leuschner besetzt wurden. Anders war es auch nicht zu erwarten, weil schließlich in der Umbruchphase keine fertigen Pläne für neue Strukturen vorgelegen haben können.[268]

Personelle Veränderungen gab es auf Ebene der Intendanten: Während Bernhard Büchel zum Neujahrstag als Intendant des 2. Fernsehprogrammes antrat, gab es im Hörfunk Neubelegungen von drei Intendantenstellen - Gerhard Lange beim „Radio DDR", Klaus Olizeg bei „Stimme der DDR" und Dietmar Ringel bei „DT64". Auch darunter, auf Ebene der Chefredakteure und Hauptabteilungsleiter,

---

264 Siehe Anm. 219.

265 Schulzendorf: Medienentwicklung, a.a.O., S. 30.

266 Vgl. Wilhelmi, a.a.O., S. 58.

267 Vgl. Brinkmann, a.a.O., S. 52; vgl. Spielhagen: Hörfunk nach der Wende, a.a.O., S. 23; vgl. Schulzendorf: Medienentwicklung, a.a.O., S. 31.

268 Vgl. Ernst Dohlus: Der schwierige Weg zu neuen Strukturen - Vom Rundfunk und Fernsehen der DDR zur Einrichtung, in: SFB, a.a.O., S. 13-15, S. 13; vgl. Spielhagen: Rundfunk im Transit, a.a.O., S. 40; vgl. Knut Hickethier: Das Zerschlagen der Einrichtung - Der Weg vom Staatsfernsehen der DDR zum Rundfunkföderalismus in den neuen Bundesländern, in: Rainer Bohn / Hickethier / Eggo Müller (Hg.): Mauer-show - Das Ende der DDR, die deutsche Einheit und die Medien, (Sigma-Medienwissenschaft, Bd. 11), Berlin 1992, S. 71-93, S. 74; nach Leuschners Rücktritt im März 1990 wurde sein Amt nicht wieder besetzt, Maltusch war erst Anfang Dezember 1989 auf Wunsch Beckers rehabilitiert worden.

fand ein „Personalkarussell" statt, bei „DT64" wurde gar die gesamte Leitungsriege vom Intendanten bis zum Chefredakteur ausgewechselt.[269] Festzuhalten gilt dabei allerdings, daß die meisten dieser Personen wie die Generalintendanten - mit Ausnahme von Maltusch - schon zuvor den leitenden Kadern oder der „Führungsreserve" angehörten. So blieben auch ehemalige Komiteemitglieder in Führungspositionen.[270]

Das Dilemma, daß die Strukturen und die personelle Organisation im wesentlichen auch später noch durch das alte Regime geprägt waren, war prinzipiell auch dafür verantwortlich, daß der angestrebte Demokratisierungsprozeß innerhalb der Einrichtungen für unglaubwürdig gehalten wurde und die Legitimation derselben angezweifelt worden ist.[271]

3.3.4.1 Wandel des Rundfunks durch die Mitarbeiter

Durch den Anschein, die personellen Umbesetzungen seien seit Dezember 1989 allein durch den Ministerrat und durch die neuen Generalintendanten erfolgt, wird oft außer Acht gelassen, daß es Demokratisierungsprozesse innerhalb der Einrichtungen gab, die diesen zuvorkamen. Die Rede ist von einem Demokratisierungsprozeß, der *von unten* erfolgte, und zwar bei den Personalwechseln auf den unteren Ebenen.

Daß die gesamte Leitungsriege des „DT64" zurücktreten mußte, war keine Direktive des SK für Hörfunk oder der Generalintendanten, sondern ein Anliegen der Mitarbeiter: Bereits am 8. November hatten die rund 150 Beschäftigten des Senders während einer Belegschaftsversammlung ihrer Leitung das Mißtrauen ausgesprochen, woraufhin sich diese gezwungen sah, geschlossen zurückzutreten.[272] Ähnliche Versammlungen habe es nach Aussage Singelnsteins auch in anderen Abteilungen des Hörfunks gegeben, z.B. in der Hauptabteilung Funkdramatik. Im Dezember sollen sich sowohl Redaktionsleiter, Chefredakteure als auch Intendanten anderer Hörfunk- und Fernsehsender der Vertrauensfrage durch die Beschäftigten haben stellen müssen. Daß es nur in wenigen Fällen tatsächlich zu „Abwahlen" kam, habe oftmals daran gelegen, daß sich der Verantwortung niemand anderes habe stellen wollen.[273]

Diese Personalwechsel durch Vertrauensfrage bestätigen Hankes These, die Wende im Rundfunk sei „von 'unten' erzwungen" worden, sowohl von der Bevölkerung als auch von den Rundfunkbeschäftigten, doch die Aussage, sie sei gleich-

269 Spielhagen: Rundfunk im Transit, a.a.O., S. 41; vgl. Nölte, a.a.O., S. 52.

270 Dohlus, a.a.O., S. 13; vgl. Ludes: Nachrichtensendungen, a.a.O., S. 83.

271 Vgl. Hickethier: Das Zerschlagen, a.a.O., S. 75.

272 Vgl. Nölte, a.a.O., S. 36; vgl. Vera Gaserow: „Die Schere im Kopf ist einfach weg", in: Die Tageszeitung, vom 13.12.1989, S. 10.

273 Vgl. Singelnstein: Demokratie von unten, a.a.O., S. 279.

zeitig „von 'oben' verordnet" worden, erweist sich - wie oben gezeigt - als falsch.[274]

3.3.4.2 Veränderungen in den Programmen

Ausdruck dieses Demokratisierungsprozesses innerhalb der Einrichtungen war auch die Wandlung der publizistischen Tätigkeit, die in den Programmen der Sender nach außen sichtbar war. Das, was den Zuschauern und Hörern in den Herbst- und Wintertagen geboten wurde, war mit dem Vorherigen nicht mehr vergleichbar: Nach dem Sturz Honeckers, nach der Billigung von Krenz und vor allem nach der Demonstration am 4. November auf dem Berliner Alexanderplatz, der „eigentlichen Wende" für die Medien[275], hatten sich die Inhalte von Hörfunk und Fernsehen in allen Bereichen, vornehmlich der Publizistik völlig verändert. Zu beobachten waren sowohl offenere Nachrichtenberichterstattung, andere Präsentationstile, Schaffung neuer und Umbau bestehender Sendeformen („Donnerstag-Gespräch", „Klartext", „Ozon", „AK Zwo") als auch die Ausstrahlung bisher verbotener Fernsehfilme („Geschlossene Gesellschaft", „Ursula", „Monolog eines Taxifahrers"). Allmählich setzte sich der zuvor unterdrückte kritische Journalismus durch, der begleitet wurde von Live-Übertragungen (Demonstration am 4. November, später aus der Volkskammer, vom Runden Tisch sowie von Parteitagen), von kontroversen Diskussionsrunden mit Politikern und Oppositionsvertretern sowie von Reportagen und Magazinen. Diese machten den politischen Reformprozeß durchschaubarer und begannen, die politischen und gesellschaftlichen Problemzonen zu analysieren.[276] Außerdem mußten sich Propagandaexperten wie der „letzte kalte Krieger" des DDR-Fernsehens und Moderator der Sendung „Der Schwarze Kanal", Karl Eduard v. Schnitzler, vom Bildschirm verabschieden.[277]

Auf diese Weise begann der Rundfunk auch im Zuge des Kontrollmechanismusverfalls, eigene Wege zu gehen, obwohl es einigen Journalisten noch schwer ge-

---

274 So aber Hanke: „Umbruch", a.a.O., S. 82.

275 Bentzien, zit. in: Protokoll: 6. Workshop „Einrichtung und Abwicklung" vom 11.1.1993, in: Riedel, a.a.O., S. 286-299, S. 287.

276 Vgl. Peter Hoff: Organisation und Programmentwicklung des DDR-Fernsehens, in: Knut Hickethier (Hg.): Institution, Technik und Programm - Rahmenaspekte der Programmgeschichte des Fernsehens, (Kreuzer, Helmut / Thomsen, Christian W.(Hg.): Geschichte des Fernsehens in der Bundesrepublik Deutschland, Bd. 1), München 1993, S. 245-288, S. 283; vgl. Mühl-Benninghaus: Medienpolitische Probleme, a.a.O., S. 18; vgl. Hickethier: Das Zerschlagen, a.a.O., S. 75; vgl. Hanke: „Umbruch", a.a.O., S. 79.

277 Franz Schlesinger: „Schwarzer Kanal, heute zum letzten Mal", in: Hoff/Wiedemann: Medien der Ex-DDR, a.a.O., S. 24-29, S. 24; vgl. Hanke: Das „deutsche Fernsehen", a.a.O., S. 20.

fallen sein muß, sich von den alten Sprach- und Denkschablonen zu lösen.[278] Durch dieses „Wunder" habe er sich „buchstäblich über Nacht zu einem glaubwürdigen Zeitzeugen" entwickelt, schreibt Hanke.[279] Es war aber nicht ein Wandel von einem zum anderen Tag, sondern über mehrere Wochen, von Ende Oktober bis in den Januar 1990 hinein. In dieser Zeit habe sich das Programm „auf die bewegenden Prozesse der Wirklichkeit eingestellt" und habe sie „in ihrem realen Verlauf *öffentlich* [Hervorhebung durch Hoff]" gemacht.[280]

3.3.4.3   Die Beispiele „DT64" und „Elf99"

Zwei Sendungsmodelle werden immer wieder als die Vorreiter des Wandlungsprozesses in Hörfunk und Fernsehen, aber auch als Indikator für den frühen inneren Reformwillen der Einrichtungen angeführt: das Jugendradio „DT64" und die Jugendsendung „Elf99" im Fernsehen.[281] Das klingt um so erstaunlicher, wenn sich die Tatsache vergegenwärtigt wird, daß beide Sendeformen von der SED-Führung mit der Absicht installiert worden waren, die Jugendlichen von Hörfunk und Fernsehen der Bundesrepublik mit attraktiven Musikbeiträgen und Videoclips abzuwenden.[282] Und das war in den späten achtziger Jahren eben nur möglich mit einem gleichzeitig immensen technischen Aufwand in westlichem Stil, mit jungen Moderatoren, aber auch mit Erweiterung der journalistischen Spielräume und Rückzug von allzu offensichtlich politischer Beeinflussung.[283] Unter diesen Voraussetzungen waren „DT64" Anfang 1987 und „Elf99" am 1. September 1989 gestartet.

Weil aber die jungen Journalisten Themen behandeln und Musiktitel spielen konnten, denen sich andere nicht nur vorsichtig, sondern prinzipiell überhaupt

---

278 Vgl. Holzweißig: Massenmedien unter Parteiaufsicht, a.a.O., S. 366; vgl. Hanke: „Umbruch", a.a.O., S. 82.

279 Ebd., S. 79, 82.

280 Peter Hoff: Der ungeteilte Himmel, in: Ästhetik und Kommunikation, 19. Jg., 73/74/1990, S. 87-95, S. 94.

281 Vgl. Bernhard Büchel: Elf99 - Die Geister, die man rief ..., in: Riedel, a.a.O., S. 266-270, S. 269; vgl. Hickethier: Das Zerschlagen, a.a.O., S. 75; vgl. Hans-Jörg Stiehler: „Elf99" - Vor der Wende für die Zukunft konzipiert?, in: Hoff/Wiedemann: Medien der Ex-DDR, a.a.O., S. 114-132, S. 128; vgl. Peter Wiedemann: Von den Schwierigkeiten der Medienforschung mit der Realität, in: Rundfunk und Fernsehen, 38. Jg., 3/1990, S. 343-356, S. 355; anders aber Peter Hoff: Armenbegräbnis für eine teure Verblichene - Geschichtsbild und Point of View von Fernsehrückblicken und Viedeokassetten (Ost/West) zum „Jahr der deutschen Einheit" 1990, in: Bohn/Hickethier/Müller, a.a.O., S. 175-188, S. 180.

282 Vgl. Wilke/Noelle-Neumann, a.a.O., S. 164; vgl. Peter Hoff: Jugendprogramm - Das vergebliche Werben um eine Zielgruppe, in: Riedel, a.a.O., S. 210-217, S. 210, 217; vgl. Renate Schubert: Umbrüche im Verhältnis von Medien-Realität und Lebens-Realität, in: Rundfunk und Fernsehen, 38. Jg., 3/1990, S. 424-427, S. 425.

283 Vgl. Stiehler: „Elf99", a.a.O., S. 119; vgl. Rexin, a.a.O., S. 408.

nicht nähern konnten, wurden sie zu „Geistern", der die SED-Führung „nicht mehr Herr wurde".[284] So sendete „DT64" als erster am 10. Oktober 1989 die Kritik des Schriftstellers Hermann Kant, später einen Originalbericht über das Friedensgebet in der Leipziger Nikolaikirche sowie Informationen über die Vollversammlung der Sektion Rockmusik des Komitees für Unterhaltungskunst, in der „öffentlicher Dialog" und „Öffnung der Medien" gefordert wurden. Neben Demonstrationsaufrufen erklang über diesen Sender in der Wendezeit sogar das Lied „Mit dem Gesicht zum Volke" von Gerhard Schön.[285]

Noch radikaler nutzten die Mitarbeiter von „Elf99" ihre Gelegenheit zum kritischen Journalismus: Am 25. Oktober startete ein „Spezial" mit Mitschnitten der Veranstaltung „Die DDR, wie ich sie mir träume" und ermöglichte Vertretern des „Neuen Forums" sowie dem Schriftsteller Stefan Heym Stellungnahmen auf dem Bildschirm. Drei Tage später veranlaßte der Moderator Jan Capentier zusammen mit jungen Gewerkschaftlern Harry Tisch durch die Bemerkung, „Harry, das wollen wir jetzt wirklich nicht von Dir hören...", zur Rücktrittsverkündigung. Spektakulärer werden wahrscheinlich in der Folgezeit die Berichte über die SED-Wohnsiedlung Wandlitz und über die Stürmung der MfS-Zentrale in Berlin gewesen sein.[286] Die Wirkung dieser Sendungen mit ihrem jugendlichen Temperament darf nicht unterschätzt werden: Dabei sei der „Machtapparat journalistisch bloßgestellt und damit demontiert" worden, schreibt Hickethier.[287]

3.3.5 Kritik am Rundfunk während der Wendezeit

Trotz der radikalen Umgestaltung des Programms bzw. der journalistischen Tätigkeiten sowie der basisdemokratisch anmutenden personellen Umwälzung der Redaktionen und Sendeleitungen in der Zeit von Oktober 1989 bis Januar 1990 mußten sich Hörfunk und Fernsehen großer Kritik aussetzen. Die Vorwürfe, die elektronischen Medien seien nur noch „auf den fahrenden Revolutionszug" aufgesprungen und hätten nicht zur Herbeiführung der Wende beigetragen wie die Westmedien,[288] sind angesichts des relativ späten Wandels im Verhältnis zu den reformerischen Prozessen im Land verständlich.

---

284 Büchel: Elf99, a.a.O., S. 268.

285 Nölte, a.a.O., S. 27; vgl. Ute Ehrich: Mankurten - Wird das Gedächtnis der DDR ausgelöscht?, in: Medium, 4/1990, S. 47f., S. 48; vgl. Spielhagen: Rundfunk im Transit, a.a.O., S. 37.

286 Bahrmann: Wende und journalistisches, a.a.O., S. 411; vgl. Ders.: Der Funktionär wird Journalist - Neubeginn für den DDR-Journalismus, in: Bertelsmann Briefe, 4/1992, S. 38-41, S. 40; vgl. Stiehler: „Elf99", a.a.O., S. 115; vgl. Büchel: Elf99, a.a.O., S. 268f.; vgl. Cordt Schnibben: Vom Lada zum Lambada, in: Der Spiegel, 49/1989, S. 62-71.

287 Knut Hickethier: Die Zeit und das Fernsehen, in: Ästhetik und Kommunikation, 19. Jg., 73/74/1990, S. 137-144, S. 139.

288 Hartung, a.a.O., S. 342; vgl. Hesse, a.a.O., S. 338; vgl. Odermann, a.a.O., S. 377.

Auch weiterhin seien überwiegend die Ansichten der verzweifelten SED-Mitglieder dargestellt worden. Gerade die Hauptnachrichtensendung des Fernsehens, die „Aktuelle Kamera", zog extremen Tadel auf sich: Ihre Berichterstattung habe sich noch bis Januar 1990 an einer „Stärkung des Sozialismus" orientiert.[289] Weil die neuen Parteien und oppositionellen Gruppierungen immer noch weniger Zugang zum Rundfunk fanden als die SED, habe die Gefahr bestanden, so Hartung, daß der Rundfunk hinter der gesellschaftlichen Entwicklung der pluralistischen Diskussionen zurückbleibe.[290]

3.3.5.1 Mängel der journalistischen Tätigkeit

Diese Kritik, die an den Berichterstattungen des Rundfunks geübt wurde, ist jedoch entstanden durch den direkten Vergleich mit den Rundfunksendern der Bundesrepublik - vornehmlich der öffentlich-rechtlichen, die beispiellos die Geschehnisse in der DDR 1989 dokumentiert hatten. Sie verdrängt unbewußt, daß sich die altgewachsenen Lenkungs- und Kontrollmechanismen der ostdeutschen Medien nur langsam auflösen konnten. Nicht zu vergessen ist auch die Tatsache, daß bis zum Volkskammerbeschluß am 5. Februar 1990 jegliche gesetzlichen Grundlagen fehlten, die die Journalisten und ihre Tätigkeit im Ernstfall ausreichend geschützt hätten, was die Verunsicherung bis dahin wach hielt.[291]

Wie aber ist zu erklären, daß die oppositionellen Meinungen bei „Elf99" und „DT64" schon früh und in anderen Sendungen wie der AK erst relativ spät ihren Platz fanden? Hesse begründet das damit, daß sich die Umbrüche nicht nur zwischen den Printmedien und den elektronischen Medien unterschiedlich vollzogen, sondern auch innerhalb eines Mediums, selbst innerhalb von Redaktionen hätten die Vorstellungen über eine neue Berufsauffassung der Journalisten erheblich differiert.[292] Zu erklären sei das nach Segert mit einem „Generationskonflikt" mit der magischen Altersgrenze von 40 Jahren. Vieles deutet darauf hin, daß es eben nicht „dieselben" Journalisten waren, die zu Reformen im Rundfunk beitrugen, sondern nur ein bestimmter, ein besonders stark ausgeprägter Teil von ihnen: die jüngeren.[293] Und die waren eben bei „Elf99" und „DT64" zahlreicher vertreten als bei

289   Vgl. Peter Ludes: Die Rolle des Fernsehens bei der revolutionären Wende in der DDR, in: Publizistik, 36. Jg., 2/1991, S. 201-216, S. 201; vgl. Ders.: „Von mir hätten Sie immer nur die halbe Wahrheit bekommen" - Interviews mit Journalisten des Deutschen Fernsehfunks der DDR, in: Aus Politik und Zeitgeschichte, B 17/1991, S. 22-31, S. 25; vgl. Hesse, a.a.O., S. 339.

290   Vgl. Hartung, a.a.O., S. 343.

291   Vgl. Spielhagen: Rundfunk im Transit, a.a.O., S. 40.

292   Vgl. Hesse, a.a.O., S. 339.

293   Astrid Segert: Zwischen Wende und Ende des DFF - „Wende"-Verhalten von DDR-Fernsehjournalisten, in: Medium, 1/1993, S. 47-53, S. 49; vgl. Hoff: „Die Kader...", a.a.O., S. 247; vgl. Jürgen Grubitzsch: Traditionen, Altlasten und Neuansätze der Leipziger Journalistenausbildung, in: Rundfunk und Fernsehen, 38. Jg., 3/1990, S. 400-406, S. 405.

der AK. Es bleibt dennoch offen, wie der Reformprozeß in den Redaktionen im einzelnen verlief: Hier fehlen detaillierte Untersuchungen.

3.3.5.2 Katalysator der Umbrüche

Auch wenn der ostdeutsche Rundfunk nicht als „Insel des Widerstandes"[294] wirken konnte und einige Sendungen mit alteingesessenen Redakteuren wie die AK noch Verharrungsvermögen demonstrierten, so sind doch gerade die neuen Sendeformen wie Live-Übertragungen von politischen Ereignissen, Diskussionsrunden und gesellschaftskritische Reportagen, vor allem aber die Sendungen von „Elf99" und „DT64" Indiz für seine Rolle im Spätherbst 1989. Tatsache ist selbstverständlich, daß er die gesellschaftlichen Umbrüche nicht mit ausgelöst hat. Dennoch ist nicht zu leugnen, daß er später zumindest als *Katalysator* fungierte. Hikkethier schreibt, der Rundfunk habe nach Wegfall der Direktiven und der direkten Einflußnahme durch das SED-Politbüro versucht, „seiner journalistischen Aufgabe gerecht und zum Vermittler der sozialen Bewegung und Ereignisse zu werden, und trug damit zur schnelleren Durchsetzung des Umbruchs der Gesellschaft mit bei."[295]

---

294 Rudolf Mühlfenzl, zit. in: Hickethier: Das Zerschlagen, a.a.O., S. 73.
295 Ebd.

4 Rundfunk in der DDR Februar 1990 bis Oktober 1990

Der künftige Weg der Rundfunkordnung in der DDR schien mit dem Volkskammerbeschluß vom 5. Februar 1990 gefestigt zu sein: Die Einrichtungen sollten in öffentlich-rechtliche Anstalten umgewandelt, Einzelheiten durch die Statuten und das spätere Mediengesetz geregelt werden. Das Konzept des Beschlusses war noch in einer Phase entstanden, in der die Beteiligten davon ausgegangen waren, die DDR könne weiter als „sozialistische Demokratie" in Eigenständigkeit fortbestehen, auf einem „Dritten Weg".[296] Ein Szenario, daß sich bereits Ende Januar immer deutlicher abzeichnete, war im Entwicklungsprozeß dieses Beschlusses allerdings völlig außer Acht gelassen: die drohende „Implosion" der DDR.[297] Modrow selbst resignierte angesichts des öffentlichen Klimas, das zunehmend die Parole „Wir sind das Volk" in „Wir sind *ein* Volk" austauschte. Die staatliche Autorität war in Auflösung begriffen, die Planwirtschaft stand am Rande des Bankrotts. So war selbst Modrow schließlich zu der Einsicht gekommen, daß entgegen der Meinung des Runden Tisches zu einer Konföderation der beiden deutschen Staaten oder gar zu einer vollständigen Wiedervereinigung kaum eine Alternative in Aussicht war.[298] Die Bundesregierung ging zu dieser Zeit „in die politische Offensive" und drängte auf baldige Wirtschafts- und Währungsunion.[299]

4.1 Vorschläge und Vorstellungen verschiedener Interessengruppen

Im Zeichen dieser sich aufdrängenden Perspektive der Wiedervereinigung, wurde auch das vorgesehene Rundfunksystem in Frage gestellt. Die Problematik war nun nicht mehr, wie das System entsprechend der Demokratisierungsprozesse des Herbstes 1989 gewandelt werden könne, sondern was mit dem DDR-Rundfunk in einem vereinten Deutschland geschehen solle. Während die Regierung Modrow rundfunkpolitisch handlungslos blieb und die erste freie Volkskammerwahl noch

---

296 Manfred Görtemaker: Beginn der deutschen Einigung, in: Bundeszentrale für politische Bildung: Informationen zur politischen Bildung, Nr. 250, 1. Quartal 1996, S. 25-35, S. 26; Jarausch, a.a.O., S. 145.

297 Ebd., S. 174.

298 Eckart Thurich: Der Weg zur Einheit, in: Bundeszentrale für politische Bildung: Informationen zur politischen Bildung, Nr. 233, 4. Quartal 1991, S. 30-39, S. 32; vgl. Jarausch, a.a.O., S. 157; vgl. Görtemaker, a.a.O., S. 31.

299 Ebd., S. 32.

ausstand, fühlten sich verschiedene Interessengruppen herausgefordert, eigene medienpolitische Pläne und Konzepte zu entwickeln. Mit dem neuen Stichwort „Neuordnung des deutschen Rundfunks" war eine Diskussion entstanden, die zunächst ungebunden von der offiziellen Medienpolitik geführt wurde.[300] Aus der Fülle von Ideen und Standpunkten sind hier einige beispielhaft herauszugreifen.

4.1.1 Positionspapier des Bundesverbandes Kabel und Satellit

Auf heftige Kritik stieß das erste veröffentlichte Konzept des Bundesverbandes Kabel und Satellit (BKS). Das 13 Punkte umfassende Positionspapier des größten Interessenverbandes für private Programmanbieter in der Bundesrepublik erschien Mitte Februar unter dem Namen „Ein duales Rundfunksystem für das vereinigte Deutschland". Hauptanliegen dieses Konzeptes war die Freigabe aller unbenutzter Frequenzen in der DDR für private Hörfunk- und Fernsehsender. Darüber hinaus gab das Papier aber auch Empfehlungen für die Neuordnung der bestehenden Einrichtungen: Das erste Fernsehprogramm solle eine Arbeitsgemeinschaft nach Vorbild der ARD bilden, dessen Landesanstalten später in den Verbund der ARD eingegliedert werden könnten, das ZDF solle die Frequenzen des zweiten Fernsehprogrammes übernehmen, und die Hörfunkprogramme sollten in eine künftig neuformierte ARD eingegliedert werden. Zusätzlich, so das Papier, seien der DLF, die DW und das „Radio im amerikanischen Sektor" (RIAS) durch eine neue „Rundfunkanstalt eines vereinigten Deutschlands" zu ersetzen.[301]

4.1.2 Zwischen Kooperationen und Anspruch: ARD und ZDF

Die Intendanten der westdeutschen, öffentlich-rechtlichen Anstalten verhielten sich kritisch gegenüber dem BKS-Papier und in der Neuordnungsdiskussion zunächst zurückhaltend. Der Grund dafür dürfte aber auch der fehlende Konsens untereinander gewesen sein.[302] Sie verfolgten zunächst eine andere Strategie, die der Kooperation: Am 13. Februar wurde zwischen ZDF, SRG und ORF ein Kooperationsvertrag mit dem „Deutschen Fernsehfunk" (DFF), so der ehemalige und seit 12. März offiziell neue Name des DDR-Fernsehens, unterschrieben, der den DFF im Programmaustausch zu einem gleichberechtigten Partner machen sollte. Auch vorher waren bereits einzelne Sendungen mit ARD und ZDF gemeinsam

300 Rolf Karepin / Eckhard Müller: Westwärts ohne Illusionen, in: Media-Spektrum, 29. Jg., 1/1991, S. 24-31, S. 30.

301 Bundesverband Kabel und Satellit: Ein duales Rundfunksystem für das vereinigte Deutschland, vom 12.2.1990, in: Kirche und Rundfunk, Nr. 12, 14.2.1990, S. 20f.

302 Vgl. Uwe Kammann: Das DDR-Fernsehen und die Strategien der bundesdeutschen Medien - Zwischenbericht von den Fronten am 31. März 1990, in: Hickethier/Schneider: Fernsehtheorien, a.a.O., S. 172-185, S. 177f.; vgl. Karepin/Müller, a.a.O., S. 30.

produziert und ausgetauscht worden.[303] Da sich aber Produkte des DFF den westdeutschen journalistischen Grundmustern anzupassen hatten, habe sich die „Kooperation" eher als „Kolonisation" gestaltet, schreibt Bleicher, womit sich ARD und ZDF den Einfluß in „fremder Region" gesichert hätten.[304] Das war wiederum auch die Kritik der privaten Anbieter.

Erst Wochen später vergrößerte sich unter den Programmverantwortlichen der westlichen, öffentlich-rechtlichen Anstalten die Gemeinde derer, die die Übernahme von Frequenzen in der DDR sowie die radikale, föderative Umgestaltung des DDR-Rundfunks befürworteten.[305] Allen voran prognostizierte der Intendant des DLF, Edmund Gruber, schon im März, die ARD werde noch 1990 um fünf Landesrundfunkanstalten in den künftigen ostdeutschen Bundesländern erweitert werden.[306] Und wenn es schon um eine Erweiterung der ARD gehe, so waren später die Überlegungen des ehemaligen Fernsehdirektors des WDR, Heinz Werner Hübner, so müsse auch endlich über eine Neuordnung der ARD nachgedacht werden, beispielsweise mit finanzkräftigen, grenzüberschreitenden Rundfunkanstalten. Auf diese Weise wurde in ARD-Kreisen auch die Idee geboren, die neue Situation als Chance für eine *Reorganisation* auch des westdeutschen Rundfunksystems zu nutzen.[307]

4.1.3 Modelle für einen eigenständigen Rundfunk

Die Modelle vom BKS und später auch von den öffentlich-rechtlichen Anstalten liefen darauf hinaus, sowohl den Hörfunk als auch den DFF vor oder im Zuge einer Wiedervereinigung radikal umzugestalten, so daß sie in das ARD-System gepaßt hätten - wobei ein DFF-Programm z.B. durch Ausstrahlung des ZDF zu ersetzen gewesen wäre. Andere Vorstellungen wurden vornehmlich von Einzelpersonen unterbreitet.

So schlug Anke Martiny, die Berliner Kultursenatorin, vor, daß die künftigen neuen Länder der DDR per Staatsvertrag eine gemeinsame Fernsehanstalt gründen sollten, aber nicht unbedingt nach dem Muster von ARD und ZDF. Da allerdings bis dahin noch eine Zeitlang vergehen würde, sei dieser Platz zunächst vom

---

303 Vgl. Joan Kristin Bleicher: Übernahme - Zur Integration des „Deutschen Fernsehfunks" in die Programme der öffentlich-rechtlichen Anstalten, in: Bohn/Hickethier/Müller, a.a.O., S. 127-138, S. 135; vgl. Hickethier: Das Zerschlagen, a.a.O., S. 67; auch im Hörfunkbereich boten sich Kooperationen an, so z.B. zwischen dem Berliner Rundfunk und dem SFB, vgl. Spielhagen: Rundfunk im Transit, a.a.O., S. 44f.; vgl. Jan Tonnemacher: Thesen zu einer gesamtdeutschen Rundfunkperspektive, in: Rundfunk und Fernsehen, 39. Jg., 1/1991, S. 97-103, S. 97f.

304 Ebd., S. 127-129.

305 Vgl. Hickethier: Das Zerschlagen, a.a.O., S. 78; vgl. Tonnemacher, a.a.O., S. 97.

306 Vgl. Kammann: Das DDR-Fernsehen, a.a.O., S. 177.

307 Vgl. Geißler: Fortschreibung, a.a.O., S. 22.

DFF zu besetzen. Zusätzlich sei ein weiteres regionales Programm, ein „O3", eventuell in Zusammenarbeit mit dem SFB als „Berlin-Brandenburgerischer Rundfunk" möglich. Dem privaten Rundfunk erteilte sie zunächst eine Absage, um den Grundversorgungsauftrag eines öffentlich-rechtlichen Rundfunks in der Aufbauphase nicht zu gefährden.[308]

Ähnlichen Charakter trug das Szenario des Direktors der Landesmedienanstalt Berlin, Hans Heege. Auch er sprach von einem eigenständigen Dritten Programm zusammen mit dem SFB. Der DFF selbst solle ähnlich wie bei Martiny für eine gewisse Übergangszeit neben ARD und ZDF weiterbestehen, wenn auch Kooperationen anzustreben seien. Etwas provokativ forderte er aber, daß der DFF von seiner zentralen Struktur zunächst nicht abgehen solle, weil gerade darin seine produktions- und programmtechnischen Stärken lägen.[309]

4.1.4 Positionsbestimmung der Einrichtungen

Das Modell von Hans Heege entsprach weitestgehend den Vorstellungen des Fernseh-Generalintendanten, Hans Bentzien: Seit Beginn der Diskussion über die Zukunft des Rundfunks in einem vereinten Deutschland machte Bentzien deutlich, er wolle den DFF als eine eigene Anstalt bestehen lassen, als eine dritte öffentlich-rechtliche mit dem Namen „Ostdeutscher Rundfunk" (ODR) neben ARD und ZDF.[310] Zumindest gab Bentzien oft zu verstehen, er wolle möglichst viel der Einrichtung nach einer Wiedervereinigung erhalten, zunächst auch den zentralistischen Aufbau. Als Grund dafür wurde von den Fernsehmitarbeitern „die Bewahrung einer spezifischen DDR-Identität" angegeben. Insofern sprach sich Bentzien gegen eine grundlegende Föderalisierung des Fernsehens aus.[311]

Im Hörfunkbereich hatte die Diskussion über die Zukunft der Sender eine etwas gemildertere Ausgangslage: Zum einen war die Regionalisierung des Hörfunks schon vor 1989 sehr viel ausgeprägter gewesen als die des Fernsehens, zum anderen legte die zentrale Programmkommission unter der Leitung Kleins schon zum 30. Januar einen Entwurf für eine regionalisierende Programmreform vor.[312] Die

---

308 Kammann: Das DDR-Fernsehen, a.a.O., S. 180-182; Hermann Meyn: Planspiel mit Visionen, in: Journalist, 4/1990, S. 38f., S. 38f.

309 Diesem Modell schloß sich in ähnlicher Weise auch Hermann Meyn an, Mitglied des Kabelrates Berlin und Vorsitzender des westdeutschen Journalistenverbandes (DJV); vgl. Kammann: Das DDR-Fernsehen, a.a.O., S. 183f.

310 Bentzien, zit. in: Protokoll: 6. Workshop, a.a.O., S. 290.

311 Kutsch: Zwischen Wende und heute, a.a.O., S. 173, 177f.; vgl. Geißler: Fortschreibung, a.a.O., S. 22; vgl. Horst Schättle: Programmentwicklung und Programmperspektiven, in: Hickethier/Schneider: Fernsehtheorien, a.a.O., S. 136-141, S. 137.

312 Zentrale Programmkommission des Rundfunks der DDR: Entwurf für eine Programmreform im Jahre 1990, vom 30. Januar 1990, in: Funkhaus Berlin, a.a.O., S. 323-326, S. 324f.

programmstrukturell unterschiedlichen Wege von Fernsehen und Hörfunk zeichneten sich so bereits vor dem Volkskammerbeschluß am 5. Februar ab. Die Radiosender schienen durch die ausgeprägtere Regionalisierung viel leichter in das bundesdeutsche Rundfunksystem integrierbar zu sein, und so begründete sich unter den Hörfunkverantwortlichen auch die Hoffnung, daß die DDR-Sender, vornehmlich die Regionalsender, in der ARD aufgenommen würden.[313] Vor allem war aber im Zuge der sich abzeichnenden Vereinigung eine differierende rundfunkpolitische Haltung der Hörfunkleitung im Gegensatz zur Leitung des DFF festzustellen: An Stelle einer zu erhaltenden DDR-Identität machte es sich die Hörfunkleitung zur Aufgabe, diese zu überwinden und die Entstehung von Landesidentitäten zu fördern.[314]

4.1.5   Konfrontation statt Diskussion

Diese ersten Vorstellungen über das Rundfunkgefüge in einem vereinten Deutschland bildeten im Prinzip die Basis für die weitere Diskussion, auch wenn dabei ein konsensfähiges und praktikables Modell von keiner Seite entwickelt wurde. Alle Standpunkte hier darzustellen, die außerhalb der administrativen Medienpolitik geäußert wurden, würde allerdings den Rahmen sprengen. Einordnen lassen sich aber alle Modelle in dem Grundschema, das Geißler aufzeigt: das „Modell eines Ost-Rundfunks", das ein drittes nationales Rundfunkprogramm produziert, das „Reorganisationsmodell" für das gesamte Rundfunksystem in beiden Teilen Deutschlands und das Modell von neu zu gründenden Länderanstalten, die sich im ARD-Verbund eingliedern.[315] Bis auf das erste Modell stellten sie allerdings stets die Weiterführung des DFF in seiner bestehenden Form in Frage. Die zwei entgegenläufigen Strategien, Selbsterhaltungsdrang der Einrichtungen versus Marktübernahmeanspruch seitens privater und öffentlich-rechtlicher Systeme, führte zwangsläufig zur Konfrontation.

4.2 Medienpolitische Entwicklung im administrativen Bereich

Während außerhalb der administrativen Medienpolitik vor allem in der Bundesrepublik schon zwischen Parteien, Verbänden und Gruppierungen die Diskussion über die Medienlandschaft in einem vereinten Deutschland entfacht war, waren die DDR-Parteien, die sich auf die vorgezogene Volkskammerwahl am 18. März vorbereiteten, in erster Linie damit beschäftigt, ihre allgemeinen, medienpoliti-

---

313 Vgl. Wernfried Maltusch: Vergangenheit, Gegenwart und Zukunft des Rundfunks in der DDR, Vortrag am 30.5.1990 beim 10. ARD-Werbetreff in Frankfurt a.M., in: Funkhaus Berlin, a.a.O., S. 66-70, S. 68f.

314 Dohlus, a.a.O., S. 13.

315 Geißler: Fortschreibung, a.a.O., S. 22.

schen Standpunkte zu finden. Detaillierte Konzepte für die weitere Gestaltung des Rundfunksystems blieben dabei zunächst aus.

4.2.1 Medienpolitische Programme vor der Wahl

Die Bürgerbewegungen „Neues Forum", „Demokratie Jetzt" und die „Initiative für Menschenrechte" (IFM), die sich zur Wahl zum „Bündnis 90" zusammenschlossen hatten, nahmen für ihre medienpolitische Programmatik die Grundwerte des Volkskammerbeschlusses vom 5. Februar zur Basis. Für die Rundfunkordnung bedeutete das, daß sie für die „Einrichtung eines öffentlich-rechtlichen Status für die elektronischen Medien" eintraten sowie für die „Erarbeitung eines Mediengesetzes", wie es das „Neue Forum" zur Parteigründung erklärt hatte.[316] „Demokratie Jetzt" sprach sich in ihrem Programm so auch eindeutig für eine Öffentlichkeit als „vierte Gewalt" aus, deren Voraussetzung der Zugang aller Gruppen zu den Medien sei.[317]

Die *gewendete* Einheitspartei mit dem neuen Namen PDS formulierte ihren Standpunkt ebenfalls nach den Richtlinien des Beschlusses, als es da heißt:

Wir sind für die Freiheit und Unabhängigkeit ... der Medien ... Es darf keinerlei Reglementierung geben, ausgenommen die Verhinderung von Kriegs- und Rassenhetze, Antisemitismus, Faschismus, Ausländerfeindlichkeit und anderen Angriffen auf die Würde des Menschen.[318]

Allerdings wartete die PDS als erste DDR-Partei zur freien Volkskammerwahl mit etwas detaillierteren Vorstellungen über das künftige Rundfunksystem auf: Sie forderte am 3. Februar „den Ausbau der Regionalsender und anderer terrestrischer Medienangebote, die den kommunalgebundenen Interessen und Bedürfnissen entsprechen" aber auch eine „Medienkultur, die ... unsere kulturelle Identität bewahrt ..."[319]

Bei den Parteien, die auf eine enge Zusammenarbeit mit ihren westdeutschen Schwesterparteien aufbauen konnten - also CDU, DSU, SPD, FDP und LDP sowie „Grüne" - ist schon in den medienpolitischen Aussagen ihrer Programme zur

---

316 Programmerklärung des Neuen Forums auf der Gründungskonferenz am 27.1.1990, zit. in: Nölte, a.a.O., S. 61f.

317 Demokratie Jetzt: Programmaussagen der Bürgerbewegung, in: Wahltreff 90 - Zentrum für politikwissenschaftliche Information und Dokumentation: Dokumentation - Die aktuelle Programmatik von Parteien und politischen Vereinigungen in der DDR, Berlin 1990, S. 58-69, S. 59.

318 Partei des Demokratischen Sozialismus: Programm - Angenommen auf dem Wahlparteitag der PDS am 25. Februar 1990, in: Wahltreff 90, a.a.O., S. 199-217, S. 211.

319 Positionspapier der PDS zum geistig-kulturellen Leben vom 3.2.1990, zit. in Nölte, a.a.O., S. 64.

Volkskammerwahl eine starke Anlehnung an westliche Vorstellungen zu verzeichnen.[320]

So heißt es in dem Grundsatzprogramm der DSU: „Die freiheitliche Gestaltung der Medien und der Zugang zu allen Informationen sind unentbehrlich für die Erhaltung des demokratischen Staates."[321] Mit ihrem Wahlprogramm setzte sich die LDP für „staatlich und parteipolitisch unabhängige Medien mit freiem und gleichberechtigtem Zugang für alle politischen Kräfte" ein.[322] Genauso vertrat die FDP eine staatsferne Medienpolitik: „Der Medienbereich ist ... von staatlichen Ge- und Verboten, aber auch vom Einfluß politischer Parteien möglichst weitgehend freizuhalten".[323] Die „Grünen"-Ost hielten im Hallenser Rahmenprogramm vom 10. Februar die Forderung nach einem „erweiterten Zugang zu den Medien"[324] ganz nach Erkenntnis der „Grünen"-West, „daß sie von den öffentlich-rechtlichen Medien benachteiligt werden",[325] fest.

Am deutlichsten wird diese Anlehnung an den Programmen der DDR-CDU und DDR-SPD. In dem Grundsatzprogramm der DDR-SPD heißt es:

Das Lebenselement der freiheitlichen Gesellschaft ist die Öffentlichkeit ... [diese] soll die Vielfalt der Meinungen und Überzeugungen, die in der Gesellschaft vertreten werden, repräsentieren und zusam-

---

320 Zwar verweigerten die westdeutschen „Grünen" aus „Respekt vor dem 'unabhängigen politischen und wirtschaftlichen Weg' des Ostens" jegliches Eingreifen, aber die medienpolitische Position der „Grünen"-Ost war dennoch am westlichen Vorbild orientiert; Jarausch, a.a.O., S. 186.

321 Deutsche Soziale Union: Grundsatzprogramm (vom 26.1.1990), in: Wahltreff 90, a.a.O., S. 122-150, S. 149; in den Medienpolitischen Grundsätzen der CDU/CSU heißt es zum Vergleich: „Die Union wird ... jeden Versuch abwehren, die Informations- und Meinungsfreiheit durch staatliche Maßnahmen zu reglementieren oder die Meinungsvielfalt durch gesellschaftlichen oder wirtschaftlichen Druck einzuengen.", zit. aus: Medienpolitische Grundsätze der CDU/CSU - Programm der CDU/CSU für eine freiheitliche Informations- und Kommunikationspolitik für die MEDIEN VON MORGEN, in: CDU-Bundesgeschäftsstelle (Hg.): Medien von Morgen - Für mehr Bürgerfreiheit und Meinungsvielfalt, Broschüre vervielfältigt, Bonn o.J. [1985], S. 29-44, S. 29; vgl. dazu auch Erwin Huber: Parteien und Medien - Die Sicht der CSU, in: Gerhard W. Wittkämper (Hg.): Medien und Politik, Darmstadt 1992, S. 180-186, S. 183f.

322 Liberal-Demokratische Partei: LDP - die Chance für Freiheit, Demokratie und Leistung - Wahlprogramm, (vom 15.2.1990), in: Wahltreff 90, a.a.O., S. 5-15.

323 Freie Demokratische Partei: Zukunftschance Freiheit - Liberales Manifest der F.D.P.-Länderverbände der DDR vom 4.2.1990, in: Wahltreff 90, a.a.O., S. 151-161, S. 155; vgl. dazu Walter Hirche: Offen, pluralistisch und staatsfern - Leitlinien liberaler Medienpolitik, in: Wittkämper, a.a.O., S. 187-198, S. 187.

324 Hallenser Rahmenprogramm der Grünen Partei der DDR vom 10.2.1990, zit. in: Nölte, a.a.O., S. 65f.

325 Norbert Franck: Medien in der Bundesrepublik Deutschland - Die Sicht der Grünen, in: Wittkämper, a.a.O., S. 199-212, S. 209.

menführen, damit sich in freier Auseinandersetzung eine öffentliche Meinung bilden kann.[326]

Zur Bildung dieser Öffentlichkeit käme den Medien eine entscheidende Bedeutung zu. Dabei stehen die Aussagen inhaltlich der Idee von den Medien als Teil einer mit der Öffentlichkeit zu konstituierenden *vierten Gewalt* nahe:

> *Wenn [die Grundrechte der Informations- und Meinungsfreiheit] eingeschränkt oder nicht praktiziert werden, verliert die Gesellschaft den Mund, die Augen und die Ohren, sie wird unheimlich. Korruption, Machtmißbrauch, Manipulation und was sonst noch das Licht der Öffentlichkeit scheuen muß, können sich dann ungehindert ausbreiten.*[327]

Deshalb setzt sich die SPD in dem Programm für den Schutz der Medien gegen „staatlichen Druck, verdeckte parteipolitische Einflußnahme ... [und] Vorherrschaft kommerzieller Interessen" ein. Daneben bekennt sich das Programm der DDR-SPD ebenfalls zu „dezentralistischen Strukturen" der elektronischen Medien, und der Staat habe die „Vielfalt der Medien" zu schützen und darauf hinzuwirken, „daß die Medieninteressen von Minderheiten angemessen berücksichtigt werden".[328]

Diese Vorstellungen sind denen, die im Programm der DDR-CDU festgeschrieben worden sind, entgegengesetzt. Auch sie bekennt sich darin zur öffentlich-rechtlichen Grundlage, jedoch steht dort: „Gesellschaftlicher Pluralismus und weltanschauliche Pluralität ... müssen sich in der Pluralität der Medien *widerspiegeln.*"[329] Diese würden sich in organisatorischer Gestalt entfalten, was impliziert, daß die öffentlich-rechtlichen Medien „einer *parlamentarischen Kontrolle* zu unterwerfen [meine Hervorhebungen]" seien. Das heißt, die Räte haben sich nach dem Proporzschlüssel der Volkskammerzusammensetzung zu bilden. Die Medien sollten die Aufgabe erhalten, „der Verbesserung der Information und der umfassenden Meinungsbildung der Bürgerinnen und Bürger, aber auch der Bildung und Unterhaltung" zu dienen.[330] Auf diese Weise distanzierte sich die CDU von den

---

326 Sozialdemokratische Partei Deutschlands: Grundsatzprogramm - Die Grundlage unserer Politik, in: Wahltreff 90, a.a.O., S. 218-253, S. 228f.

327 Ebd., S. 229.

328 Ebd.

329 Christlich-Demokratische Union Deutschlands: Programm der CDU - Entwurf, (vom 17.3.1990), in: Wahltreff 90, a.a.O., S. 22-57, S. 52; in den Medienpolitischen Grundsätzen der CDU/CSU heißt es zum Vergleich: „Die öffentlich-rechtlichen Rundfunkanstalten bleiben dem Pluralitätsgebot verpflichtet. Ausdruck dafür ist ihre Kontrolle durch pluralistisch zusammengesetzte Aufsichtsgremien.", zit. aus: Medienpolitische Grundsätze der CDU/CSU, a.a.O., S. 38; vgl. auch Bernd Neumann: Parteien und Medien - Die Sicht der CDU, in:Wittkämpfer, a.a.O., S. 167-179, S. 170.

330 Christlich-Demokratische Union Deutschlands: Programm der CDU (vom 17.3.1990), a.a.O.

medienpolitischen Aussagen von de Maizière im Dezember 1989, in denen er den Medien noch die Funktion einer *vierten Gewalt* zugesprochen hatte.[331]

4.2.2 Neue Akteure in der Medienpolitik

Die erste freie Wahl nach 58 Jahren auf dem Gebiet der DDR am 18. März „besiegelte das Schicksal der DDR".[332] Denn mit dem Wahlsieg der Allianz aus CDU, DA und DSU (48,1 %) hatte sich eine deutliche Mehrheit für einen schnellen Beitritt zur Bundesrepublik ausgesprochen. Zusammen mit den Wählern von SPD (21,9 %) und FDP (5,3 %) gab es zumindest einen Konsens über die Wiedervereinigung, wenn auch nicht über den Zeitpunkt derselben.[333]

4.2.2.1 Koalitionsvereinbarungen

Mit dieser Volkskammerwahl wurde aber nicht nur das Schicksal der DDR *besiegelt*, sondern im Grunde auch über die Zukunft des DDR-Rundfunksystems entschieden. Die Koalitionsvereinbarungen zwischen CDU, DSU, DA, SPD und den Liberalen vom 12. April sahen vor, „die Einheit Deutschlands nach Verhandlungen mit der BRD auf der Grundlage des Artikel 23 GG zügig und verantwortungsvoll für die gesamte DDR ... [zu] verwirklichen", und dazu sei eine kompatible Länderstruktur Voraussetzung.[334] Damit war augenfällig geworden, daß die rundfunkpolitischen Konzepte, wie sie vor den Wahlen von verschiedenen Seiten entwickelt worden waren, nicht lediglich Visionen für die ferne Zukunft waren, sondern solche, die ebenfalls *zügig* eine Diskussion erforderten. Gerade der Art. 23 GG, in dem es bis zur Einheit hieß, daß es sich dabei um einen „Beitritt"[335] zu handeln habe, verfestigte nun eine veränderte Ausgangsposition: *Beitretende* Bundesländer hatten sich in ihren Strukturen der alten Bundesrepublik anzupassen. Für die Diskussion über das Rundfunksystem sollte diese Feststellung nicht ohne Auswirkung bleiben.

Trotzdem hielten die Verfasser in dem Koalitionspapier fest: Der baldigen „Verabschiedung einer Mediengesetzgebung" werde Vorrang gegeben. Schwerpunkte sollten dabei die „Gewährleistung der Meinungs-, Informations- und Medienfreiheit" sowie die „rechtliche Sicherung des öffentlich-rechtlichen Charakters von Hörfunk und Fernsehen" sein. Neben der Zulassung privater Rundfunkanbieter fixiert das Papier auch die Absicht, eine neue „Gebührenregelung für

---

331 Siehe Anm. 178.

332 Jarausch, a.a.O., S. 178.

333 Vgl. Thurich, a.a.O., S. 35.

334 Jarausch, a.a.O., S. 201.

335 Art. 23 GG (bis 1990), in: Niedersächsisches Kultusministerium / Niedersächsische Landeszentrale für politische Bildung, a.a.O., S. 17.

Hörfunk ... [und] Fernsehen schnellstmöglichst" zu treffen.[336] Das war angesichts der finanziellen Lage und der Verpflichtung des Staates, die Finanzierung der Rundfunkanstalten zu garantieren, notwendig. Doch von den medienpolitischen Differenzen, die die Programme der großen Koalitionsparteien beschrieben hatten, fand sich in dem Koalitionspapier kein Hinweis mehr. Statt dessen waren die medienpolitischen Übereinkünfte wieder auf die Prinzipien des Volkskammerbeschlusses vom 5. Februar gestützt.

4.2.2.2 Einrichtung des Ministeriums für Medienpolitik

Auch nach der Wahl des CDU-Vorsitzenden Lothar de Maizière zum Ministerpräsidenten bekräftigte dieser in seiner Regierungserklärung vom 19. April nochmals die Absicht, daß die „Ausarbeitung eines Mediengesetzes ... unter Berücksichtigung späterer Länderkompetenzen bald abzuschließen" sei. Unklar war allerdings, welche Rolle das nun angekündigte Medienministerium hinsichtlich des Mediengesetzes einnehmen würde. De Maizières erklärte dazu:

> *Die Abkehr von dem früheren Informations- und Meinungsmonopol der SED und die Zuwendung zu einer pluralistischen Medienstruktur dürfen ... [nicht] dem Selbstlauf überlassen ... sein. Mit der Einrichtung eines Ministeriums für Medienpolitik will die Regierung helfen, unterschiedliche Bemühungen zusammenzuführen und den Weg in eine freie und vielfältige Medienlandschaft zu bahnen [meine Hervorhebung].[337]*

Der Begriff *pluralistische Medienstruktur* machte de Maizières Position klar, daß das künftige Rundfunksystem nach den Vorstellungen der West-CDU zu schaffen sei. Kutsch schreibt, de Maizière habe das Ministerium geschaffen, um eben diesen „Auftrag politisch umzusetzen".[338] Mit diesem *Auftrag* wäre demnach auch die Ausarbeitung eines Mediengesetzes im Sinne des CDU-Programmes gemeint. In einem Interview bestätigte der schließlich zum Medienminister ernannte Gottfried

---

336 Grundsätze der Koalitionsvereinbarung zwischen den Fraktionen der CDU, der DSU, dem DA, den Liberalen (DFP, BFD, FDP) und der SPD vom 12. April 1990, 50 Seiten vervielfältigt, S. 45, Auszug in: Walter J. Schütz: Der (gescheiterte) Regierungsentwurf für ein Rundfunküberleitungsgesetz der DDR - Chronik und Dokumente, in: Arnulf Kutsch / Christina Holtz-Bacha / Franz R. Stuke (Hg.): Rundfunk im Wandel, Berlin 1992, S. 263-303, S. 277 (Anmerkungen).

337 Regierungserklärung des Ministerpräsidenten Lothar de Maizière vom 19. April 1990 vor der Volkskammer der DDR, in: [o.Hg.] Politik für unser Volk: demokratisch-entschlossen umsichtig, o.O. o.J. [Berlin 1990], Broschüre vervielfältigt, S. 24f., Auszug in: Schütz, a.a.O., S. 277f. (Anmerkungen).

338 Kutsch: Zwischen Wende und heute, a.a.O., S. 180; ähnlich auch Hickethier: Das Zerschlagen, a.a.O., S. 77.

Müller[339] die Absicht, die Mediengesetzgebung im neuen Ministerium anzusiedeln:

Die Hauptkompetenz eines solchen [Medien-] Ministeriums ist die gesetzgeberische. Hier sind wir gerade dabei, die Mediengesetzgebungskommission, die bisher beim Justizministerium angesiedelt war, nun in unser Haus zu übernehmen.[340]

Daraus ergab sich allerdings, daß die Kompetenz, Entwürfe für ein Mediengesetz zu verfassen, zunächst sowohl beim Medienministerium als auch bei der Mediengesetzgebungskommission lag, weil auch nach der Schaffung dieses Ministeriums keine Auflösung der Kommission erfolgte.[341] Mehr noch: Unter Vorsitz des DSU-Abgeordneten Jürgen Schwarz konstituierte sich am 29. Mai zusätzlich der Volkskammerausschuß „Presse und Medien", der vor allem die Entwürfe der Kommission beraten sollte. Diese Kompetenzunklarheit wurde erst am 27. Juni beseitigt, als das Medienministerium die Zuständigkeit offiziell an sich zog.[342]

Diese Aneignung der Mediengesetzgebung durch die Regierung war jedoch ein Bruch des Volkskammerbeschlusses. Der sieht ausdrücklich vor, daß Vorschläge von der Kommission zu erarbeiten sind, der Vertreter der Parteien, aber auch der gesellschaftlichen Gruppen, der Kirchen sowie Wissenschaftler, Journalisten und Vertreter der entsprechenden Verbände anzugehören haben.[343] Diese Zusammensetzung war dem Medienministerium nicht gegeben. Daher ist davon auszugehen, daß die Medienpolitik bezüglich dieses Gesetzes nicht mehr, wie im Volkskammerbeschluß festgelegt, den gesellschaftlichen Kräften des Herbstes, sprich des Runden Tisches überlassen werden sollte, sondern den regierenden Parteien bzw. ausschließlich der CDU, die das Medienministerium führte.

4.2.2.3 Konzeptlosigkeit hinsichtlich der Umgestaltung des Rundfunks

Mit der Besetzung des Medienministeriums hatte die DDR-CDU eindeutig die westdeutschen, christdemokratischen Vorstellungen in der Medienpolitik in Vorderhand gebracht.[344] Nicht ganz eindeutig war zunächst aber, welches Konzept sie hinsichtlich der Umgestaltung des Rundfunksystems und vor allem hinsichtlich der Mediengesetzgebung verfolgen wollte. Für Müller galt in dieser Hinsicht auch

---

339 Gottfried Müller, der evangelische Theologe, der seit Anfang 1990 auch den kirchlichen „Wartburg-Verlag" in Jena leitete, war Mitverfasser des „Briefes aus Weimar", siehe Anm. 148f.

340 Gottfried Müller, zit. in: Ute Thon: „Ich höre viel Autoradio" - Gespräch mit Gottfried Müller, in: Die Tageszeitung, vom 26.5.1990, S. 30.

341 Vgl. Odermann, a.a.O., S. 382.

342 Vgl. Nölte, a.a.O., S. 99.

343 Siehe Anm. 226.

344 So auch Hickethier: Das Zerschlagen, a.a.O., S. 77.

noch Ende Mai, „die vielfältigen Pläne und Projekte, die auf diesem Gebiet existieren, nun kennenzulernen und sie auf ihre Interessenlage hin zu überprüfen."[345]

Daß die Grundziele des Mediengesetzes nicht mehr an den Prinzipien des Volkskammerbeschlusses orientiert sein sollten, wie es die Mediengesetzgebungskommission vorhatte - sprich Sicherung der öffentlich gesellschaftlichen Kontrolle[346] - das machte Henning Stoerk, Medienexperte der Ost-CDU und Vertreter im Medienkontrollrat, schon zur Volkskammerwahl bekannt: Die Ausarbeitung eines Mediengesetzes nach den Prinzipien der Kommission sehe er nicht mehr als vordringliche Aufgabe an, denn es nütze nichts, Gesetze zu beschließen, die „dann im Gegensatz zu bundesdeutscher Gesetzgebung stehen".[347]

4.2.2.4 Dilemma der Mediengesetzgebung

Die Arbeit des Medienministeriums war durch die entscheidende Situationen geprägt, daß die aktuell politische Entwicklung schneller als erwartet der staatlichen Einheit bzw. zunächst der Währungs-, Wirtschafts- und Sozialunion entgegenlief. In dem am 16. Mai unterschriebenen Staatsvertrag über die Wirtschaftsunion verpflichtete sich die DDR, die 1952 abgeschafften Länder wieder zu gründen.[348] Das beanspruchte aber noch einige Zeit. Daraus ergab sich das Dilemma des Medienministeriums hinsichtlich eines Gesetzes, das das Rundfunksystem regeln sollte: Auf der einen Seite waren bis zur staatlichen Einheit föderale Strukturen zu errichten, die denen der Bundesrepublik kompatibel zu sein hatten. Das heißt, die Länder hatten die Rundfunkhoheit zu erhalten. Auf der anderen Seite drängten einige Fragen auf Entscheidungen, die sich „gar nicht so lange hinausschieben" ließen, bis die Länder funktionsfähig waren. Darunter zu verstehen waren nicht nur die auf den Markt drängenden Privatanbieter, sondern in erster Linie die schnelle Föderalisierung des Rundfunksystems. Daher ging Müller davon aus, daß man „den Ländern vorarbeiten", „die Kompetenzen der späteren Länder jetzt für den Übergang schon einmal ... organisieren und in gewisser Weise als Anwalt der Länder tätig ... werden" müsse.[349]

4.2.2.5 Positionsfindung für die künftige Rundfunkordnung

Aufgrund dieses Dilemmas, aber auch wegen einiger sich schon zur Volkskammerwahl abzeichnenden Kontroversen zwischen den Koalitionsparteien hat die Regierung unter de Maizière anscheinend viele Entscheidungen nicht treffen

345 Müller, zit. in: Ute Thon, a.a.O.
346 Vgl. Odermann, a.a.O., S. 378.
347 Stoerk, zit. in: Holger Kulick: Nahkampf nach dem Wahlkampf, in: Journalist, 4/1990, S. 24f., S. 25.
348 Vgl. Stefan Brauburger: Verträge zur deutschen Einheit, in: Weidenfeld/Korte: Handbuch zur deutschen Einheit, a.a.O., S. 667-682, S. 669.
349 Müller, zit. in: Ute Thon, a.a.O.

wollen oder können, um den neu zu gründenden Ländern nicht vorzugreifen.[350] Und doch lassen sich den Aussagen von Müller grobe Wunschkriterien für die künftige Rundfunkordnung entnehmen: So betonte er, daß sich das Medienministerium zu der Position des Medienkontrollrates bekenne, wonach den öffentlichrechtlichen Institutionen der Vorrang vor den privaten eingeräumt werde. Auch lassen die Aussagen darauf schließen, daß Müller die Gründung *einer* Mehrländeranstalt favorisierte, doch diese Entscheidung dürfe den Ländern nicht vorweggenommen werden.[351] Einen wichtigen Punkt hob Müller hervor: Er wolle in erster Linie eine Neuordnung der Medienlandschaft, mit der man „auch in die Beitrittsverhandlungen mit der Bundesrepublik eintreten" könne.[352]

4.2.2.6 Neuberufung der Generalintendanten

Die Weigerung Bentziens, das Fernsehen grundlegend zu föderalisieren - was unzweifelhaft auch eine Ausgangsbedingung für die gleichberechtigten Verhandlungen mit der Bundesrepublik über die künftige Rundfunkstruktur gewesen wäre - war neben seiner PDS-Mitgliedschaft anscheinend ausschlaggebend für den Ministerpräsidenten de Maizière, den Generalintendanten Bentzien am 31. Mai abzuberufen. Als Nachfolger sollte der langjährige Potsdamer Theaterdirektor und Vorstandsmitglied der Koalitionspartei BFD, Gero Hammer, tätig sein. In dieser Situation setzte sich das Bestreben von Staatssekretär Manfred Becker (SPD) im Medienministerium durch: Mit einer „bimedialen Lösung" sollten die zu diesem Zeitpunkt noch entgegengesetzten Strukturvorstellungen von Hörfunk und Fernsehen aufeinander abgestimmt werden.[353] Denn Hammer wurde nicht nur zum Generalintendanten für Fernsehen, sondern auch gleichzeitig zu dem des Hörfunks berufen, während Klein selbst um seine Abberufung bat, weil er seine Legitimation als einen von der Regierung Modrow Berufenen als erloschen betrachtete.[354] Mit der Zusammenführung von Hörfunk und Fernsehen in der bimedialen Lösung wäre zumindest eine weitere Hürde auf dem Weg zu Kompatibilität zur westdeutschen Rundfunkstruktur genommen worden.

In dieser Situation offenbarte sich die Unvereinbarkeit zwischen einer parteigebundenen Medienpolitik des Ministeriums und der Aufsichtspflicht eines aus den oppositionellen Kräften des Herbstes 1989 zusammengesetzten Medienkontrollrates - dem „Instrument der Öffentlichkeit als 'vierte, sanfte Gewalt'"[355] und einem

---

350 Vgl. Hickethier: Das Zerschlagen, a.a.O., S. 80.

351 Vgl. Müller, zit. in: Ute Thon, a.a.O.

352 Ebd.

353 Vgl. Epd: Schritt für Schritt - Interview mit DDR-Medien-Staatssekretär Manfred Becker, in: Kirche und Rundfunk, Nr. 46, 13.6.1990, S. 3-6, S. 4.

354 Vgl. Kutsch: Zwischen Wende und heute, a.a.O., S. 180f.

355 Katharina Bluhm: Instrument der Öffentlichkeit als vierte Gewalt - Nachruf auf den Medienkontrollrat der DDR, dessen Konstruktionsprinzip Vorläufigkeit war, in: Frankfurter Rundschau, 18.9.1990, o.S., in: Deutscher Fernsehfunk/Historisches Archiv

„Wolf ohne Zähne", der „bellen"[356] müsse. Denn Hammer wurde ohne Bekanntgabe von Gründen am 13. Juni nicht vom Medienkontrollrat bestätigt, wie es nach dem geltenden Volkskammerbeschluß vom 5. Februar nötig war. Nach Aussage Odermanns seien noch „zu viele Fragen in der öffentlichen Anhörung offen geblieben".[357] Was den Medienkontrollrat wirklich veranlaßt hat, die Bestätigung Hammers zu verweigern - eventuell dessen starke Bindung zu den Regierungsparteien - läßt sich nicht ermitteln.

De Maizière wählte am 15. Juni eine andere Option, mit der das Bestätigungsverfahren des Medienkontrollrates umgangen wurde: Er ernannte den Leiter des ersten DFF-Programmes, Michael Albrecht, zum *kommissarischen* Generalintendanten des DFF und verpflichtete Klein weiterhin ebenfalls als *kommissarischen* Generalintendanten des Hörfunks.[358] Die bimediale Zusammenführung der Einrichtungen war damit aber zunächst gescheitert.

4.2.3 Vorstoß durch die westdeutschen Parteien und durch die Gewerkschaften

Die Diskussion über die Neuordnung der Rundfunkordnung in der DDR bekam seine entscheidenden Impulse im Juni aus Westdeutschland. Während die Unterhändler beider Regierungen schon erste Skizzen und Wünsche über den künftigen Einigungsvertrag austauschten, veröffentlichten dazu der CDU-Bundesfachausschuß Medienpolitik am 30. Mai und die SPD-Medienkommission am 18. Juni ihre Positionen. Die beiden Schwesterparteien in der DDR nahmen diese Leitlinien nun zur Grundlage ihrer eigenen Vorstellungen, die bis dahin weit weniger detailliert ausgearbeitet waren.[359] Demgegenüber stand in der Diskussion das gemeinsam entworfene Konzept der IG Medien (West), der ostdeutschen Gewerkschaft Kunst, Kultur, Medien, der IG Druck und Papier (Ost) und des VDJ vom 8. Juni.

4.2.3.1 CDU-Konzept

Die Ausführungen des CDU-Papiers „Eckwerte für die Medienordnung in einem vereinigten Deutschland" beginnen mit dem Satz: „Die bisherigen Strukturen des DDR-Mediensystems ... sind ... zur Altlast der Vergangenheit geworden." Sie seien für die freiheitliche pluralistische Demokratie des Grundgesetzes nicht tragbar.

(DFF/HA)(Hg.): Chronologische Dokumentation - Anhang (Pressestimmen), 2. Halbjahr 1990, o.O. [Berlin] 1991, S. 71.

356 Kleinwächter, zit. in: Graf/Graf, a.a.O., S. 10.

357 Odermann, a.a.O., S. 378.

358 Vgl. Kutsch: Zwischen Wende und heute, a.a.O., S. 181.

359 Vgl. Hickethier: Das Zerschlagen, a.a.O., S. 79.

Insofern stellt der Entwurf klar, daß sich die ostdeutschen Strukturen denen der Bundesrepublik anzupassen haben, die alten zu beseitigen seien.[360] Das heißt im einzelnen: Die Rundfunkhoheit liege bei den Ländern, in denen Landesrundfunkanstalten einzurichten seien. Die Einführung des dualen Systems sei „unverzüglich" zu verwirklichen, um den privaten Anbietern „von Anfang an dieselben Chancen" bei Marktzugang und Wettbewerb zu geben. Aus diesem Grund sei es auch notwendig, die Anzahl der öffentlich-rechtlichen Programme zu begrenzen, weshalb folglich die öffentlich-rechtlichen Anstalten in der DDR und der Bundesrepublik nicht addiert nebeneinander fortbestehen könnten. Abgelehnt werde, das DDR-Fernsehen als drittes nationales Fernsehprogramm einzuführen („keine dritte Säule!"). Entsprechend heißt es in zwei uneindeutigen Sätzen:

So sollen die in der DDR bestehenden zwei Fernsehprogramme sowie das Erste Programm der ARD und das Programm des ZDF in jeweils einem ARD- bzw. ZDF-Programm *aufgehen. ARD und ZDF erhalten die für eine Vollversorgung notwendigen Übertragungskapazitäten [Hervorhebung im Original].*[361]

Für den Hörfunkbereich gelte, daß die Programme unter den entstehenden Landesrundfunkanstalten aufzuteilen bzw. privaten Anbietern zur Verfügung zu stellen seien. Der Auslandsrundfunk sei auf eine Organisation zu konzentrieren.

Vor allem gelte in dem Entwurf, daß die neue öffentlich-rechtliche Struktur finanzierbar sei. Deshalb sei eine Beschränkung auf zwei bis drei Rundfunkanstalten zu empfehlen, wobei aus dem SFB eine Anstalt für Berlin und Brandenburg entwickelt werden könne. Desweiteren schlägt die CDU genaue Szenarien für die Fusion einzelner Sender vor, so z.B. für DW, RIAS und DLF.

Das CDU-Konzept ist aber nicht lediglich eine Liste von Empfehlungen. Konkret wird von den Regierungen gefordert - die Länder seien dabei einzubeziehen - daß umgehend Maßnahmen zu treffen seien, die eine Entwicklung zu den hier beschriebenen Zielen sichern. Darüber hinaus sei vertraglich festzulegen, „daß in der Zeit bis zur Vereinigung keine Maßnahmen getroffen werden, die einer Verwirklichung der festgelegten Ziele entgegenstehen oder diese erschweren." Auch wenn die CDU die Rundfunkhoheit in die Kompetenz der künftigen Länder gegeben wissen will, so fordert sie in ihrem Papier Maßnahmen, die einen erheblichen Teil der Länderentscheidungen vorwegnehmen würden, so z.B. die Entscheidung über den Grad des Einflusses gesellschaftlich relevanter Gruppen auf den Rund-

---

360 Eckwerte für die Medienordnung in einem vereinigten Deutschland, Beschluß des Bundesfachausschusses Medienpolitik der CDU (West) am 30. Mai 1990, in: Rundfunk und Fernsehen, 38. Jg., 3/1990, S. 455-458, S. 455.

361 Ebd.; aus diesen Sätzen wird nicht ersichtlich, ob die DDR-Programme in ARD und ZDF eingegliedert werden sollen oder ob jene die DDR-Frequenzen okkupieren sollen.

funk: Der Gesetzgeber habe „eine sachgerechte Auswahl" der vertretenden Kräfte zu treffen, wobei die im Parlament vertretenen Parteien mit einzubeziehen seien.[362]

4.2.3.2 SPD-Konzept

Auf den ersten Blick weicht das Konzept der West-SPD inhaltlich nicht in erheblichen Maße von dem der CDU ab. Auch in ihrem Entwurf „Überlegungen für die zukünftige Medienordnung in einem vereinten Deutschland" bekennt sich die SPD zu einem dualen System in der DDR, wenn hier auch nicht von einer unverzüglichen Einführung die Rede ist. Aufgrund finanzieller, publizistischer, programmlicher Gründe, aber auch um die föderale Struktur des Rundfunks zu bewahren, kommt die SPD ebenfalls zu dem Schluß, daß es unmöglich sei, „das bestehende Rundfunksystem der DDR in schlichter Addition weiterbestehen zu lassen". Dennoch sei es aus Finanzierungsgründen ratsam, daß „mehrere ostdeutsche Länder nach Art des NDR *eine* gemeinsame Rundfunkanstalt errichten [meine Hervorhebung]".[363]

Wie das CDU-Konzept wartet der SPD-Entwurf mit Planspielen über einzelne Hörfunkprogramme wie DW, RIAS und DLF auf, bei denen Fusionen anzustreben seien. Auffällig ist allerdings, daß die Einbeziehung ostdeutscher Sender wie des RBI stärker in den Vordergrund gerückt wird als im CDU-Papier.

Deutlich kommt zum Ausdruck, daß die „Überlegungen" der SPD vorrangig Empfehlungen für die Länder darstellen, denn ausschließlich diesen wird (mehrmalig) die Entscheidungskompetenz zugesprochen:

Wie Struktur und Finanzierung von Hörfunk und Fernsehen künftig aussehen soll, werden die Länder der Bundesrepublik und die künftigen Länder der DDR zu entscheiden haben.[364]

Nur auf diese Weise könnten die „kulturellen und landsmannschaftlichen Identitäten" ihre Berücksichtigung finden. Der Wunsch nach Bewahrung „kultureller Identität" bestimmt so weitestgehend die Zurückhaltung in den Forderungen der SPD.[365]

Das Papier setzt aber zusätzlich andere Prämissen als die CDU: Als ein Hauptziel nennt es die Gewährleistung der „Vielfalt und Unabhängigkeit der Medien ... angesichts ihrer Bedeutung für die Informations- und Meinungsfreiheit", also auch die unbedingte *Staatsferne*. Im Rahmen einer Umstrukturierung der gesamtdeut-

---

362 Ebd., S. 456f.

363 Überlegungen für die zukünftige Medienordnung in einem vereinten Deutschland, Entwurf der Medienkommission der SPD (West) vom 18. Juni 1990, in: Rundfunk und Fernsehen, 38. Jg., 3/1990, S. 459-461, S. 459f.

364 Ebd.; im Gegensatz dazu appelliert der CDU-Entwurf an die Regierungen, Maßnahmen zu treffen, wobei die Länder lediglich einzubeziehen seien; siehe Anm. 362.

365 Ebd.

schen Rundfunkordnung sei auch zu prüfen, „in welcher Weise die ARD struktu-
rell reformiert werden kann." Insgesamt gehe es nicht um eine Aufteilung der
DDR-Elemente - denn von einem *Ineinanderaufgehen* ist nicht die Rede - sondern
um eine gleichberechtigte Eingliederung, für die eine Zusammenführung der
Fernseh- und Hörfunksysteme auch aus finanzieller Sicht notwendig sei.[366]

4.2.3.3   Konzept der Gewerkschaften und des VDJ

Sicherlich ist der SPD-Entwurf u.a. auch ein kompromißbereiter Vorschlag auf
die „Gemeinsame Erklärung zur künftigen Rundfunkstruktur auf dem Territorium
der DDR" der west- und ostdeutschen Gewerkschaften für Medien und des VDJ.
In erster Linie kritisiert diese Erklärung auf das Äußerste den Entwurf der westdeutschen CDU: Die Neustrukturierung des Rundfunksystems in der Phase der
Herstellung der staatlichen Einheit erfolge nicht in einer „Stunde null" und dürfe
nicht irgendwelchen Begehrlichkeiten ausgeliefert werden:

> *Deshalb sind die in letzter Zeit bekanntgewordenen Überlegungen,*
> *Frequenzen, regionale Zuordnungen und Programmschwerpunkte am*
> *Reißbrett neu zu verteilen und dabei Einflußsphären und Ein-*
> *nahmequellen sicherzustellen, abzulehnen.*[367]

Die „Krise des Rundfunks in der Bundesrepublik" müsse anders bewältigt werden
als durch „eine Vereinnahmungspolitik gegenüber der DDR", weil sonst weder
die Belange der Medienmitarbeiter noch die Bedürfnisse der Hörer und Zuschauer
berücksichtigt würden.[368]

Zur Erhaltung einer „spezifischen DDR-Kulturleistung" sei es erforderlich, daß es
auch weiterhin „Hörfunk und Fernsehen mit einem eigenen DDR-Profil" gebe.
Daher lehnen die Verfasser auch eine Eingliederung der DDR-Programme in
westdeutsche Systeme ab, und privater Rundfunk sei nachrangig. Demgegenüber
sei es wichtiger, daß ein ostdeutscher öffentlich-rechtlicher Rundfunk nicht nach
dem Modell der ARD oder ZDF zu gestalten sei, sondern nach den Prinzipien
„staatsfern" und „unabhängig von einzelnen gesellschaftlichen Machtgruppen".
Er habe *gesellschaftlich* und nicht staatlich kontrolliert zu sein. Zwar bekennen
sich die Gewerkschaften und der VDJ zu der Gründung von Landesrundfunkanstalten, die könnten aber auch als „republikweite Ketten" bestehen.[369]

Mit dieser Erklärung wollten die Verfasser ihre Übereinstimmung mit den gesellschaftlichen Kräften des Herbstes 1989 und mit dem Volkskammerbeschluß vom

---

366   Ebd.
367   Gemeinsame Erklärung zur künftigen Rundfunkstruktur auf dem Territorium der DDR der
      Gewerkschaft Kunst, Kultur, Medien (DDR), der IG Druck und Papier (DDR), des Ver-
      bandes der Journalisten der DDR und der IG Medien (BRD+Berlin West), vom 8.6.1990,
      in: Rundfunk und Fernsehen, 38. Jg., 3/1990, S. 466-468, S. 466f.
368   Ebd.
369   Ebd.

5. Februar demonstrieren.[370] In der Tat verlangte z.B. auch das „Neue Forum" die unbedingte „Staats- und Parteiferne" mit „demokratischen Selbstbestimmungsgremien" und die Erhaltung „einer kulturellen Identität", also auch ein drittes öffentlich-rechtliches Programm. Es kommt in seinen Vorstellungen aber doch der SPD näher: Im Sinne einer „gleichwertigen Integration beider Teile" sei zugleich die Chance einer Neugestaltung für das gesamte Deutschland gegeben.[371]

4.2.3.4 Weiterführung der Modelldiskussion

Die Diskussionsmodelle über den Rundfunk in der DDR fanden mit diesen Konzepten ihre Pendanten auf administrativer Ebene: Geißlers Grundschema läßt sich auch in diesem Fall anwenden. Insofern entspricht die Gewerkschaftserklärung dem „Modell des Ost-Rundfunks", das ein drittes nationales Rundfunkprogramm impliziert, der SPD-Entwurf dem „Reorganisationsmodell" für das Rundfunksystem des gesamten Deutschlands und das CDU-Konzept dem Modell der generell neu zu schaffenden Länderanstalten bei Auflösung des DDR-Rundfunks.[372] Die grundsätzlichen Positionsunterschiede sind daran zu messen, inwieweit die bundesdeutschen Rundfunkstrukturen auf die DDR bzw. auf die künftigen neuen Bundesländer übertragen werden sollten: nach dem CDU-Konzept nahezu ohne Kompromisse, nach dem der Gewerkschaften im Zusammenhang mit einer zu bewahrenden „DDR-Kulturleistung" so wenig wie möglich. Der SPD-Entwurf stellt dabei eine Zwischenlösung dar. Die Einführung des dualen Systems, die Übernahme des oft kritisierten Parteienproporzes und die Gebietsaufteilung der künftigen Anstalten sind neben der Frage der Finanzierbarkeit die Angelpunkte.

Unschwer ließ sich zu jener Zeit abschätzen, welchem Konzept sich das CDU-besetzte Medienministerium anschließen würde. Zumindest wechselte der Medienminister nach Veröffentlichung der CDU-Eckwerte schnell seine Meinung bezüglich der Einführung des dualen Systems. In einem Interview am 13. Juni sagte Müller:

Im Prinzip fände ich es gut, wir würden es schaffen, in einem Rundfunkgesetz den Bereich öffentlich-rechtlicher und privater Medien zugleich zu beschreiben. Ob wir dies unter dem enormen Zeitdruck wirklich schaffen, ist sehr fraglich [meine Hervorhebung].[373]

---

370 Ebd.

371 Standpunkt des Neuen Forum zu Grundlinien einer künftigen Medienordnung, o.Datum [Juni 1990], in: Rundfunk und Fernsehen, 38. Jg., 3/1990, S. 462-465, S. 462.

372 Geißler: Fortschreibung, a.a.O., S. 22.

373 Müller, zit. in: Uwe Kammann: „In Ruhe alle Kräfte zusammennehmen" - Ein epd-Interview mit DDR-Medienminister Gottfried Müller, in: Kirche und Rundfunk, Nr. 47, 16.6.1990, S. 6-11, S. 11; noch am 26.5.1990 ließ er erkennen, das Medienministerium wolle den öffentlich-rechtlichen Anstalten den Vorrang vor den privaten gewähren, siehe Anm. 351.

Es ist offensichtlich, daß die westlichen Forderungen und Empfehlungen den ost-deutschen Medienverantwortlichen und Parteien wegen deren fehlenden medien-politischen Konzeption die Grundvorstellungen für das künftige Rundfunksystem geliefert haben. Die Arbeit des Medienministeriums war darüber hinaus auch noch durch eine weitere politische Aktivität seitens der Bundesrepublik, im Prinzip die entscheidende Einflußnahme, überlagert: durch die deutsch-deutsche Zusammenarbeit am Rundfunküberleitungsgesetz.

4.2.4   Die Entwicklung des Rundfunküberleitungsgesetzes

Die medienpolitischen Bemühungen der Bundesregierung, im speziellen des Innenministeriums, verliefen zu Beginn des Jahres 1990 zunächst parallel zur Medienpolitik der DDR-Regierung. Ziele einer medienpolitischen Zusammenarbeit zwischen beiden deutschen Staaten sollten zunächst „die Verbesserung des wechselseitigen Zeitungs- und Zeitschriftenvertriebs", aber auch rechtliche und organisatorische Regelungen „einer wechselseitigen flächendeckenden Verbreitung von Hörfunk- und Fernsehprogrammen" sein. Zu diesem Zweck waren bereits am 8. Februar Delegationen der Bundesrepublik und der DDR - darunter der stellvertretende DDR-Regierungssprecher Ralf Bachmann - in Bonn zusammengekommen.[374]

Das Treffen dieser „deutsch-deutschen Medienkommission" war trotz Vereinbarungen, die Gespräche fortzuführen, das einzige dieser Art geblieben. In der Folgezeit beschränkte sich die Zusammenarbeit in der Medienpolitik auf Verhandlungen zwischen der DDR-Regierung, explizit dem Medienministerium, und Medienexperten der Bundesrepublik.[375]

4.2.4.1   Rundfunkpapier von Schütz

Walter J. Schütz, Vertreter des Presse- und Informationsamtes der Bundesrepublik, schildert diese Verhandlungen nach eigenen Erinnerungen und Aufzeichnungen.[376] Darin berichtet er über mehrere Treffen zwischen den westdeutschen „Medienberatern"[377] und der Regierung de Maizières[378] seit dem 23. April. Die

---

374 Gemeinsame Erklärung über medienpolitische Zusammenarbeit mit der DDR, in: Presse-
     und Informationsamt der Bundesregierung: Bulletin, Nr. 24, 13.2.1990, S. 189; das Tref-
     fen ging auf eine Absprache zwischen Bundeskanzler Helmut Kohl und dem damaligen
     Ministerpräsidenten Hans Modrow im Dezember 1989 zurück.

375 Vgl. Uwe Kammann: Dialektischer Pragmatismus der treuen Hand - Das DDR-
     Rundfunküberleitungsgesetz - ein Wechselbalg, in: Kirche und Rundfunk, Nr. 53,
     7.8.1990, S. 3f., S. 3.

376 Schütz, a.a.O.

377 Darunter waren Schütz, der leitende Ministerialrat, Hans-Dieter Drewitz, der Assessor
     Ruprecht Polenz sowie Ministerialrat Wulf Büermann.

späteren Besprechungen sollen in erster Linie mit dem Medienministerium[379] stattgefunden haben. Schütz sei dabei am 8. Mai beauftragt worden, „rasch eine Ausarbeitung zur rechtlichen Neugestaltung des Rundfunks" vorzulegen, die sich an den medienpolitischen Aussagen der Koalitionsvereinbarung und der Regierungserklärung de Maizières orientieren sollte. Für ihn habe damit „eine nie offiziell definierte Arbeit" begonnen.[380]

Die Grundlage seines „Rundfunkpapiers", das die Regierungsvertreter de Maizières am 22. Mai als „brauchbare Diskussionsgrundlage" bezeichneten, sei hinsichtlich der bevorstehenden Vereinigung die in der Bundesrepublik herrschende Rechtsauffassung gewesen, schreibt Schütz.[381] Und entsprechend dieser stellt das Papier fest, daß die ...

... Anstrengungen ... [für ein Mediengesetz] eher als überflüssig erscheinen [müssen], da z.B. das bundesdeutsche Medienrecht eine alle Medien umfassende Regelung nicht kennt.[382]

Dagegen sei „die Neuordnung des bestehenden Rundfunkssystems [sic] der DDR in einem *Überleitungsgesetz* vordringlich [meine Hervorhebung]", damit es sich nicht in den Strukturen verfestige und nach der Vereinigung „eine optimale Anpassung" an die föderale Rundfunkstruktur der Bundesrepublik vollziehe. Damit verbunden sei zum einen eine „Absichtserklärung", das duale System baldmöglichst einzuführen, und zum anderen auch im „Vorgriff auf die Restitution der Länder", den öffentlich-rechtlichen Rundfunk in Rechtsnachfolge von Hörfunk und Fernsehen auf Basis von mehreren Landesrundfunkanstalten neu zu organisieren, wodurch auch die bestehende Trennung beider Einrichtungen überwunden werden könne. Es ist die Rede davon, den DFF nicht als selbständige Anstalt, sondern im „Auftrag" der künftigen Landesrundfunkanstalten unter kommissarischer Leitung zunächst weiterarbeiten zu lassen.[383]

4.2.4.2   Arbeitsgruppe Rundfunküberleitungsgesetz

Es ist offensichtlich, daß das Medienministerium in erster Linie die Gespräche mit den westdeutschen Beratern bzw. dieses Rundfunkpapier zur Grundlage ihrer künftigen Rundfunkpolitik machte. Zumindest herrschte bei der Regierung de

---

378   Darunter waren Lothar de Maizière selbst und Mitarbeiter in seiem Büro, Ministerialrat Hans Reckers, Staatssekretär a.D. Winfried Fest, Thomas de Maizière und Hans-Christian Maaß.

379   Darunter waren der Medienminister Müller und seine Staatssekretäre im Medienministerium, Horst Schulz (CDU/DA) sowie Manfred Becker (SPD).

380   Schütz, a.a.O., S. 264.

381   Ebd., S. 264f.

382   Walter J. Schütz: Neuordnung des Rundfunks in der DDR - Rundfunkpapier, vom 21.5.1990, in: Schütz, a.a.O., (Dokument 1), S. 284f.

383   Ebd.

Maizières und dem Medienministerium sogleich die Überzeugung, die umfassende Mediengesetzgebung sei zugunsten eines Überleitungsgesetzes aufzugeben.[384] Auch sind in dem Papier vom 22. Mai bereits die Elemente enthalten, die Müller anschließend in Interviews als grobe Kriterien für die Rundfunkneuordnung vertrat: Rundfunkhoheit der Länder und Übergangslösungen bis zur Gründung der Länder, Landesrundfunkanstalten sowie Einführung des dualen Systems.

Zur Erarbeitung dieses Überleitungsgesetzes wurde auf Empfehlungen von Bekker und Maaß[385] am 8. Juni eine Arbeitsgruppe gebildet. Ihre Zusammensetzung war eine Mischung aus westlichen Medienberatern CDU- und SPD-regierter Länder, der Bundesregierung, der westlichen öffentlich-rechtlichen Anstalten sowie den Angehörigen des Medienministeriums (CDU und SPD).[386] Auf die Vorarbeiten der Mediengesetzgebungskommission habe die Gruppe nicht zurückgreifen können, weil diese kaum über die Anfänge, sprich Definition des Medienbegriffs, der Presse- und Informationsfreiheit, von Informationsrecht und -pflicht sowie der inneren Pressefreiheit, hinausgekommen sei, schreibt Schütz.[387]

4.2.4.3   Entwurf für das Überleitungsgesetz

Nach vier Arbeitssitzungen legte diese Arbeitsgruppe am 29. Juni einen Entwurf vor, der am 20. Juli in der Volkskammer beraten wurde. Grundanliegen dieses Gesetzes sollte sein, die „Meinungsfreiheit und Meinungsvielfalt in Hörfunk und Fernsehen [zu] gewährleisten", wobei schon vor der Vereinigung beider deutscher Staaten und vor der Schaffung der Länder Strukturen vorzubereiten seien, „die

---

384   Bereits am 23.5.1990 verteilte Medienminister Müller Einladungsschreiben zu einer Klausurtagung am 31.5.1990 mit dem Thema „Neuordnung der elektronischen Medien in der DDR und die Begleitung des Umwandlungsprozesses durch eine *Überleitungsgesetzgebung* [meine Hervorhebung]", zit. aus Schütz, a.a.O., S. 265; Damit ist Kutschs These widerlegt, das Medienministerium habe den Handlungsbedarf für ein Rundfunküberleitungsgesetz erst nach der gescheiterten Berufung Gero Hammers erkannt, vgl. Kutsch: Zwischen Wende und heute, a.a.O., S. 181.

385   Vgl. Manfred Becker: Ergebnisprotokoll der Klausur in Zeuthen am 31.5.1990, in: Schütz, a.a.O., (Dokument 2), S. 286; vgl. Vermerk an Ministerpräsidenten de Maizière, Minister Reichenbach und Regierungssprecher Gehler von Hans-Christian Maaß vom 6.6.1990, in: Schütz, a.a.O., (Dokument 3), S. 286f.

386   Mitglieder waren (aus Westdeutschland) Justitiar des ZDF, Ernst W. Fuhr, der leitende Ministerialrat Dieter Bopp, Assessor und Mitarbeiter der Rechtsabteilung des WDR, Stephan Michelfelder, Drewitz und Schütz, (aus der DDR) Müller, Becker, die persönlichen Referenten Bernd Czajkowski und Praschek sowie Heribert Liebl; vgl. Schütz, a.a.O., S. 266; vgl. Epd: „Überleitungsgesetz" für den öffentlich-rechtlichen Rundfunk, in: Kirche und Rundfunk, Nr. 44/45, 9.6.1990, S. 20f.

387   Vgl. Schütz, a.a.O., S. 267.

kompatibel zu einer gesamtdeutschen und europäischen Rundfunklandschaft sind".[388]

Der Einfluß westdeutscher Medienberater ist in diesem Entwurf zum *Rundfunküberleitungsgesetz* unverkennbar: Die Bestimmungen zu Meinungsfreiheit, Rundfunkbegriff, Programm- und Werbegrundsätze haben mehr Ähnlichkeiten mit westdeutschen Regelungen als mit dem damals gültigen Volkskammerbeschluß vom 5. Februar. So ist auch der §1 (1 und 2) fast wortgetreu aus dem Grundgesetz Art. 5 übernommen.[389] Die entscheidenden Passagen dieses Entwurfes sind die Bestimmungen zur „Organisation des öffentlich-rechtlichen Rundfunks". In Angleichung an die föderalistische Rundfunkstruktur der Bundesrepublik seien „Landesrundfunkdirektorate" zu errichten, denen die gesamten Rundfunkgebühren zustünden (§13).[390] Zwar sollte mit dem Begriff „Landesrundfunkdirektorate" die Vorläufigkeit der Regelung unterstrichen werden, um der Entscheidungskompetenz der Länder nicht vorzugreifen,[391] trotzdem werden aber konkret sechs Direktorate mit ihren Städtestandorten vorgeschrieben.[392]

Neben der Verpflichtung für die Direktorate, die „Veranstaltung der in der gesamten DDR ausgestrahlten Rundfunkprogramme sicherzustellen" (§14) und möglichst auch ein „regionales Fernsehfensterprogramm" zu veranstalten, ist festgelegt, daß diese die „gemeinschaftliche[n] Gesamtrechtsnachfolger des Deutschen Fernsehfunks und des Rundfunks der DDR" werden (§15).[393] Damit wären Hörfunk und Fernsehen gesetzlich bimedial zusammengeführt worden, wobei gleichzeitig die Programmhoheitsabgabe der bisherigen Einrichtungen zwar fixiert, aber nicht terminlich gebunden worden wäre. Statt dessen seien zur „Nutzung vorhandener Produktions- und Atelieranlagen ... gesellschaftsrechtliche Lösungen" zu finden.[394] Die alten Einrichtungen in Adlershof und in der Nalepastraße hätten nach Auffassung der Arbeitsgruppe als Betriebsstätten der Landesrundfunkdirektorate, z.B. als GmbH, weiterarbeiten können.[395]

Der Übergangscharakter sollte ebenfalls durch die Begriffe „Direktor" und „Beirat" demonstriert werden. Auf die Begriffe „Intendant" und „Rundfunkrat" sei bewußt verzichtet worden, schreibt Schütz.[396] Aber gerade in den Bestimmun-

---

388 Entwurf Überleitungsgesetz zu Hörfunk und Fernsehen (Rundfunk) der Deutschen Demokratischen Republik (Rundfunküberleitungsgesetz) vom 26.6.1990, in: Kirche und Rundfunk, Nr. 52, 4.7.1990, S. 12-20.

389 Vgl. ebd.; vgl. Kammann: Dialektischer Pragmatismus, a.a.O., S. 4; siehe Anm. 50.

390 Entwurf Überleitungsgesetz vom 26.6.1990, a.a.O.

391 vgl. Schütz, a.a.O., S. 267.

392 Entwurf Überleitungsgesetz vom 26.6.1990, a.a.O.

393 Ebd.

394 Ebd.

395 Vgl. Schütz, a.a.O., S. 268.

396 Ebd.

gen zu den Organen der Direktorate offenbaren sich die Schwachstellen des Entwurfes hinsichtlich der gebotenen *Staatsferne*: Die Direktoren seien „im Einvernehmen mit dem Volkskammerausschuß für Presse und Medien vom Vorsitzenden des Ministerrats" zu berufen und abzuberufen, ebenso die Beiräte, die „aus fünf im jeweiligen Land anerkannten Persönlichkeiten des öffentlichen Lebens" zusammenzusetzen seien (§16).[397]

Die weiteren entscheidenden Punkte des Entwurfes sind die Einführung des dualen Systems, wobei der Medienminister eine „Geschäftsstelle für den privaten Rundfunk" einzurichten habe, der die „vorbereitenden Maßnahmen zur Veranstaltung und/oder Verbreitung" von privaten Rundfunkprogrammen oblägen (§§ 25 und 26), sowie die Bestimmung, daß mit Inkrafttreten dieses Gesetzes der Volkskammerbeschluß vom 5. Februar, die Zuständigkeit des Medienkontrollrates und die Statuten von DFF und Hörfunk aufgehoben würden (§31).[398]

Für Kammann ist dieser Entwurf ein „Wechselbalg" und damit paradox: Zum einen hat er zum Ziel, föderative Strukturen durch „Zerschlagung" der bestehenden aufzubauen, zum anderen schreibt er vor, zeitlich befristet einen Rundfunk mit „Staatsnähe par excellence" zu installieren.[399] Nach diesem Entwurf sei die neue Medienordnung eine „vormundschaftliche", schreibt Wille.[400] Hickethier kommt zu dem Schluß, daß in diesem Entwurf der Wunsch von Medienvertretern und -politikern der Bundesrepublik zum Ausdruck gekommen sei, statt langsamer Übergänge „auch in den Medien den schnellen Anschluß" zu vollziehen, wobei vor allem die Medienstruktur der Altbundesländer weitgehend unangefochten bleiben sollte.[401] In der Tat zeigt er offensichtliche Ähnlichkeiten mit dem kurz darauf erschienenen Papier der westdeutschen Regierungspartei CDU: Übereinstimmend waren beide in allen entscheidenden Punkten wie Rundfunkhoheit der Länder, Substitution der bisherigen Einrichtungen durch Landesrundfunkanstalten bzw. -direktoraten sowie umgehende Einführung des dualen Systems.[402]

4.2.4.4   Kritik am Gesetzentwurf und Kontroverse zwischen CDU und SPD

Schon vor der Beratung in der Volkskammer zog der Entwurf zahlreiche Kritik von Seiten des Medienkontrollrates, der „Bündnis 90"-Parteien, der PDS, aber auch der DDR-SPD, der Kirchen und der Rundfunkmitarbeiter auf sich.[403] Schon allein das Verfahren zur Erarbeitung dieses Gesetzes sei gesetzwidrig gewesen,

---

397   Entwurf Überleitungsgesetz vom 26.6.1990, a.a.O.

398   Ebd.

399   Kammann: Dialektischer Pragmatismus, a.a.O., S. 3.

400   Wille, a.a.O., S. 20.

401   Hickethier: Das Zerschlagen, a.a.O., S. 80.

402   Siehe Anm. 360ff.

403   Vgl. Irene Charlotte Streul: Medien - Bildung von Rundfunk-Landesdirektionen, in: Deutschland Archiv, 8/1990, S. 1181-1183, S. 1183.

klagten die Mitglieder des Medienkontrollrates an: Nach geltendem Recht des Volkskammerbeschlusses vom 5. Februar hätte der Entwurf von der Mediengesetzgebungskommission ausgearbeitet werden müssen statt ausschließlich vom Medienministerium. Ebenso habe die vorgeschriebene öffentliche Diskussion vor der parlamentarischen Behandlung nicht stattgefunden.[404]

Auffallend scharf kritisierte vor allem die DDR-SPD den Inhalt des Entwurfes: Der Vorsitzende Wolfgang Thierse sowie sein medienpolitischer Berater und WDR-Intendant, Friedrich-Wilhelm Freiherr von Sell, waren hinsichtlich der Berufungsverfahren der Direktoren und der Beiräte der Auffassung, daß das Gebot eines staats- und regierungsfreien Rundfunks nicht hinreichend beachtet worden sei. Durch die personelle Besetzung durch den Staat entstehe der Eindruck einer „Maizièreokratie", so Thierse.[405] Trotz Kritik von Seiten der eigenen Partei hielt Staatssekretär Becker jedoch an dem im Medienministerium entwickelten Entwurf fest.[406]

Die Volkskammerdebatten am 5. Juli und 20. Juli verliefen äußerst kontrovers und verdeutlichten, daß es eine einheitliche Rundfunkpolitik der Regierung und der Koalitionsparteien nicht gab. Vornehmlich zwischen SPD und CDU war die Neuordnungsproblematik des Entwurfes zum Gegenstand einer Konfrontation geworden. Kutsch kommentiert dazu:

Ein unter der Obhut der Regierung herbeigeführter gemeinsamer Lösungsweg aller Beteiligten ... wurde offenbar nicht gesucht, obwohl die außergewöhnliche (medien-)historische Situation dies fraglich nahelegte, im Gegenteil: Die beiden großen Koalitionsparteien demonstrierten in der Ordnungspolitik für den Rundfunk eine auffällige Uneinigkeit. ... [So] behinderten offenkundig parteitaktische Überlegungen eine geschlossene Kabinettslinie.[407]

Diese *parteitaktischen Überlegungen* resultierten jedoch nicht allein aus der Diskussion über die künftige Rundfunkordnung, sondern waren Begleiterscheinungen der sich allmählich zuspitzenden Spannung zwischen den Koalitionspartnern

---

404 Vgl. ADN: Medienkontrollrat: Gesetzentwurf zu Rundfunk widerspricht dem Recht, in: Neues Deutschland, vom 12.7.1990, o.S., in: DFF/HA: Chronologische Dokumentation, a.a.O., S. 11; vgl. Kammann: Dialektischer Pragmatismus, a.a.O., S. 3.

405 Epd: Überleitungsgesetz schon gekippt?, in: Kirche und Rundfunk, Nr.53, 7.8.1990, S. 13; vgl. Schütz, a.a.O., S. 280 (Anmerkungen).

406 Vgl. Epd: Schritt für Schritt, a.a.O.; vgl. Joachim Hauschild: Der Versuch, klare Linien in das Nichts zu ziehen, in: Süddeutsche Zeitung, vom 6.8.1990, o.S., in: DFF/HA: Chronologische Dokumentation, a.a.O., S. 43.

407 Kutsch: Zwischen Wende und heute, a.a.O., S. 173, 182; vgl. Tonnemacher, a.a.O., S. 98; vgl. Volkskammer der Deutschen Demokratischen Republik, 10. Wahlperiode, 21. Tagung, 5.7.1990, Stenographische Niederschrift, S. 845-857; vgl. Volkskammer der Deutschen Demokratischen Republik, 10. Wahlperiode, 26. Tagung, 20.7.1990, Stenographische Niederschrift, S.1149-1157.

bei den Verhandlungen über den Einigungsvertrag. Die Streitigkeiten über den Termin der gesamtdeutschen Wahl, über Finanzausgleich, Bodenreform und Forderungen nach Änderungen des Grundgesetzes etc. führten Mitte August schließlich auch zum Bruch der ostdeutschen Koalition: FDP und SPD traten aus.[408] Diese Konfrontation hinterließ auch in den Beratungen über das Rundfunküberleitungsgesetz ihre Spuren.

4.2.4.5 Mediengesetzentwurf der DDR-SPD

Wegen der mannigfachen Kritik, auch durch die im Prinzip falsche Annahme, in ihm sei die völlige Auflösung der bisherigen Einrichtungen festgeschrieben,[409] fand der Entwurf am 20. Juli in der Volkskammer zunächst keine Mehrheit. Im Gegenzug legte die SPD-Fraktion zeitgleich jedoch einen eigenen Entwurf vor, den die Fraktion „Grüne/Bündnis 90" stützte und für den auch die Liberalen Sympathien erkennen ließen. Beide wurden schließlich zur Überarbeitung in die Ausschüsse für Presse und Medien, Kultur sowie Verfassung und Verwaltungsreform überwiesen.[410]

Der Mediengesetzentwurf der DDR-SPD, an dessen Erarbeitung maßgeblich von Sell beteiligt war,[411] ist eine Radikalisierung des bundesdeutschen SPD-Konzeptes vom 18. Juni: Im Gegensatz zum Ministeriumsentwurf sollte dieser die „unbedingte Staatsferne" sicherstellen. Wie das westdeutsche Konzept sieht er vor, „*eine* Rundfunkanstalt des öffentlichen Rechts mit dem Namen 'Ostdeutscher Hör- und Fernsehfunk' [OHFF] [meine Hervorhebung]" zu errichten. Sie habe ihren Sitz in Berlin, sei trotzdem „föderal in Landessender gegliedert" und trete die Gesamtrechtsnachfolge der beiden bisherigen Einrichtungen an (§2). Sie sollte die ihr übertragenen Aufgaben „treuhänderisch für die Länder" übernehmen (Präambel).[412]

Die Bewahrung der „kulturellen Identität", die den westdeutschen SPD-Entwurf prägte, kommt in diesem Papier durch die Bestimmung des kulturellen Programmauftrages (§3) zum Ausdruck:

> *Der OHFF ist der Kultur verpflichtet ... Der regionalen Gliederung und der kulturellen Vielfalt des Sendegebiets soll im Programm Rechnung getragen werden.*[413]

---

408 Vgl. Jarausch, a.a.O., S. 266f.; vgl. Brauburger, a.a.O., S. 675.

409 Diese Ansicht teilen auch verschiedene Autoren, so z.B. Hickethier: Das Zerschlagen, a.a.O., S. 82; so auch Wandtke, a.a.O., S. 590f.; so auch Kammann: Dialektischer Pragmatismus, a.a.O., S. 3.

410 Vgl. Kutsch: Zwischen Wende und heute, a.a.O., S. 181f.

411 Vgl. Schütz, a.a.O., S. 281 (Anmerkungen).

412 Mediengesetzentwurf der DDR-SPD - Unbedingte Staatsferne gefordert, vom 20.7.1990, in: Kirche und Rundfunk, Nr. 61, 4.8.1990, S. 12-20.

413 Ebd.

Eine Radikalisierung des westdeutschen SPD-Entwurfes stellt dieses Papier nicht nur deshalb dar, weil die Einführung des dualen Systems überhaupt nicht vorgesehen war, sondern auch, weil die „unbedingte Staatsferne" durch die Organe „Intendant" und „Rundfunkrat" gesichert werden sollten, die nicht „Mitglied einer Regierung oder dessen Vertreter oder Mitglied eines Rates oder einer Kommission einer örtlichen Volksvertretung" sein dürften (§§ 9 und 11). Die Wahl und Abberufung des Intendanten erfolge durch den Rundfunkrat (§§ 10 und 12) anstatt durch den Ministerpräsidenten. Im Gegensatz zum Regierungsentwurf bestimmt dieser die Zusammensetzung des Rates aus Vertretern verschiedener Verbände, allerdings nicht der Parteien (§ 11).[414]

Jedoch im Sinne der westdeutschen SPD erklärte Thierse zu diesem Entwurf, hier sei als Alternative zum Regierungsentwurf vorgesehen, ...

... vom Bestehenden auszugehen und eine geordnete Übergabe an die Länder zu organisieren, ohne daß dort schon jetzt unveränderliche Tatsachen geschaffen werden.[415]

Dem entgegnete Müller Bedenken: „Das ist ein ganz zentralistisches Konzept mit einer selbst in der DDR bisher noch nicht vorhandenen Konzentration."[416]

4.2.5   Regelungen durch den Einigungsvertrag

Das Rundfunküberleitungsgesetz, das der Medienausschuß der Volkskammer schließlich Ende August in einer Symbiose aus Ministeriums- und DDR-SPD-Entwurf vorlegte, hat nicht viel gemeinsam mit dem ersten: Es enthält im Prinzip alle entscheidenden Punkte des SPD-Entwurfes, das heißt die Bestimmungen zur Errichtung *einer* Rundfunkanstalt (§2), zur Kulturpflicht (§3) und zur Berufung von Intendant und Rundfunkrat (§§ 10, 11, 12 und 13). Lediglich der Abschnitt über den privaten Rundfunk (§19) war dem des Ministeriums entnommen. In der Präambel steht diesbezüglich jedoch:

Bei der Vergabe von Frequenzen und bei der Schaffung technischer und wirtschaftlicher Voraussetzungen sind der öffentlich-rechtliche und der private Rundfunk gleich zu behandeln [meine Hervorhebung].[417]

---

414   Ebd.

415   Thierse, zit. in: Klaus-Dietrich Gurezka: Staatsfern und der Kultur verpflichtet, in: Der Tagesspiegel, vom 20.7.1990, o.S., in: DFF/HA: Chronologische Dokumentation, a.a.O., S. 24.

416   Müller, zit. in: Peter Schmalz: Ost-Berlin will Erbengemeinschaft der Länder in Rundfunkfragen, in: Die Welt, vom 25.7.1990, o.S., in: DFF/HA: Chronologische Dokumentation, a.a.O., S. 34.

417   Überleitungs-Gesetzentwurf des Medienausschusses der Volkskammer, in: Kirche und Rundfunk, Nr. 69, 1.9.1990, S. 17-24.

Diese Formulierungen fanden jedoch bei den Altbundesländern wenig bis gar kein Gefallen: Die westdeutsche Verhandlungsdeligation bei den Beratungen über den Einigungsvertrag am 24. August in Bonn bemängelte die vorgesehene Gründung einer „ziemlich üppigen Zentralanstalt". Da das Überleitungsgesetz erst am 13. September verabschiedet werden sollte, käme ohnehin die Option, es in den Anhang des Einigungsvertrages für weiterbestehende Regelungen auf dem Gebiet der DDR aufzunehmen, einem „Blankoscheck" für eine noch nicht feststehende Endfassung gleich.[418]

4.2.5.1 Artikel 28a des Einigungsvertrages

Die westdeutsche Delegation bevorzugte statt dessen die Aufnahme eines „Artikel 28a" in den Einigungsvertrag, der ursprünglich von dem im Bundesinnenministerium für Medienangelegenheiten zuständigen Ministerialdirigenten Hans Günther Merk verfaßt worden war, nachdem der Regierungsentwurf für das Überleitungsgesetz am 20. Juli gescheitert war. Diesen Artikel habe das Bundesinnenministerium am 13. August nicht nur mit den Ressorts des Bundes und mit den Ländern abgestimmt, sondern auch mit dem Medienministerium der DDR vertreten durch Becker, schreibt Schütz.[419] Insofern muß das Medienministerium eine Regelung durch das mittlerweile völlig umgestaltete Rundfunküberleitungsgesetz bereits für überflüssig gehalten haben. Kutschs These, der Medienminister Müller sei am 31. August durch diesen Artikel vor vollendete Tatsachen gestellt worden, und Streuls Aussage, der DDR-Verhandlungsführer Staatssekretär Günther Krause (DSU) habe sich mit diesem Artikel des Einigungsvertrages einverstanden erklärt, ohne die Medienverantwortlichen zu konsultieren, können also nicht bestätigt werden.[420] In dem Artikel heißt es (Abs. 1):

> Der „Rundfunk der DDR" und der „Deutsche Fernsehfunk" werden als gemeinschaftliche staatsunabhängige, rechtsfähige Einrichtung von den ... Ländern und dem Land Berlin für den Teil, in dem das Grundgesetz bisher nicht galt, bis spätestens 31. Dezember 1991 weitergeführt, soweit sie Aufgaben wahrnehmen, für die die Zuständigkeit der Länder gegeben ist.[421]

Die beiden Anstalten, per Einigungsvertrag bimedial in einer Einrichtung zusammengeführt, seien bis zu diesem Datum „durch gemeinsamen Staatsvertrag ... aufzulösen oder in Anstalten des öffentlichen Rechts einzelner oder mehrerer Länder

---

418 Epd: „Abgespeckter" BRD-Entwurf für DDR-Rundfunk-Überleitung, in: Kirche und Rundfunk, Nr. 67, 25.8.1990, S. 11f.

419 Vgl. Schütz, a.a.O., S. 273.

420 Vgl. Kutsch: Zwischen Wende und heute, a.a.O., S. 183; vgl. Streul: Die Umgestaltung, a.a.O., S. 40.

421 Artikel 28a Rundfunk, vom 21.8.1990, in: Kirche und Rundfunk, Nr. 67, 25.8.1990, S. 23f.

überzuführen [meine Hervorhebungen]". Nur wenn ein solcher Staatsvertrag bis dahin nicht zustandekomme, sei diese Einrichtung aufgelöst (Abs. 7). Die Organe der Einrichtung seien ein „Rundfunkbeirat" und ein „Rundfunkbeauftragte[r]". In dieser Version war vorgesehen, daß der Rundfunkbeirat, der aus „18 anerkannten Persönlichkeiten des öffentlichen Lebens als Vertreter gesellschaftlich relevanter Gruppen" von den künftigen Landtagen gewählt werde, den Rundfunkbeauftragten beruft und abberuft (Abs. 2 u. 3). Der Beirat erhält dabei „in allen Programmfragen ein Beratungsrecht und bei wesentlichen Personal-, Wirtschafts- und Haushaltsfragen ein Mitwirkungsrecht". Der Beauftragte hingegen leite und vertrete die Einrichtung sowohl „gerichtlich" als auch „außergerichtlich" (Abs. 4).[422] Zulassungsbedingungen privater Hörfunk- und Fernsehsender waren darin nicht festgelegt.

4.2.5.2 Artikel 36 des Einigungsvertrages

In den Beratungen über den Einigungsvertrag zwischen 21. und 25. August - von ostdeutscher Seite waren dabei Krause, Becker und Konrad Weiß (Bündnis 90, Mitglied des Volkskammermedienausschusses) anwesend - entstand schließlich eine abgeänderte Version als Art. 36, die in den Vertrag übernommen wurde. Die Änderungen betrafen ausschließlich das Wahlverfahren des Rundfunkbeauftragten: Der sei nicht mehr durch den Rundfunkbeirat, sondern „auf Vorschlag des Ministerpräsidenten ... von der Volkskammer" zu wählen (Abs. 3). Als zweite Möglichkeit ist vorgesehen:

> *Kommt eine Wahl durch die Volkskammer nicht zustande, wird der Rundfunkbeauftragte von den Landessprechern ... und dem Oberbürgermeister von Berlin mit Mehrheit gewählt.*[423]

Dem Rundfunkbeirat wurde allerdings die Möglichkeit eingeräumt, diesen Beauftragten später mit einer Zweidrittelmehrheit wieder abzuberufen und genauso einen neuen zu wählen (Abs. 4).[424] Warum letztlich dieser Wahlmodus für den Rundfunkbeauftragten gewählt worden ist, ist aufgrund der Quellenlage nicht zu klären.

4.2.5.3 Beschluß über das Rundfunküberleitungsgesetz

Es blieb zunächst offen, ob die Volkskammer nach der Vertragsunterzeichnung am 31. August überhaupt noch befugt war, ein Überleitungsgesetz bis zum 3.

---

422 Ebd.

423 Vertrag zwischen der Bundesrepublik Deutschland und der Deutschen Demokratischen Republik über die Herstellung der Einheit Deutschlands - Einigungsvertrag -, Artikel 36 Rundfunk, in: Presse- und Informationsamt der Bundesregierung: Bulletin, Nr. 104, 6.9.1990, S. 877-888.

424 Vgl. Ebd.

Oktober zu verabschieden, in dem trotz dieses Art. 36 Programmgrundsätze, Werbevorschriften, Jugendschutz und andere rundfunkrechtliche Details geregelt werden konnten.[425] Während die bundesdeutsche Delegation das von vornherein ablehnte, bestand die Delegation unter der Leitung von Krause jedoch auf diese Option.[426] Eine Übernahme in den Anhang des Einigungsvertrages wäre aber nur möglich gewesen, wenn dieses Gesetz dem Vertrag nicht widersprochen hätte. Aus diesem Grund überarbeitete der Medienausschuß der Volkskammer seinen Entwurf erneut.

Die Version vom 7. September hat keine Gemeinsamkeiten mit den vorherigen, denn für alle grundlegenden Bestimmungen sind die Inhalte von Art. 36 - fast wortgetreu - übernommen worden (§§ 2 und 10 bis 13). Ergänzungen findet dieses Gesetz, das am 13. September mit vier Gegenstimmen von der Volkskammer verabschiedet wurde, in Programmauftrag, -grundsätzen, Gegendarstellungs- und Verlautbarungsrecht, die am westdeutschen Rundfunkstaatsvertrag orientiert sind (§§ 3 bis 7). Der entscheidende Zusatz zum Einigungsvertrag ist allerdings die Übernahme der Beiratszusammensetzung aus dem DDR-SPD-Entwurf, nach dem die Mitglieder keiner Regierung, Kommission und keines Rates angehören dürften (§12).[427]

Für die nochmaligen Delegationsverhandlungen am 18. September äußerte die Bundesregierung jedoch große Bedenken gegen dieses Gesetz, das ohne Koordination mit den westlichen Verhandlungspartnern formuliert worden war. Auf verfassungsrechtliche Bedenken stoße vor allem § 18, wonach privater Rundfunk vor der Etablierung des öffentlich-rechtlichen Rundfunks zugelassen werden könnte. Außerdem stelle er einen unzulässigen Vorgriff auf die Kompetenz der künftigen Bundesländer dar.[428] Es mag noch andere Gründe gehabt haben, daß sich die Verhandlungskommission darauf einigte, das Gesetz nach Inkrafttreten des Einigungsvertrages zu annullieren, so z.B. die Bestimmungen über die Studiotechnik der Post (§ 16).[429]

---

425 Vgl. Epd: Übergangsregelung für DDR-Rundfunk bis Ende 91, in: Kirche und Rundfunk, Nr. 68, 29.8.1990, S. 8.

426 Vgl. Irene Charlotte Streul: Medien - Neuordnung des Rundfunks im Einigungsvertrag, in: Deutschland Archiv, 10/1990, S. 1507-1509, S. 1508; vgl. Epd: „Abgespeckter" BRD-Entwurf ..., a.a.O., S. 11.

427 Gesetz zur Überleitung des Rundfunks (Fernsehen; Hörfunk) in die künftige Gesetzgebungszuständigkeit der Länder (Rundfunküberleitungsgesetz) vom 13.9.1990, in: Kirche und Rundfunk, Nr. 74, 19.9.1990, S. 19-23.

428 Vgl. Epd: DDR-Rundfunkgesetz nur bis 3. Oktober gültig, in: Kirche und Rundfunk, Nr. 75, 22.9.1990, S. 13f.

429 Vgl. Gesetz zur Überleitung des Rundfunks in die künftige Gesetzgebungszuständigkeit der Länder (Rundfunküberleitungsgesetz) vom 13.9.1990, a.a.O.; vgl. Dohlus, a.a.O., S. 14.

Trotz der Tatsache, daß ab 3. Oktober ausschließlich der Einigungsvertrag die künftige Rundfunkordnung in den neuen Bundesländern regeln würde, wurde das Rundfunküberleitungsgesetz am 26. September noch im Gesetzblatt der DDR veröffentlicht und trat damit in Kraft - für genau sieben Tage.

4.2.5.4   Wertungen des Artikel 36 Einigungsvertrag

Der Art. 36, der bis zur Verabschiedung von Landesmediengesetzen „die einzig verbindliche Rahmenrichtlinie im Rundfunkbereich"[430] der neuen Länder war, erhielt unterschiedliche Bewertungen. Die DDR-Verhandlungskommission habe sich mit dieser von der westdeutschen Seite „diktierte[n] Überleitungsregelung" „überfahren" lassen, schreibt Kutsch.[431] Zumindest war mit dem Art. 36 schon Ende August endgültig der Versuch der DDR-Regierung beendet worden, die Rundfunkordnung in eigener Zuständigkeit zu regeln. Meyerholt vermerkt dazu:

> ... die Entwicklung einer eigenstaatlichen Rundfunkordnung war von dem Einigungswillen der beteiligten Parteien und Gruppierungen in der DDR und der Bundesrepublik Deutschland überholt worden.[432]

Im Prinzip hatte das Bundesinnenministerium mit dieser Regelung im Einigungsvertrag doch noch die Ziele erreicht, die es schon im ersten Überleitungsgesetzentwurf des Medienministeriums gesichert sehen wollte: Festlegung auf die föderalistische Rundfunkstruktur, Rechtsnachfolgeeinrichtung des DFF und des Hörfunks sowie deren bimediale Zusammenführung. Die Gefahr eines durch den Einigungsvertrag festgeschriebenen Mediengesetzes, das zweifellos große Auswirkungen auch für die bundesrepublikanische Medienordnung gehabt hätte, konnte das Bundesinnenministerium ebenfalls abwenden.

Allerdings hatten es die Medienverantwortlichen in Ost und West nicht geschafft, schon vor dem 3. Oktober westkompatible Rundfunkstrukturen vorzubereiten. Diese Aufgabe oblag nun allein den Ländern. Aber die Kritik, ein *Wechselbalg* zu sein wie der Regierungsentwurf, kann der Artikel von sich weisen, weil in diesem Falle der Länderkompetenz weit weniger vorgegriffen wird: Es gibt in dem Artikel keine Regelungen über die Anzahl der Länderanstalten, deren Sitze und über die Zukunft der privaten Anbieter, aber auch nicht über die Zukunft der Statuten von DFF und Hörfunk sowie des Medienkontrollrates.

Extremer als im Regierungsentwurf fallen jedoch andere Bestimmungen aus: So ist die Programmhoheitsabgabe der Einrichtung nun doch terminlich gebunden, und anstatt mehrerer Direktoren und Beiräte sind nur noch ein Rundfunkbeauftragter und ein Rundfunkbeirat, wenn auch mit nahezu gleichem Besetzungsverfahren, vorgesehen. Außerdem wird zwar für die künftige Rundfunkstruktur die

---

430   Streul: Medien - Neuordnung, a.a.O., S. 1508.

431   Kutsch: Zwischen Wende und heute, a.a.O., S. 183f.

432   Meyerholt, a.a.O., S. 42.

Föderalität vorgeschrieben, jedoch nicht explizit für die Einrichtung: Sie bleibt zentralistisch bis zur Auflösung oder Überführung durch einen gemeinsamen Staatsvertrag der Länder. Entgegen vielfacher Äußerungen, im Einigungsvertrag sei die *Abwicklung*, sprich Auflösung, der Einrichtung bereits festgelegt, muß an dieser Stelle ausdrücklich betont werden, daß dies nicht der Fall ist: Der Art. 36 sieht *zwei Handlungsalternativen* für die künftigen Länder vor, wovon die Auflösung nur *eine Option* ist.

Die Hauptkritik, die schon am Regierungsentwurf geübt wurde, kann der Artikel allerdings ebenfalls nicht von sich weisen: Er steht wegen des Berufungsverfahrens insbesondere des Rundfunkbeauftragten genauso im Widerspruch zum Postulat der Staatsunabhängigkeit.[433] Diese staatliche Einflußnahme scheint für die Neuordnung wegen der alleinigen Länderkompetenz überhaupt nicht erforderlich.[434] Demgegenüber steht Streuls These, daß ...

> ... *die Regierungen in Bonn und Ostberlin daran interessiert waren, einen westdeutschen Medienfachmann aus ihrem politischen Umfeld mit der Auflösung des DDR-Rundfunks zu beauftragen.*[435]

Wenn die Regierung de Maizières ebenfalls diese Absicht gehabt hätte, wäre es eigentlich konsequent gewesen, wenn de Maizière noch vor dem 3. Oktober laut seiner Befugnis aus Art. 36 (3) und aus dem Rundfunküberleitungsgesetz (§ 11) einen solchen vorgeschlagen hätte. Das tat er aber nicht, im Gegenteil: Nach Epd-Informationen hat de Maizière in der letzten Volkskammersitzung am 28. September gar verhindert, „daß das Thema überhaupt auf die Tagesordnung gesetzt wurde".[436]

4.3 Wandlungen der Rundfunkstrukturen

Während das politisch-administrative System der DDR, aber auch das der Bundesrepublik im Hinblick auf die staatliche Einheit versuchten, den Rundfunk ordnungspolitisch orientiert an Parteiinteressen und am westdeutschem Rundfunksystem umzugestalten, folgten die Einrichtungen den gesetzlichen Regelungen des Volkskammerbeschlusses vom 5. Februar: Dieser hatte sie zur eigenständigen Definition von öffentlichen Einrichtungen unter Berücksichtigung seiner Normen

---

433 Diese Kritik äußerten in erster Linie die Mitglieder der Rundfunkräte; vgl. Spielhagen: Hörfunk nach der Wende, a.a.O., S.27; vgl. Schulzendorf: Medienentwicklung, a.a.O., S. 33.

434 So auch Brinkmann, a.a.O., S. 56.

435 Streul: Die Umgestaltung, a.a.O., S. 40.

436 Epd: Volkskammerwahl des Rundfunkbeauftragten voraussichtlich gescheitert, in: Kirche und Rundfunk, Nr. 77, 29.9.1990, S. 10; vgl. Kutsch: Zwischen Wende und heute, a.a.O., S. 184.

verpflichtet. Darüber hinaus setzten sie aber auch die Strukturmodifikationen fort, die mit dem Umbruch im Herbst 1989 eingesetzt hatten.

4.3.1 Selbstdefinitionen durch Statuten

Der Volkskammerbeschluß hatte die Rundfunkeinrichtungen zwar als „unabhängige öffentliche Einrichtungen" erklärt, die nicht der Regierung unterstünden, und die Umgestaltung in öffentlich-rechtliche Anstalten angekündigt, doch die Ausgestaltung der Programmatik, Organisation und Struktur sollte den Medien in Selbstbestimmung durch Statuten überlassen werden. Das war eine Aufgabe, die sich eigentlich die Verfasser des ersten Rundfunküberleitungsgesetzentwurfes gestellt hatten, die jedoch auch durch den Art. 36 des Einigungsvertrages nicht gänzlich erfüllt wurde, während die Regelungen durch das endgültige Rundfunküberleitungsgesetz faktisch gegenstandslos blieben. Zu dieser Definition des öffentlichen Rundfunks der DDR waren so allein die Statuten der Einrichtungen maßgeblich.

4.3.1.1 Vorläufiges Statut des Hörfunks

Das umfangreiche vorläufige „Statut des Rundfunks der DDR" vom 15. März 1990, das der Medienkontrollrat und Modrow billigten, liefert detailliertere Ausführungen über Aufgaben, Organisation und Mitbestimmung der Mitarbeiter. Auch dieses wiederholt in erster Linie die Grundsätze des Volkskammerbeschlusses wie Deklaration als „unabhängige öffentliche Einrichtung" (§ 1, 1), Staatsfinanzierung (§ 1, 4), Gegendarstellungsrecht (§ 2, 8), Leitung durch einen Generalintendanten (§ 3, 1) etc. Es enthält jedoch auch programmatische Aspekte, darunter die Definition des Auftrages. Unter Einbeziehung des Funktionsverständnisses des Volkskammerbeschlusses, der Rundfunk verleihe „dem Meinungspluralismus ungehindert öffentlichen Ausdruck"[437] stellt sich der Hörfunk folgenden Auftrag:

> *Der Rundfunk entspricht ... den differenzierten Bedürfnissen der Öffentlichkeit nach Unterhaltung und versteht sich als eine* kulturelle Institution, *die durch das Vermitteln, die Förderung und die Produktion von Musik und künstlerischem Wort sowie die Verbreitung wissenschaftlicher Erkenntnisse und Ideen den Werten des Humanismus verpflichtet ist und der individuellen Bildung und Entwicklung des Menschen dient [meine Hervorhebung].*[438]

---

437 Siehe Anm. 215.

438 Vorläufiges Statut des Rundfunks der DDR, vom Ministerrat der DDR am 15. März 1990 als Arbeitsgrundlage bestätigt, in: Funkhaus Berlin, a.a.O., S. 373-377.

Auch in Hinsicht auf die Organisation des Hörfunks bzw. der binnenpluralistischen Strukturen geht dieses Statut über die Regelungen des Volkskammerbeschlusses hinaus: Unter Berücksichtigung der Aufgabe, gesellschaftliche Räte zu bilden und die demokratische Mitbestimmung der Mitarbeiter zu sichern, legt es fest, einen „Hörfunkrat", „Redakteurräte", „künstlerische Räte" und bei Bedarf „Personalräte" zu bilden (§ 3, 4, § 4, 3 und § 4, 6), mit denen der Generalintendant „einen Konsens herbeizuführen" habe (§ 4, 7). Die Beschlüsse des Hörfunkrates haben „bindenden Charakter", sprich Vetorecht. Alle übrigen Räte erhalten zumindest Anhörungs- und Beratungsrecht (§ 4, 3 und § 4, 6), mit Bestätigung des Medienkontrollrates ebenfalls das Vetorecht bei Zweidrittelmehrheit in besonderen Fällen (§ 4, 8). Das Statut legt auch allgemein die Zusammensetzung des Hörfunkrates fest: Dabei seien die bis zu 30 Mitglieder von den in der Volkskammer vertretenen Parteien, Kirchen und Religionsgemeinschaften und „anderen demokratischen Kräften" zu berufen, wobei jedes eine Stimme erhalte (§ 3, 4).[439]

Der entscheidende Aspekt ist allerdings das Bestreben des Statutes, föderale Strukturen vorzubereiten. Daher heißt es darin, daß die „Regionalsender ... eigenverantwortlich tätig" seien und das Statut für diese analog gelte (§ 1, 2).[440]

4.3.1.2 Vorläufiges Statut des DFF

Seit 15. März galten für das Fernsehen die „statuarischen Grundsatzregelungen" des DFF, die jedoch die Aufgabe des DFF, sich ein Statut zu geben, nicht erfüllt hatten.[441] Auch war an deren Formulierung entgegen der Forderung des Volkskammerbeschlusses der DFF-Fernsehrat nicht beteiligt, sondern ausschließlich die Intendanten.[442] Das vorläufige Statut des DFF wurde erst am 27. Juni vom Medienkontrollrat bestätigt, das heißt erst nach der Absetzung Bentziens, weil die erste Fassung vom 23. Mai „föderative Aspekte", das „Eingehen auf die 'Kompetenz der Länder'" sowie „Vorschläge zur Sicherstellung einer

---

439 Vorläufiges Statut des Rundfunks der DDR, a.a.O.

440 Ebd.

441 Vgl. Beschluß des Ministerrats der DDR zu statuarischen Grundsatzregelungen des Deutschen Fernsehfunks vom 15. März 1990, in: Claus, a.a.O., S. 163f.; darin werden in erster Linie die Bestimmungen des Volkskammerbeschlusses vom 5. Februar und die des Ministerratsbeschlusses vom 21. Dezember 1989 wiederholt, so hinsichtlich der Leitung durch einen Generalintendanten, der Unabhängigkeit und der Verpflichtung, sich ein Statut zu geben. Zusätzlich führen sie den alten Namen „Deutscher Fernsehfunk" wieder ein und nennen diesen bereits „öffentlich-rechtliche Einrichtung". Daneben nimmt der DFF die Möglichkeiten in Anspruch, Regionalfernsehstudios zu bilden, detaillierte Regelungen dazu fehlen jedoch. Bezüglich der Regionalstudios legt der Beschluß anstelle einer angestrebten Föderalisierung fest, daß diese lediglich „anteilig an Produktion und Verbreitung der Programme beteiligt" seien.

442 Vgl. Schulzendorf: Medienentwicklung, a.a.O., S. 30f.

'Demokratisierung des DFF'" vermissen ließ, bemerkte der Sekretär des Medien-kontrollrates, Andreas Graf.[443]

Die neue gebilligte Version des Statutes, die diesmal auch unter Beteiligung der Räte zustandekam, weist mit den Elementen des Volkskammerbeschlusses viele Ähnlichkeiten mit dem des Hörfunks auf, so z.b. in den Bestimmungen zu Ge-gendarstellungsrecht (Punkt 3.2), persönlicher Verantwortung der Mitarbeiter (Punkt 3.3) sowie der Bildung von Fernsehrat, Redakteursrat, Personalrat und Gewerkschaftsrat (Punkte 5 und 10). Auch der Auftrag des DFF ist ähnlich for-muliert (Punkt 3.2):

Die Programme und Sendungen des Deutschen Fernsehfunks müssen von humanistischen und demokratischen Haltungen, von kulturellem Verantwortungsbewußtsein und vom Willen zur Ausgewogenheit und Sachlichkeit geprägt sein.

Sie sollen zum öffentlichen Meinungsbildungsprozeß beitragen, eine umfassende Information gewährleisten, der Bildung und Unterhaltung dienen.

Die Verbreitung und Produktion von Werken der Kunst und Kultur, von Sendungen für und über Kinder und jene, die zum Schutz und Erhalt der Umwelt beitragen, sind Programmauftrag des DFF.[444]

Auch dem Gesichtspunkt der Föderalisierung wird in dem Statut Rechnung getra-gen: So begründe sich der „föderal getragene" DFF „durch das Recht der Länder" und gliedere sich „in die Landessender Mecklenburg/Vorpommern, Brandenburg, Sachsen/Anhalt, Sachsen und Thüringen", die das „Recht auf Selbstverwaltung" erhielten (Punkte 1.2, 1.3 und 1.4).[445] Nichtsdestotrotz kommt deutlich zum Aus-druck, daß der DFF als *eine* Anstalt weiterbestehen solle, im Falle der Vereini-gung als dritte öffentlich-rechtliche neben ARD und ZDF (Punkt 1.5):

Die Landesregierungen garantieren in einem Länderstaatsvertrag den Betrieb, die Verbreitung der Programme und die Erhaltung des „Deutschen Fernsehfunks" als öffentlich-rechtliche Anstalt ein-schließlich der Landessender des DFF ...[446]

---

443 Epd: Medienkontrollrat sieht Mängel im DFF-Statut, in: Kirche und Rundfunk, Nr. 41, 26.5.1990, S. 17f.; vgl. Frank, a.a.O., S. 101; vgl. Statut der Fernsehanstalt Deutscher Fernsehfunk (nicht gebilligte Fassung), in: Kirche und Rundfunk, Nr. 34/35, 5.5.1990, S. 20-27.

444 Vorläufiges Statut der Fernsehanstalt Deutscher Fernsehfunk (gebilligt am 27.6.1990), in: Rundfunk und Fernsehen, 38. Jg., 3/1990, S. 446-454.

445 Diese Punkte sowie die Einbeziehung der Landesdirektoren in die Intendanz waren in der ersten Fassung noch nicht enthalten; vgl. Statut der Fernsehanstalt Deutscher Fernsehfunk (nicht gebilligte Fassung), a.a.O.

446 Ebd.; vgl. Hickethier: Das Zerschlagen, a.a.O., S. 77f.; vgl.

Dabei stößt dieses Vorhaben auf ein Mißverhältnis zur angestrebten Föderalisierung. Nicht regionale Eigenprogramme sind für den DFF vorgesehen, sondern Regionalfenster in den zentralen Hauptprogrammen, wobei den „Sendungen ... der Landessendeanstalten ... in den überregionalen Fernsehprogrammen DFF 1 und 2 jeweils *anteilig*, angemessen und ausgewogen Raum zu geben [meine Hervorhebung]" seien (Punkt 3.2).

Die politische Entscheidung der Regierung de Maizières, statt des abgelehnten Generalintendanten Hammer den bisherigen Intendanten des DFF 1 als kommissarischen Intendanten des gesamten DFF zu berufen, kam der endgültigen Fassung des DFF-Statuts zuvor. Infolgedessen waren im Statut auch nicht mehr zwei Intendanzbereiche vorgesehen, sondern ein „Intendantenkollegium", bestehend aus dem Intendanten und den Direktoren der Landessender und der Abteilungen (Punkt 9.1).

Für die Bildung des Fernsehrates konstatiert das Statut bereits einen detaillierten, *staatsferneren* Proporzschlüssel für dessen Mitglieder: Von 34 Vertreterpositionen für Interessen- und Berufsverbände ist eine für Vertreter der in den Landesparlamenten vertretenen Parteien oder Vereinigungen vorgesehen, wobei aber ausdrücklich betont wird, daß diese nicht Mitglied von Regierungen oder Parlamentsfraktionen sein dürften (Punkte 5.3 und 5.9). Der Fernsehrat erhält kein Vetorecht wie beim Hörfunk, jedoch eine entscheidende Kompetenz, die die bisherige Regierungsabhängigkeit beheben sollte (Punkt 8.9.1): „Der Intendant wird vom Fernsehrat in geheimer Abstimmung für 5 Jahre gewählt." Auch die Abberufung obliege dem Rat, „wenn ein wichtiger Grund vorliegt" (Punkt 8.9.3). Die übrigen Räte erhalten weitreichende Beratungs- und Anhörungsrechte, hier insbesondere aber auch der Verwaltungsausschuß und der Programmausschuß innerhalb des Fernsehrates (Punkte 8.4ff. und 8.7ff.).[447]

4.3.1.3 Wertungen der Statuten

Erst mit diesen Statuten wurden die binnenpluralistischen Strukturen der Einrichtungen bestimmt. Für die Zusammensetzung des Hörfunkrates war auch weiterhin das Vorbild des Runden Tisches maßgeblich: Von den 24 Positionen waren 13 von den politischen Parteien, Gruppierungen vom Herbst 1989 und Verbänden besetzt, also quantitativ auch gleichberechtigt von Vertretern der Opposition.[448] Für die Zusammensetzung des Fernsehrates galt in erster Linie die angestrebte *Staatsferne*, das heißt, parteipolitische Präsenz steht im Statut im Hintergrund, die Vertreter der Parteien und Gruppierungen stellen nominell eine Minorität dar.[449] Nach Odermanns Meinung sei diese Zusammensetzung „progressiv", weil den entscheidenden Kräften des Herbstes auch hier die gleichberechtigte Teilnahme

---

447 Vorläufiges Statut der Fernsehanstalt Deutscher Fernsehfunk, a.a.O.

448 Stand: Mai 1990; vgl. Spielhagen: Hörfunk nach der Wende, a.a.O., S. 23.

449 Vgl. Kutsch: Zwischen Wende und heute, a.a.O., S. 174; vgl. Frank, a.a.O., S. 103.

ermöglicht wird.[450] Zur Betonung der *Staatsferne* räumten die Verfasser des DFF-Statutes dem Fernsehrat auch die Kompetenz der Be- und Abberufung des Intendanten ein.[451]

Die in den Statuten festgehaltenen Mitbestimmungsrechte der Räte, deren Ausschüsse und insbesondere der Rundfunkmitarbeiter gehen über bundesdeutsches Recht weit hinaus.[452] Diese Konzepte, so Frank, seien auf Mitwirkung an der Programmgestaltung ausgerichtet und überträfen die bloße Kontrolle der Einhaltung von Programmvorschriften.[453] In diesem Partizipationsmodell sollte die im Volkskammerbeschluß festgehaltene „demokratische Mitbestimmung der journalistischen und künstlerischen Mitarbeiter" verwirklicht werden, also die basisdemokratische Idee. In dieser Passage drücke sich deshalb in besonderer Weise „das neue demokratische Denken" in den Medien aus, so Spielhagen.[454]

Insgesamt seien die Statuten durch Zusammensetzung der Rätevertreter und Mitbestimmungsrechte „eine gelungene Verwirklichung binnenpluralistischer Rundfunkorganisation", schreibt Wilhelmi, was Anlaß biete, die Rundfunkwirklichkeit in Westdeutschland zu überdenken.[455] Zumindest sei mit ihnen „eine wichtige Hürde beim Übergang zum öffentlich-rechtlichen Charakter genommen", bemerkt Schulzendorf.[456]

Bezüglich der Programmaufträge ist festzustellen, daß diese sich kaum vom *klassischen Rundfunkauftrag* unterscheiden, hier insbesondere in den Verpflichtungen zur *Ausgewogenheit* und, zum *öffentlichen Meinungsbildungsprozeß* beizutragen. Auffällig ist jedoch die im Gegensatz zu westdeutschen Bestimmungen übermäßige Betonung des *Kulturauftrages* in beiden Statuten.[457] An dieser Stelle muß aber hervorgehoben werden, daß keine organisatorischen Instrumente in den Sta-

450   Odermann, a.a.O., S. 380.

451   An dieser Stelle sei jedoch zu vermerken, daß diese Kompetenz eigentlich im Widerspruch zum geltenden Recht des Volkskammerbeschlusses stand, nach dem die oberste Instanz, der Generalintendant, durch den Ministerpräsidenten zu berufen war. Durch die politische Entscheidung, nur noch einen *kommissarischen Intendanten* einzusetzen, war die oberste Instanz des DFF kein Generalintendant, sondern dieser *Intendant*, was im Prinzip lediglich eine Begriffsänderung war. In der nicht gebilligten ersten Fassung des Statutes heißt es zu den Aufgaben des Fernsehrates auch noch: „Wahl und Abberufung des *Generalintendanten* [meine Hervorhebung]", zit. aus: Statut der Fernsehanstalt Deutscher Fernsehfunk (nicht gebilligte Fassung), a.a.O.

452   Vgl. Wilhelmi, a.a.O., S. 52f.; vgl. Kutsch: Zwischen Wende und heute, a.a.O., S. 174; vgl. Frank, a.a.O., S. 105.

453   Vgl. Frank, a.a.O., S. 105.

454   Brinkmann, a.a.O., S. 24.

455   Wilhelmi, a.a.O., S. 58; so auch Frank, a.a.O., S. 101.

456   Gerhild Schulzendorf: Der Deutsche Fernsehfunk zwischen Chaos und öffentlich-rechtlicher Anstalt, in: Mahle: Medien in Deutschland, a.a.O., S. 85-87, S. 85.

457   So auch Kutsch: Zwischen Wende und heute, a.a.O., S. 174; so auch Frank, a.a.O., S. 108.

tuten vorgesehen sind, die über deren Einhaltung wachen, weder beim Hörfunk noch beim Fernsehen.

In erster Linie die Deklarationen, die Einrichtungen des Hörfunks und des Fernsehens seien föderale Anstalten, offenbaren die rechtliche Qualität dieser Statuten als reine „Willensäußerungen".[458] Denn zu den Zeitpunkten der Inkrafttreten waren die angestrebten föderalen Strukturen bei weitem noch nicht verwirklicht, sondern sollten erst danach umgesetzt werden.

4.3.2 Dezentralisierung und Modifikation der Leitungsstrukturen

Die Dezentralisierungsvorhaben bei Hörfunk und Fernsehen waren im Frühjahr 1990 mit unterschiedlichen Voraussetzungen konfrontiert: Während der Hörfunk die Regionalsender in den 14 Bezirken zur Grundlage nehmen konnte, die seit jeher eigene Regionalfensterprogramme über die Frequenz von „DDR 2" ausstrahlten, war der DFF mit der Situation konfrontiert, daß die drei Außenstudios in Rostock, Halle und Dresden nicht über das technische und personelle Potential verfügten, um eigenständige Programme produzieren zu können.[459]

Um diese unterschiedliche Ausgangslage auszugleichen, hätte es beim DFF jedoch eines ungleich größeren finanziellen Aufwandes bedurft: Der Aufbau von Fernsehstudios ist wie der spätere Betrieb schon allein durch den höheren technischen Aufwand wesentlich teurer als beim Hörfunk. Insofern besaß der Hörfunk von Anfang an die günstigere Startposition auf dem Weg zur Föderalisierung. Begleitet wurden die Regionalisierungsbemühungen auch durch Modifikation in den Leitungsstrukturen.

4.3.2.1 Regionalisierende Strukturveränderungen beim Hörfunk

Schon sehr früh, nämlich vor dem Inkrafttreten des Volkskammerbeschlusses vom 5. Februar, legte die zentrale Programmkommission des Hörfunks unter der Leitung Kleins einen Entwurf für eine Programmreform vor. Bezugnehmend auf die „Erneuerung und [die] demokratische Umgestaltung der Gesellschaft" heißt es darin, die Reform berücksichtige nun die „Hörgewohnheiten, die bezüglich der DDR-Sender in den letzten Jahren durch zunehmende Hinwendung zu Regionalprogrammen geprägt waren". Das schließe die Notwendigkeit ein, „über das spezifische Profil zentraler Programme nachzudenken".[460]

---

458 Kutsch: Zwischen Wende und heute, a.a.O., S. 174; so auch Frank, a.a.O., S. 102.

459 Vgl. Glaab, a.a.O., S. 465.

460 Zentrale Programmkommission des Rundfunks der DDR: Entwurf für eine Programmreform im Jahre 1990, vom 30. Januar 1990, a.a.O.

Nach diesem Entwurf sei der Hörfunk also durch die Interessen der Hörer zur „Weiterentwicklung der Regionalprogramme - teilweise bis zu Vollprogrammen" verpflichtet.[461] Als Gründe kamen jedoch auch folgende Aspekte in Betracht: Anknüpfung an die Landessendertradition vor 1952, Konkurrenzdruck durch Sender aus der Bundesrepublik und Westberlin sowie eine Angleichung an das westdeutsche Rundfunksystem hinsichtlich der sich bereits abzeichnenden staatlichen Vereinigung.[462] In Anbetracht dieser Aspekte und der Möglichkeit, rationeller produzieren zu können, schlug die Leitung der Sender „DDR 1 und 2" schon am 7. März vor, den Hörfunk mit dem DFF zusammenzuführen Das allerdings stieß beim DFF auf keine Resonanz.[463]

Am 27. April kündigten die Arbeitsgruppe „Regionalisierung" und die Generalintendanz den Aufbau von fünf Landesdirektionen an, die stufenweise mit Landesprogrammen Teile der zentralen Hörfunkprogramme ersetzen sollten. Das erste Problem resultierte allerdings bereits aus dem knappen Frequenzangebot: Um freie Frequenzen für die ersten Landesprogramme in Mecklenburg-Vorpommern, Brandenburg, Sachsen-Anhalt, Sachsen und Thüringen zu erhalten, mußte folglich bereits vorab ein überregionaler Sender eingestellt werden. Deshalb entschied sich die Generalintendanz für eine Fusion des kulturgeprägten Kanals „DDR 2" mit dem „Deutschlandsender" (vorher „Stimme der DDR") zum neuen Kulturprogramm „Kultur D" (später „DS-Kultur").[464] In dieser Entscheidung kam auch die kulturelle Verpflichtung des Hörfunks zum Ausdruck. Es lag auch bereits eine Vereinbarung zwischen Klein und dem Intendanten des DLF in Köln, Edmund Gruber, vor, nach der das Kulturprogramm später gemeinsam produziert werden sollte. Diese Planung scheiterte später jedoch in den Aufsichtsgremien des DLF.[465] Gleichzeitig kündigten aber auch Mitarbeiter des Hörfunks ihre Mißbilligung zu

---

461   Ebd.

462   Ebd.; vgl. Glaab, a.a.O., S. 464.

463   Vgl. Vorschlag von RADIO DDR zur Bildung einer „Deutschen Rundfunk- und Fernsehgemeinschaft" - DRF - vom 7.3.1990, in: Funkhaus Berlin, a.a.O., S. 372.

464   Vgl. Festlegungsprotokoll der Arbeitsgruppe Regionalisierung und der Generalintendanz zu den Beratungen mit den Leitungen und technischen Direktoren der Funkhäuser und Studios für die Bildung von Landesrundfunkanstalten vom 27.4.1990, in: Funkhaus Berlin, a.a.O., S. 429-434; vgl. Stellungnahme der Generalintendanz zur Diskussion über den Auftrag des Rundfunks und seine künftigen Strukturen vom 27.4.1990, in: Funkhaus Berlin, a.a.O., S. 434f.

465   Vgl. Entwurf „Vereinbarung über die Veranstaltung eines gemeinsamen Hörfunkprogramms" zwischen dem Rundfunk der DDR und dem Deutschlandfunk Köln vom 25.4.1990, in: Funkhaus Berlin, a.a.O., S. 424-427; vgl. Wolf Bierbach: Nachdenken über Deutschland - Ein Jahr „Deutschlandsender Kultur" - Fakten und Dokumente, in: in: Studienkreis Rundfunk und Geschichte, 17. Jg., 2-3/1991, S. 91-107, S. 92.

diesen Reformprozessen an, weil damit eine personelle Rationalisierung verbunden war.[466]

„Antenne Brandenburg" startete am 6. Mai als erster Landessender der DDR mit einem 16-Stundenprogramm, die anderen folgten am 19. Juni und am 1. Juli. Standorte der Landesdirektionen wurden je ein Bezirkssender in den neu zu bildenden Ländern: Rostock in Mecklenburg-Vorpommern, Potsdam in Brandenburg, Halle in Sachsen-Anhalt, Leipzig in Sachsen und Weimar in Thüringen. Gleichzeitig wurden die verbleibenden vier zentralen Programme inhaltlich verändert und umbenannt, die Programmformate entsprechend den vorherrschenden Musikinteressengruppen und den dazu korrespondierenden Wortprofilen definiert.[467]

Die Wahl des Begriffes „Landesdirektion" sollte auch in diesem Fall den Übergangscharakter bis zur Konsolidierung der Länder unterstreichen. Es sollten „günstige Rahmenbedingungen für die föderative Entwicklung" geschaffen werden, argumentierte Klein. Geplant wurde auch, durch Abbau weiterer zentraler Programme wie „Berliner Rundfunk" und „DDR 1" die Ausstrahlung mehrerer Landeshörfunkprogramme zu ermöglichen. Klein führte als Begründung erstmalig die Notwendigkeit an, der „Grundversorgung der Bevölkerung" Rechnung zu tragen[468] - zweifellos war das die Aufgabe des bundesdeutschen Rundfunks, die in der DDR nicht definitiv existierte.

Dieser entscheidende Schritt „in Richtung öffentlich-rechtlicher Rundfunk" bedeutete zugleich, „daß das bisherige zentralistische Öffentlichkeitsmonopol außer Kraft gesetzt und die Herausbildung föderaler Strukturen vorangetrieben" wurden, schreibt Streul.[469] So ist hier auch festzuhalten, daß die Regionalisierung zunächst nahezu im Einklang mit der Rundfunkpolitik des Medienministeriums bzw. des Bundesinnenministeriums stand[470] und auch entscheidende Impulse für das Rundfunküberleitungsgesetz gegeben haben dürfte.[471]

---

466 Noch im Jahr 1990 sollten bis zu 1.400 Angestellte des Hörfunks ihren Arbeitsplatz verlieren, für das zweite Halbjahr fehlten über 31 Millionen DM gegenüber dem angemeldeten Bedarf von rund 114,6 Millionen DM; vgl. Vertreter der Leitung und Mitarbeiterschaft von Radio DDR: Memorandum für eine alternative Rundfunkkonzeption, vom 17.4.1990, in: Kirche und Rundfunk, Nr. 36, 9.5.1990, S. 17-19; vgl. Streul: Medien - Bildung, a.a.O., S. 1182; vgl. Epd: 900 redaktionellen Hörfunkmitarbeitern droht Entlassung, in: Kirche und Rundfunk, Nr. 50, 27.6.1990, S. 14f.

467 Charakterisieren ließen sich die Programme anschließend wie folgt: „Radio aktuell" (vorher „DDR 1") - Information/Service, Berliner Rundfunk - Unterhaltung/Familie, DT64 - Jugend, DS-Kultur - Kultur; vgl. Dohlus, a.a.O., S. 13.

468 Vgl. Beschluß über die Bildung von Landesdirektionen des Rundfunks der DDR vom 18.6.1990, in: Funkhaus Berlin, a.a.O., S. 480f..

469 Streul: Medien - Bildung, a.a.O., S. 1182.

470 Das betraf sowohl die Regionalisierung als auch den Vorschlag der bimedialen Zusammenführung der Einrichtungen.

471 So beispielsweise durch die Errichtung von Landesdirektionen als Übergangslösungen.

Trotzdem, so die Kritik von Kutsch, habe die Zentralverwaltung des Mediums fortbestanden, weil die neuen Landesdirektionen auch weiterhin Bestandteil des „Rundfunks der DDR" waren.[472] Doch entgegen dieser Kritik steht die Tatsache, daß die zentrale Struktur von der Hörfunkleitung nach einer Übergangsphase nicht aufrechterhalten werden sollte: Noch vor seinem endgültigen Rücktritt am 21. Juli übergab Klein den Landesdirektoren weitreichende Vollmachten, was Investitionen, Haushaltsplan und Personalpolitik betraf. Doch sein bisheriger Stellvertreter, der neue „geschäftsführende Intendant" des Hörfunks, Christoph Singelnstein[473], mußte diese am 19. September auf Anweisung des Medienministeriums wieder entziehen: Die Vollmachten - und damit die große Eigenständigkeit der Landesdirektionen - standen im Gegensatz zu der im Einigungsvertrag stehenden Bestimmung, daß alle Rundfunkelemente *eine* juristische Einheit seien.[474] Einen weiteren Struktureingriff nahm ebenfalls der Einigungsvertrag vor: Der Auslandsrundfunk RBI habe nach Art. 13 „Aufgaben erfüllt ..., welche nach dem Grundgesetz in die Kompetenz des Bundes fallen." Die rundfunkpublizistische Außendarstellung der Bundesrepublik waren jedoch allein Aufgabe der DW und des DLF, womit der RBI zum 3. Oktober aufzulösen war.[475]

4.3.2.2 Regionalisierende Strukturveränderungen beim DFF

Während einer Belegschaftsversammlung im April machten die Mitarbeiter des DFF auf einem Transparent quer über den Kultursaal in Berlin-Adlershof ihren Wunsch deutlich: „DFF - unabhängige 3. öffentlich-rechtliche Fernsehanstalt in Deutschland".[476] Sie stellten sich damit auf die Seite Bentziens hinsichtlich seiner Pläne für die Einrichtung im vereinten Deutschland. Denn der war der Meinung, die Journalisten des DFF könnten besser aus Ostdeutschland berichten als die von ARD und ZDF: „Denn wir kommen von hier, wir kennen das Land, wir kennen die Leute." Diese Pläne sahen vor, die alten zentralistischen Strukturen des Fernsehens zu bewahren: „Warum sollten sie sich ändern?". Zwar räumte Bentzien ein, daß die existierenden, aber nicht gut entwickelten Länderstudios ausgebaut werden sollten und in Thüringen ein neues errichtet werden sollte, doch von einer wirklichen Regionalisierung sprach er nicht: „Regionalisierung ist etwas zu stark.

472 Vgl. Kutsch: Zwischen Wende und heute, a.a.O., S. 176.

473 Geboren 1955, bis 1990 Dramaturg der Hörfunkabteilung Funkdramatik, für die SPD im Medienkontrollrat.

474 Vgl. Schreiben des geschäftsführenden Intendanten des DDR-Rundfunks, Christoph Singelnstein, an die Landesrundfunkdirektoren vom 19.9.1990, in: Funkhaus Berlin, a.a.O., S. 570; vgl. Dohlus, a.a.O., S. 14.

475 Denkschrift zum Einigungsvertrag zwischen der BRD und der DDR zu Artikel 36 (Auszug), in: Funkhaus Berlin, a.a.O., S. 580f..

476 Hannes Bahrmann: Mit Brüchen - Wie weiter im DDR-Rundfunk?, in: Kirche und Rundfunk, Nr. 40, 23.5.1990, S. 3-6, S. 3.

Aber: stärkere Beachtung regionaler Interessen ..." [477] Kutsch wirft Bentzien vor, er habe in „hohem Maße ... den politischen Zentralismus der 40-jährigen DDR-Geschichte verinnerlicht" und der Übertragung des DFF in die Zuständigkeit der Länder deshalb skeptisch gegenübergestanden.[478]

Sowohl die Pläne für den Ausbau der Länderstudios - Vollprogramme waren nicht vorgesehen, schon gar nicht eine Unabhängigkeit dieser Studios als Landesrundfunkanstalten - als auch das Vorhaben, die beiden Hauptprogramme optisch attraktiver zu gestalten, standen im Widerspruch zu den finanziellen Mitteln des DFF. Trotz der Verpflichtung des Staates, die Finanzierung zu garantieren, reichten die eingezogenen Rundfunkgebühren bei weitem nicht aus. So genehmigte der Medienkontrollrat am 5. März die Werbekonzeption des DFF, nach der pro Tag in maximal 45 Minuten sechs bis zehn Werbeblöcke ausgestrahlt werden durften, auch sonntags und nach 20 Uhr.[479]

Bentzien entschied sich schließlich am 23. März, einen Marketing-Vertrag mit der Pariser Firma „Information et Publicité" (IP) abzuschließen, die den Verkauf der gesamten Werbezeit übernehmen sollte. Der Vertrag versprach Einnahmen in Höhe von rund 180 Millionen DM bis Ende 1991.[480] Der Vertragsabschluß zog ein lebhaftes Presseecho mit sich, besonders die Tatsache, daß das französische Unternehmen ebenfalls die Exklusivwerberechte für RTL-Plus besaß, hatte Diskussionen ausgelöst: Nach Ansicht des ARD-Vorsitzenden Kelm sei der DFF dadurch „zum Tummelplatz des Kommerziellen" geworden. Dieser hatte auch ein Angebot unterbreitet, das jedoch nur Einnahmen von maximal 130 Millionen DM garantiert hätte.[481] Am 17. April strahlte der DFF den ersten Werbespot aus.

Mit der Abberufung Bentziens als Generalintendanten schwanden auch die Hoffnungen der DFF-Mitarbeiter, ihre Einrichtung könne später als dritte öffentlich-rechtliche Anstalt in seiner bestehenden Struktur neben ARD und ZDF weiterbestehen.[482] Die veröffentlichten Neuorganisationsvorschläge von bundesdeutschen

---

477 Bentzien, zit. in: Uwe Kammann / Wilfried Kochner: „Wer die Zuschauer hat, der wird gebraucht" - Ein epd-Interview mit DFF-Generalintendant Hans Bentzien, in: Kirche und Rundfunk, Nr. 27, 7.4.1990, S. 3-9, S. 5.

478 Kutsch: Zwischen Wende und heute, a.a.O., S. 177.

479 Vgl. Epd: DDR-Fernsehen hat Werbekonzept verabschiedet, in: Kirche und Rundfunk, Nr. 19, 10.3.1990, S. 18; vgl. Wolfgang Kleinwächter: Rundfunkwerbung in der DDR, in: Media Perspektiven, 4/1990, S. 213-218, S. 214; das Werbekonzept des Hörfunks vom 21. März erlaubte keine Werbung nach 20 Uhr, vgl. ebd., S. 217.

480 Vgl. Hans-Joachim Reeb: Entwicklung und Grundzüge einer neuen Medienordnung in der DDR, in: Deutschland Archiv, 9/1990, S. 1411-1422, S. 1420; im Gegensatz dazu setzte die Hörfunkleitung bei seiner Werbung seit 22. Februar auf die Kooperation mit der öffentlich-rechtlichen Anstalt SFB; vgl. Spielhagen: Rundfunk im Transit, a.a.O., S. 44f.; vgl. Kammann: Das DDR-Fernsehen, a.a.O., S. 179.

481 Kleinwächter: Rundfunkwerbung, a.a.O., S. 218.

482 Vgl. Nölte, a.a.O., S. 94.

Medienverantwortlichen und Parteien machten deutlich, daß der DFF nur mit einem föderativen Aufbau eine Berücksichtigung bei der Diskussion über das Mediensystem im geeinten Deutschland haben würde.[483]

Erst sehr viel später als beim Hörfunk wurden die Regionalisierungspläne unter der Leitung Albrechts allmählich in die Tat umgesetzt: Am 1. Juli beschloß er, die Studios in Rostock, Halle und Dresden in Landessender umzubilden sowie Studios in Gera und Potsdam neu zu gründen.[484] Sie sollten ab 13. August im Rahmen des Gesamtprogrammes täglich halbstündige, bis Jahresende sogar zweistündige eigene Programme für ihre Region ausstrahlen und sich selbst verwalten. Pro Studio war ein Etat von 1,5 Millionen DM im Jahr veranschlagt.[485] Die Weisungsbefugnis behielt sich die Zentrale in Adlershof jedoch vor: Der bisherige Intendant des zweiten Programmes, Bernd Büchel, wurde aus diesem Grund zum „Länderbeauftragten" ernannt. Auch die Regie für die Landesprogramme erfolgte weiterhin zentral in Adlershof - das war nötig durch den Vertrag mit IP, wonach die Werbung zentral auszustrahlen war.[486]

Auch wenn Bergsdorf resümiert, das „zentrale DFF-Programm [habe] dem stark entwickelten Regionalbewußtsein in der früheren DDR Rechnung" getragen,[487] so konnten die „zaghaften Regionalisierungsversuche"[488] nicht darüber hinwegtäuschen, daß es ein wirkliches Bestreben im DFF zur eigenständigen Dezentralisierung und Föderalisierung nicht gab - nicht geben konnte: Die finanzielle Not wirkte sich beim Fernsehen trotz Werbevertrag stärker aus als beim Hörfunk. Deshalb schlug Albrecht der ARD Anfang September bereits vor, die Hälfte der DFF-Frequenzen zu übernehmen.[489] Der Staatszuschuß war im Zuge der Währungsunion um etwa 150 Millionen DM gekürzt worden.[490] Der Aufbau von Lan-

483 Vgl. Hickethier: Das Zerschlagen, a.a.O., S. 78-80; vgl. Kutsch: Zwischen Wende und heute, a.a.O., S. 178.

484 Fraglich bleibt, warum sich die Leitung für den thüringischen Standort Gera entschieden hat, statt mit dem Hörfunk zu kooperieren, der für seine Landesdirektion die Stadt Weimar gewählt hatte; vgl. Wolfgang Bergsdorf: Medienpolitische Perspektiven im vereinten Deutschland, in: Communications, 16/1991-1, S. 5-14, S. 8.

485 Vgl. Nölte, a.a.O., S. 101.

486 Vgl. Dohlus, a.a.O., S. 14.

487 Bergsdorf: Medienpolitische Perspektiven, a.a.O., S. 8.

488 Kutsch: Zwischen Wende und heute, a.a.O., S. 178.

489 Vgl. Epd: „Am liebsten schon im September" zur ARD ... - Intendant Michael Albrecht: Der Deutsche Fernsehfunk (DFF) in Ost-Berlin ist jetzt am Ende, in: Frankfurter Rundschau, 30.8.1990, o.S., in: DFF/HA: Chronologische Dokumentation, a.a.O., S. 56.

490 Über die Summe liegen verschiedene Angaben vor, so bsw. 165 Millionen bei Dohlus und 136 Millionen DM bei Hickethier. Tatsache ist, daß der Jahresetat des DFF auf etwa 650 Millionen veranschlagt war, der 1990 nicht gedeckt werden konnte. Allerdings haben meine Recherchen ergeben, daß es zumindest unter Bentzien nie einen veröffentlichten Haushaltsplan gegeben hat, so daß sich alle Angaben über die Finanzen stets auf mündliche Aussagen gestützt haben; vgl.Dohlus, a.a.O., S. 14; vgl. Hickethier: Das Zerschlagen,

desdirektionen wie beim Hörfunk war von vornherein aus Mangel an finanziellen Mitteln nicht realisierbar. Statt dessen war auch Albrecht gezwungen, Entlassungen auszuschreiben: Um rund 2.700 redaktionelle und um rund 900 technische Mitarbeiter sollte der Personalbestand des DFF reduziert werden.[491]

4.3.2.3 Leitungsstrukturveränderungen in Hörfunk und DFF

Unter Singelnstein wurden im Hörfunk zum zweiten Mal nach der Wende im Herbst 1989 personelle Umbesetzungen vorgenommen. Im Gegensatz zu den ersten Personalwechseln ist jedoch festzuhalten, daß er seine Personalpolitik bezüglich der Leitungsfunktionen überregionaler Sender im September nahezu eigenständig betrieb, wobei er Personen seines Vertrauens einsetzte.[492] Singelnstein selbst begründet diese Entscheidung wie folgt:

Ein gewählter Chef ist erpreßbar. Er wird zum Spielball von Interessen ...; alle Unternehmensentscheidungen aber so lange zu debattieren, bis alle auf einem Level sind, ist nicht nur zeitraubend ..., sondern führt immer nach der Suche des kleinsten gemeinsamen Nenners. Es lähmt die Entwicklung.[493]

Als Landesdirektoren und Leiter von „DS-Kultur" wurde mit Ausnahme Thüringens aber eine jüngere, politisch weniger belastete Redakteursgeneration eingesetzt.[494]

Auch im DFF setzte Albrecht bei den Umbesetzungen der Leitungsfunktionen auf jüngeres Personal, im Durchschnitt etwa 30 Jahre alt. Doch im Gegensatz zum Hörfunk sollten rund 100 leitende Positionen öffentlich ausgeschrieben werden.[495] Darüber hinaus ging dem Personalwechsel eine Fragebogenaktion unter

---

a.a.O., S. 81; vgl. Erika Butzek: Dreieck im Kreis - Zur Rundfunk(TV-)Lage in Groß-Berlin, in: Kirche und Rundfunk, Nr. 67, 25.8.1990, S. 7-11, S. 10.

491 Dohlus, a.a.O., S. 14.

492 Michael Schiweack wurde Chefredakteur von „DT64", Jürgen Itzfeld (Parteivorstand der SPD) Direktor des „Berliner Rundfunks", Alfred Eichhorn (seit 1979 Redaktionsleiter „Aktuelle Politik" bei „Radio DDR") Chefredakteur von „Radio aktuell", Knut Henßler (vorher Stellvertreter) zum Leiter der Hauptabteilung Außenpolitik, Siegrid Schleede (vorher Abteilungsleiterin) zur Chefin der Funkdramatik etc.; vgl. Dohlus, a.a.O., S. 14.

493 Singelnstein: Demokratie von unten, a.a.O., S. 279.

494 Vgl. Dohlus, a.a.O., S. 13; vgl. Streul: Medien - Bildung, a.a.O., S. 1182.

495 Trotz öffentlicher Ausschreibung übernahmen auch im DFF ehemalige und anderenorts beschäftigte Inhaber leitender Positionen neue Ämter: Alfred Roesler-Klein (ehemals Chefredakteur des ersten Programmes) wurde Chefredakteur für Politik und Zeitgeschehen, Wolfgang Vietze Verantwortlicher für „Sendeplanung und Leitung", Holm-Henning Freier (vorher Personalratsprecher) Chefredakteur für den musischen Programmteil, Manfred Pohl (vorher stellvertretender Chefredakteur) kommissarischer Chefredakteur der AK, Thomas Steinke Chef der Fernsehdramatik, und Georg Langerbeck (Hauptabteilungsleiter

den Mitarbeitern voraus, mit der herausgefunden werden sollte, „wer sich unter dem SED-Regime in Zensur geübt, wer seine Parteimitgliedschaft ausgenutzt ..., und wer weiterhin Reformbestrebungen verhindert" habe. Erste Entlassungen wurden aufgrund dieser Befragung eingeleitet.[496]

Auch wenn zur Kenntnis genommen werden muß, daß es Bemühungen gab, das von der SED eingesetzte Führungspersonal durch politisch weniger belastete Personen zu ersetzen, so trugen die Resultate dennoch den Charakter einer oberflächlichen und scheinbaren Selbstreinigung. Singelnsteins Stellvertreter, Maltusch, erklärte im Juni, daß in den mittleren und oberen Etagen des Hörfunks im großen und ganzen noch immer dieselben Leute säßen wie vor der Wende, „der alte Oberbau im zentralen Rundfunk" sei nur zu beseitigen, „indem man diesen Rundfunk beseitige [!]".[497]

Wegen der nahezu „unreformierbar[en]"[498], in 40 Jahren gewachsenen hierarchischen Strukturen vollzog sich offensichtlich auch die Demokratisierung, wie sie in den Statuten durch die Mitbestimmungsrechte der Räte festgeschrieben war, nur punktuell.[499]

von „Elf 99") wurde in seinem Amt bestätigt; vgl. Epd: Erneuter Umbau der DFF-Leitung, in: Kirche und Rundfunk, Nr. 57, 21.7.1990, S. 9f.

496 Ebd.

497 Maltusch, zit. in: Hesse, a.a.O., S. 341.

498 Wolfgang Mühl-Benninghaus: Ab morgen heißen wir „Aktuell" - Ein Nachwort zum Ende der DDR-Nachrichtensendung „Aktuelle Kamera", in: Funk-Korrespondenz, Jg. 38, 51-52/1990, S. 1-3, S. 1.

499 Vgl. Hickethier: Das Zerschlagen, a.a.O., S. 73f.; vgl. Singelnstein: Eine Chance, a.a.O., S. 53.

5 Die Einrichtung nach der Vereinigung im Oktober 1990

Die Zukunft der *Einrichtung*, wie der ehemalige Rundfunk der DDR nach der Vereinigung auch genannt wurde, lag seit Inkrafttreten des Einigungsvertrages nicht mehr in den Händen der Volkskammerparteien, der Bundesregierung oder gar des Medienkontrollrates - der hatte sich nach der letzten Sitzung am 19. September 1990 selbst aufgelöst - sondern laut Art. 36 in den Händen der fünf neuen Bundesländer sowie Berlins. Der Vertrag hatte jedoch zunächst offengelassen, auf welche Weise es mit dem Rundfunkbeauftragten als neuem Leiter der Einrichtung zu einer ordnungspolitischen Koordination zwischen den Ländern kommen sollte - auch *ob* es überhaupt dazu kommen sollte, denn eine Verpflichtung zum Abschluß eines Staatsvertrages über die Einrichtung enthielt er nicht.

5.1 Die Wahl des Rundfunkbeauftragten

Da die Ernennung des Rundfunkbeauftragten durch die Volkskammer vor dem 3. Oktober nicht mehr stattfand, mußte dieser laut Art. 36 (3) nach der staatlichen Vereinigung von den Landessprechern der neuen Bundesländer und dem Oberbürgermeister von Berlin gewählt werden.[500] Das Votum fiel schließlich am 15. Oktober unter der Leitung Günther Krauses (CDU), inzwischen Bundesminister ohne besonderen Aufgabenbereich, in der Außenstelle des Bundeskanzleramtes in Berlin mit vier Stimmen auf Rudolf Mühlfenzl[501] statt auf den Gegenkandidaten Manfred Becker (SPD). Tino Schwierzina (SPD), Berlins Oberbürgermeister, enthielt sich der Stimme, Friedrich Bode (SPD) votierte gegen Mühlfenzl.

Aber gerade die Art und Weise, wie Mühlfenzl in sein Amt gewählt wurde, löste vielfältige Empörung aus. Schwierzina meldete bereits während der Wahlsitzung Bedenken gegen den Ablauf an: Als einziger ordnungsgemäßer Mandatsträger war Schwierzina selbst erschienen, alle anderen wurden von Personen vertreten[502],

---

500   Die am 14. Oktober gewählten Landesparlamente hatten sich noch nicht konstituiert, wodurch auch weiterhin die zuvor eingesetzten Staatskommissare für diese Wahl zuständig waren, die die Interessen der neu gebildeten Länder vertraten, bis die Regierungen im Amt waren.

501   Mühlfenzl (CSU), Jahrgang 1919, 1948 als Redakteur zu Radio München, 1969 Fernseh-Chefredakteur des BR, 1983 Direktor der Münchner Pilotgesellschaft für Kabelkommunikation und bis 1989 Präsident der Bayerischen Landeszentrale für neue Medien.

502   Darunter Friedrich Bode (SPD, zu der Zeit in der Bezirksverwaltungsbehörde Potsdam) für Brandenburg, Karl-Heinz Kahlert für Mecklenburg-Vorpommern, Helmut Schmitt

über deren Kompetenz noch Wochen danach Unklarheit herrschte. Nicht einmal Mühlfenzl persönlich war zur Wahl anwesend. Wegen dieses Umstandes, aber auch weil Schwierzinas Bedenken trotz ausdrücklicher Aufforderung nicht in das Protokoll aufgenommen worden waren, wollten dieser und Christian Hoßbach, der Berliner Magistratssprecher, Klage einreichen.[503] Die Wahl wurde jedoch durch folgende Festlegung im Protokoll, nämlich durch eine spätere Bestätigung, legitimiert:

Mit dem Bestätigen eines durch Herrn Mühlfenzl vorzulegenden Programms würde bei einer entsprechenden Mehrheit im Beirat die heute getroffene Wahl zusätzlich bestätigt werden.[504]

Vornehmlich auch wegen der Tatsache, daß gerade der Bundesminister Krause und nicht ein Ländervertreter Mühlfenzl als neuen Rundfunkbeauftragten vorgeschlagen hat - ob dieser Vorschlag, wie vermutet wird, auf eine Weisung des Bundeskanzleramtes zurückzuführen ist, bleibt unklar[505] - wird kritisiert, daß diese Wahl nicht dem Postulat der Staatsunabhängigkeit entsprach und auch durch die Situation der Übergangzeit nicht gerechtfertigt war.[506] Kammann verurteilt die Wahl als eine verabredete „Vorentscheidung im Machtkalkül der Bundesregierung, der sich die gleichgepolten Länder klaglos unterworfen" hätten.[507] Hickethier kommt zu dem Fazit, diese Wahl sei ein symbolischer Vorgang gewesen, „der die Übernahme der Ex-DDR durch die Bundesrepublik auf dem Mediensektor" geradezu verkörpere.[508]

(ohne offizielles Mandat Vorsitzender der Initiative Sächsisches Landesmediengesetz) für Sachsen, Klaus Keitel für Sachsen-Anhalt und Peter Lindlau (beide ebenfalls in Bezirksverwaltungsbehörden) für Thüringen.

503 Vgl. Frank Grünert: Medienpolitischer Überblick - Herbst/Winter 90/91, in: Medium, 1/1991, S. 77-78, S. 78; vgl. Epd: Rundfunkbeauftragten-Wahl wird voraussichtlich angefochten, in: Kirche und Rundfunk, Nr. 84, 24.10.1990, S. 8f.; vgl. Tonnemacher, a.a.O., S. 98.

504 Reinhart Bünger: „Guten Abend, ich bin der Sachse Schmitt, ich mache die Wahl mit" - Wie Rudolf Mühlfenzl zum Rundfunkbeauftragten bestellt worden ist / Protokoll der Wahlmänner-Sitzung im Wortlaut, in: Frankfurter Rundschau, 22.10.1990, o.S., in: DFF/HA: Chronologische Dokumentation, a.a.O., S. 89.

505 So z.B. Hickethier: Das Zerschlagen, a.a.O., S. 82; so auch Grünert, a.a.O., S. 78; so auch Uwe Kammann: Aufgeblüht - Zum Streit um Mühlfenzl und um einen Länderkompromiß, in: Kirche und Rundfunk, Nr. 85, 27.10.1990, S. 3f., S. 3.

506 Vgl. Brinkmann, a.a.O., S. 57.

507 Uwe Kammann: Aufgeblüht, a.a.O., S. 3.

508 Hickethier: Das Zerschlagen, a.a.O., S. 82.

5.2 Die Wahl des Rundfunkbeirates

Die Konstituierung des Rundfunkbeirates ließ aufgrund der Überlastung der Landesparlamente noch einige Zeit auf sich warten:[509] Erst am 9. Januar 1991 trat das Gremium zum ersten Mal zusammen. Laut Einigungsvertrag (Art. 36, 2) sollten ihm „18 Persönlichkeiten des öffentlichen Lebens als Vertreter gesellschaftlich relevanter Gruppen" angehören.[510] Doch offenbar war für die Entsendung in diesen Rat die Zugehörigkeit zu einer etablierten Partei mehr ausschlaggebend als die nur relativ definierbare Bestimmung als *Persönlichkeit*. Infolgedessen gehörten die meisten Mitglieder der CDU, SPD und FDP an, während die Bürgerbewegungen, Grüne und PDS keine Sitze erhielten. Darunter waren der ehemalige Medienminister Müller für Thüringen, sein ehemaliger Staatssekretär Becker für Mecklenburg-Vorpommern und der Publizist und frühere ständige Vertreter der Bundesrepublik in der DDR, Günter Gaus, für Brandenburg.[511]

Auch bei der Wahl des Beirates war zweifelhaft, ob die gebotene *Staatsferne* eingelöst wurde, denn die Zusammensetzung oblag ausschließlich den Parlamenten der Beitrittsländer und somit auch die Auswahl der *gesellschaftlich relevanten Gruppen*.[512]

5.3 Die Einrichtung unter der Leitung des Rundfunkbeauftragten

Rudolf Mühlfenzl, der selbst von sich behauptete, „mit allen Medienwassern gewaschen" zu sein,[513] trat sein Amt am 8. November mit dem Auftrag an, die neuen Bundesländer mit Rundfunk nach den allgemeinen Grundsätzen öffentlich-rechtlicher Anstalten zu versorgen, die Einrichtung - bestehend aus dem DFF und dem Hörfunk, der sich seit 2. Oktober „Funkhaus Berlin" nannte - bis spätestens 31. Dezember 1991 weiterzuführen und sie dann entweder in öffentlich-rechtliche Anstalten zu überführen oder aufzulösen. Die 14 Monate seiner Amtszeit waren

---

509 Siehe Anm. 553.

510 Siehe Anm. 422.

511 Weitere Mitglieder waren: Alfred Limberg (CDU) und Lutz Borgmann für Brandenburg, Gerhard Schmidt und Horst Greim für Thüringen, Joachim Steinmann (CDU) und Detlef Thomanek (FDP) für Mecklenburg-Vorpommern, Eberhard Prause, Uwe Grüning (CDU) und Benedikt Dyrlech für Sachsen, Carsten Crolle (CDU), Lothar Biener (SPD) und Hans Herbert Haase (FDP) für Sachsen-Anhalt sowie Hinrich Peters (SPD), Gisela Helmig (CDU) und Wilfried Hampel (FDP) für Ostberlin; vgl. Epd: Rundfunkbeirat der neuen Länder, in: Kirche und Rundfunk, Nr. 100/101, 19.12.1990, S. 15.

512 Vgl. Wilhelmi, a.a.O., S. 68.

513 Epd: Rudolf Mühlfenzl ist Rundfunkbeauftragter der Neu-Länder, in: Kirche und Rundfunk, Nr. 82, 17.10.1990, S. 5f.

geprägt von Spannungen mit den Rundfunkmitarbeitern und mit der Öffentlichkeit - davon zeugen vielfältige Kritiken in der Presse - jedoch kaum mit Mitgliedern des Rundfunkbeirates.

5.3.1   Dienstanweisungen

Mühlfenzl habe, so Streul, „von Anfang an ein straffes Regiment" geführt.[514] Mit mehreren Dienstanweisungen zog er jedenfalls mehr Kompetenzen auf seine Person, als ihm laut Einigungsvertrag ohnehin zustanden. Besonders die „Dienstanweisung 01" vom 28. November 1990 wurde zum Stein des Anstoßes. Darin heißt es:

Aus gegebenem Anlaß wird darauf hingewiesen, daß die Einrichtung ausschließlich durch den Rundfunkbeauftragten vertreten wird ...

Alle ... öffentlichen Erklärungen für die Einrichtung, insbesondere über zukünftige Programmentscheidungen, Inhalte, personal-, medien- und geschäftspolitische Entscheidungen sind mit dem Rundfunkbeauftragten oder seinen Stellvertretern abzustimmen.[515]

Weitere Dienstanweisungen folgten und blieben nicht unwidersprochen, so z.B., daß Verträge nur von Personen, die von ihm bevollmächtigt wurden, abzuschließen seien, und die Ernennung von Mitgliedern seines Beraterstabes zu Stellvertretern.[516]

Jörg Hildebrandt,[517] der neue Stellvertreter Singelnsteins beim Hörfunk, äußerte seine Kritik gegen die erste Dienstanweisung, dem sogenannten „Maulkorberlaß",[518] am unverhohlensten: Er wolle sich nach den Jahrzehnten der Entmündigung durch die SED nicht damit abfinden, zu einem „rein mechanischen Vollstrecker" von Mühlfenzls Willen zu werden, und verglich die Anweisung mit einem „Tagesbefehl im Ausnahmezustand".[519] Diese und andere Meinungsäußerungen veranlaßten Mühlfenzl, Hildebrandt fristlos kündigen zu wollen - dieses Vorhaben scheiterte jedoch in den Räumen des Berliner Arbeitsgerichtes.

---

514   Irene Charlotte Streul: Zum Stand der Neuordnung des Rundfunkwesens in den neuen Bundesländer, in: Deutschland Archiv, 10/1991, S. 1073-1083, S. 1074.

515   Dienstanweisung 01, interne Mitteilung Mühlfenzls an Singelnstein und Albrecht, vom 28.11.1990, in: Riedel, a.a.O., S. 281.

516   In seinen Beraterstab nahm Mühlfenzl ausschließlich Personen seines Vertrauens, vornehmlich aus Westdeutschland. Dazu gehörten: Roland Tichy, Matthias Gehler, Donald McLoughlin, Rolf Markner, Volker Gebel, Ronald Frohne, Helmut Haunreiter, Wolfgang Hiller sowie Peter Praschek, vgl. Die „Einrichtung", Liste der leitenden Mitarbeiter, in: Journalist, 4/1991, S. 32; vgl. Streul: Zum Stand, a.a.O., S. 1074.

517   1989 aktiv in „Demokratie jetzt", seit 1990 in der SPD.

518   Singelnstein: Demokratie von unten, a.a.O., S. 280.

519   Hildebrandt, zit. in: Streul: Zum Stand, a.a.O., S. 1074.

5.3.2 Veränderungen in der Programmstruktur

Auch die programmspezifischen Entscheidungen stießen auf den Widerstand der Mitarbeiter, allen voran auf den von Hildebrand: „Hier ist Herr Mühlfenzl wirklich über seine Kompetenzen hinausgegangen."[520] Im Dezember reduzierte er nämlich rückgreifend auf das Angebot Albrechts an ARD und ZDF vom September ebenfalls wegen der finanziellen Lage das Fernsehangebot des DFF auf eine Frequenz mit dem neuen Namen „DFF-Länderkette", während am 15. Dezember die ARD die Frequenzen von DFF 1 erhielt, um das Gebiet der neuen Bundesländer zu versorgen. Das ZDF war schon am 2. Dezember auf einer Testfrequenz gestartet.[521]

Die Übernahme von Fensterprogrammen in die neue ARD-Frequenz erforderte zugleich eine Anpassung des Werbeschemas, hier insbesondere die Unterbindung von Werbung nach 20 Uhr und an Sonntagen.[522] Festzuhalten bleibt dennoch: Der Name „Länderkette" suggerierte einen Föderalismus, den auch Mühlfenzl nicht errichten wollte. Denn weiterhin kam aus Berlin-Adlershof ein zentralistisches Programm, und selbst die Länderstudios unterstanden der Zentrale.

Diese Regelungen geschahen praktisch im Vorgriff auf die spätere Medienpolitik der neuen Länder und waren erheblich umstritten, da die betroffenen Länderparlamente bis auf die CDU-Ministerpräsidenten der neuen Länder in keiner Weise daran mitwirken konnten - nicht einmal der Rundfunkbeirat hatte sich bis dahin konstituiert. Auf diese Weise widersprach diese Maßnahme dem Art. 36 des Einigungsvertrages, denn sie kam einer teilweisen Auflösung der Einrichtung gleich, zu der Mühlfenzl keine Kompetenz hatte.[523] Sie versperrte durch die Reduzierung des DFF auf ein Regionalprogramm aber den Ländern auch endgültig den Weg, den DFF eventuell doch als eine *dritte Säule* neben ARD und ZDF zu verwirklichen.[524]

Mit der Überzeugung, daß diese Entscheidung im Bundeskanzleramt getroffen worden sei,[525] warf Hildebrandt dem Rundfunkbeauftragten stellvertretend für viele Mitarbeiter, Fernsehrat und Teilen der Öffentlichkeit vor, dieser habe eine

520 Hildebrandt, zit. in: Epd: „Mühlfenzl entmündigt die Ostberliner Rundfunkanstalten" - Empörung über den Rundfunkbeauftragten - Ein Interview mit Jörg Hildebrandt, in: Kirche und Rundfunk, Nr. 97, 8.12.1990, S. 13.

521 Vgl. Matthias Gehler: Neuordnung des Rundfunks in den neuen Bundesländern, in: Mahle: Medien im vereinten Deutschland, a.a.O., S. 39-45, S. 40.

522 Vgl. Tonnemacher, a.a.O., S. 99.

523 So auch Brinkmann, a.a.O., S. 58; so auch Meyerholt, a.a.O., S. 51f.

524 Vgl. ebd., S. 51.

525 Diese Vorgehensweise bestätigte Mühlfenzls Sprecher Mathias Gehler (vorher DDR-Regierungssprecher) der Presse, vgl. Der Tagesspiegel: DFF lebt als „Neue Länder-Kette", vom 27.11.1990, o.S., in: DFF/HA: Chronologische Dokumentation, a.a.O., S. 117.

erhebliches Maß an „Staatsnähe praktiziert".[526] Manfred Stolpe (SPD), der neue Ministerpräsident Brandenburgs, warf Mühlfenzl mit seinen regierungsnahen Methoden vor, eine „grundlegende Beschädigung der neuen Demokratie" vorzunehmen, weil ihm gerade im Umgang mit dem Rundfunk die „nötige Sensibilität" fehle.[527]

5.3.3 Personalabbau

Ebenfalls auf Kritik stieß Mühlfenzls Personalpolitik. Bereits 1990 war die Mitarbeiterzahl von ehemals rund 14.000 (ohne technische Mitarbeiter) auf 9.500 gesunken. Der Rundfunkbeauftragte sah sich angeblich nur aufgrund der Haushaltslage, die sich trotz Zuschüssen seitens des Bundes nicht ausgeglichen hatte, gezwungen, einen enormen Personalabbau zu betreiben. Zum 30. Juni 1991 erhielten etwa 2.000 Mitarbeiter ihr Kündigungsschreiben, zum 30. September sollten mehr als 3.500 entlassen werden. Planungen Mühlfenzls zufolge sollten im Herbst 1991 sogar nur noch 3.500 in der Einrichtung arbeiten.[528]

Nach Bekanntwerden dieser Pläne äußerten Medienexperten Zweifel, ob mit dieser geringen Beschäftigtenzahl, in der auch noch rund 700 Musiker verschiedener Rundfunkorchester enthalten waren, die Grundversorgung in den neuen Bundesländern überhaupt noch sichergestellt werden könne, zu der die Einrichtung laut Einigungsvertrag verpflichtet war.[529] Aus diesem Grund versprach Mühlfenzl im Juni, doch noch 5.000 Mitarbeiter bis zum Ende des Jahres verbleiben zu lassen.[530]

Für Unruhe unter den Mitarbeitern sorgte - bei einigen zu Recht - im Februar 1991 vor allem Mühlfenzls Fragebogenaktion durch die „Dienstanweisung 08", die wie im Sommer 1990 durch Albrecht die politische Vergangenheit jedes einzelnen Mitarbeiters klären sollte.[531] Diesmal wurden in Zusammenarbeit mit der Bundesbehörde für personenbezogene Unterlagen der Staatssicherheit bei rund 200 Beschäftigten frühere Kontakte zum MfS festgestellt, rund 600 sollten nicht

---

526 Hildebrandt, zit. in: Epd: „Mühlfenzl entmündigt die Ostberliner Rundfunkanstalten", a.a.O.; vgl. Berliner Zeitung: DFF-Fernsehrat: Demokratie gebeugt, vom 30.11.1990, o.S., in: DFF/HA: Chronologische Dokumentation, a.a.O., S. 121; vgl. Grünert, a.a.O., S. 78.

527 Stolpe, zit. in: Rainer Frenkel: Politik nach Gutsherrenart - CDU-Interessen und westliches Sendungsbewußtsein steuern die Neuordnung des Rundfunks, in: Die Zeit, vom 3.12.1990, o.S., in: DFF/HA: Chronologische Dokumentation, a.a.O., S. 118.

528 Vgl. Gehler, a.a.O., S. 41.

529 Vgl. Hickethier: Das Zerschlagen, a.a.O., S. 87; vgl. Streul: Zum Stand, a.a.O., S. 1077.

530 Vgl. Gehler, a.a.O., S. 41; vgl. Rudolf Mühlfenzl: Der Rundfunkbeauftragte, in: Witte, Eberhard (Hg.): Deutsche Medienstruktur 1991 - Einheit und regionale Unterschiede in Fernsehen und Hörfunk, Heidelberg 1991, S. 13-20, S. 14f.

531 Vgl. Dienstanweisung 08 der Einrichtung, in: Journalist, 4/1991, S. 31; vgl. Personalfragebogen (des Rundfunkbeauftragten als Anhang der Dienstanweisung 08), in: Journalist, 4/1991, S. 52.

mehr mit Leitungsaufgaben betraut werden, und bei 1.677 Personen konnte die politische Vergangenheit nicht konkret geklärt werden. Den ersteren war die fristlose Kündigung ohne Abfindung sicher.[532] Das habe eine, wie Mühlfenzl selbst betont, „befreiende und reinigende" bzw. „beruhigende Wirkung" für die zukünftigen Bewerbungschancen der Nichtbetroffenen.[533] Alfred Gerschel kommt bezüglich des Personalfragebogens jedoch zu dem Schluß, daß einige Fragen (7, 14, 15) rechtlich unzulässig gewesen seien.[534]

5.3.4 Keine korrektiven Einschränkungen durch den Rundfunkbeirat

Abgesehen davon, daß der Rundfunkbeirat durch das Besetzungsverfahren keine *öffentliche Kontrollinstanz* sein konnte, verknüpften dennoch die Mitarbeiter der Einrichtung und Mühlfenzl-Kritiker mit ihm die Hoffnung, das Gremium könne ein Korrektiv des Rundfunkbeauftragten sein. Denn Mühlfenzls eigenmächtige Art der Amtsführung war anscheinend nur möglich, weil ihm die durch den Einigungsvertrag vorgeschriebene Kontrollinstanz bis Januar 1991 nicht zur Seite stand.[535]

Diese Erwartung wurde jedoch nicht erfüllt: Zum einen, so beklagte Gaus, hätten sich die Mitglieder stark nach dem politischen Willen ihrer jeweiligen Partei gerichtet, also mehrheitlich nach dem der CDU, und zum anderen hätten ihnen die entscheidenden Sachkenntnisse gefehlt, gab der Beiratsvorsitzende Grüning selbst zu. Das Resultat war ein mehrheitlicher Verzicht auf die Unabhängigkeit des Rates bzw. eine „Selbstentmachtung des Kontrollgremiums".[536] Auch die noch bestehenden Räte des DFF und des Funkhauses, die nicht aufgelöst worden waren, konnten dem Wirken Mühlfenzls nichts entgegenstellen: Ihre Kompetenzen, die in den Statuten der vorherigen Einrichtungen festgeschrieben waren, wurden letztlich ignoriert.[537]

---

532 Vgl. Gehler, a.a.O., S. 42; vgl. Streul: Zum Stand, a.a.O., S. 1077f.; vgl. Monika Lungmus: Politische Selektion, in: Journalist, 4/1991, S. 30-32.

533 Mühlfenzl: Der Rundfunkbeauftragte, a.a.O., S. 17.

534 Vgl. Alfred Gerschel: Zur Rechtmäßigkeit der Personalbefragung des Rundfunkbeauftragten unter Mitarbeitern des Rundfunks in der früheren DDR - Rechtsposition, in: Journalist, 4/1991, S. 52, 61.

535 So auch Streul: Zum Stand, a.a.O., S. 1074f.

536 Ebd.; vgl. Dies.: Die Umgestaltung, a.a.O., S. 41; vgl. Spielhagen: Öffentlich-rechtlicher Rundfunk, a.a.O., S. 49; vgl. Geißler: Fortschreibung, a.a.O., S. 22.

537 Vgl. Spielhagen: Hörfunk nach der Wende, a.a.O., S. 27; vgl. Schulzendorf: Medienentwicklung, a.a.O., S. 33-35.

5.3.5 Zielsetzung des Rundfunkbeauftragten

Auch wenn Singelnstein dem Rundfunkbeauftragten bescheinigt, er habe nach einigen Monaten seine Haltung gegenüber den Beschäftigten geändert - die Dienstanweisung 01 sei nicht mehr angewendet worden und ein zunehmend gemeinsames Handeln sei möglich gewesen[538] - blieb bei vielen Beteiligten und auch bei einigen wissenschaftlichen Autoren der Eindruck zurück, Mühlfenzl habe von den zwei Optionen seines Auftrages, *Auflösung* oder *Überführung*, die erstere favorisiert.[539] Dieser Eindruck, Mühlfenzl wolle den „DFF sterben ... lassen",[540] entstand bereits vor der Konstituierung des Beirates, vornehmlich wegen seiner autoritären Amtsführung durch die Dienstanweisungen, der eigenmächtigen Teilauflösung durch Frequenzvergabe an die ARD, des übertrieben anmutenden Personalabbaus sowie der anfänglichen Mißachtung und Umgehung der Rundfunkgremien.

Mühlfenzls eigene Äußerungen bestätigten offensichtlich diese Vermutungen: „Die bestehenden Strukturen müssen abgeschafft ... werden."[541] Kritiker, die gegen ihn „Störmanöver" arrangiert hätten, seien ausschließlich darauf aus gewesen, Zeit zu gewinnen, „um bestehende zentrale Strukturen zu erhalten und weiterzuentwickeln".[542]

Hinzu kam der Unmut bei den Beschäftigten darüber, daß Mühlfenzl sich in keiner Weise *für* die Einrichtung einsetzte: Während z.B. der Treuhandbeauftragte Peter Schiwy öffentlich für die DEFA als neue „Medienstadt Babelsberg" und gegen Adlershof warb, dessen Produktionsstätten nicht mehr benötigt würden, entgegnete der Rundfunkbeauftragte keinen Widerspruch.[543] Schiwy dagegen fand Gefallen daran, daß Mühlfenzl endlich das vollziehe, „was die stillen Revolutionäre des November 1989 versäumt" hätten, nämlich „die Liquidation des elektronischen Propaganda-Apparates der SED".[544]

Angelastet wurde Mühlfenzl auch, daß er nie ein umfassendes Konzept zur Überführung der Einrichtungsbestandteile erstellt habe, zur Auflösung allerdings ebenfalls nicht.[545] Mit einem Überführungskonzept hätte er aber mehr vom Programm-

---

538 Vgl. Singelnstein: Demokratie von unten, a.a.O., S. 280.

539 So z.B. ebd.; so auch Hickethier: Das Zerschlagen, a.a.O., S. 82f.; so auch Bleicher, a.a.O., S. 137.

540 Tonnemacher, a.a.O., S. 102.

541 Mühlfenzl: Der Rundfunkbeauftragte, a.a.O., S. 14.

542 Mühlfenzl, zit. in: Rainer Frenkel: ARD und ZDF über alles - Die Neuordnung des deutschen Hörfunks und Fernsehens: Gewinner im Westen, Verlierer im Osten, in: Die Zeit, vom 2.11.1990, o.S., in: DFF/HA: Chronologische Dokumentation, a.a.O., S. 99.

543 Vgl. Hickethier: Das Zerschlagen, a.a.O., S. 87f.

544 Peter Schiwy: Versagt, versäumt, verpaßt - Die Medienneuordnung in den neuen Bundesländern, in: Bertelsmann Briefe, 4/1992, S. 42-46, S. 44.

545 Vgl. Spielhagen: Öffentlich-rechtlicher Rundfunk, a.a.O., S. 50.

vermögen, Immobilien- und Personalbestand erhalten können, als dies wirklich geschah, so Hickethier.[546] Diesem Vorwurf steht die Aussage Mühlfenzls entgegen:

Das im Einigungsvertrag verankerte Wort „Überführen" als drittes Handlungsfeld des Beauftragten zielt natürlich auf die jeweiligen Partner ab. Diese Partner sind vorrangig - ich betone es noch einmal - die Länder.[547]

Der Rundfunkbeauftragte könne nur eine „Hilfsmöglichkeit" für die Überführung darstellen, so Mühlfenzl weiter,[548] denn nach dem Einigungsvertrag waren für die Überführung wie auch für die Auflösung allein die Länder durch den Abschluß eines Staatsvertrages zuständig. Bis dahin hat der Rundfunkbeauftragte keine andere Handlungsmöglichkeit zur Überführung in Erwägung gezogen, als die Einrichtung in einer *Warteposition* für die minimale Grundversorgung mit Fernsehen und Hörfunk aufrechtzuerhalten. Aber er verminderte währenddessen zusätzlich die Chancen der Einrichtung auf Übernahme durch die Länder, weil diese mit der Frequenzreduzierung und dem übertriebenen Personalabbau, aber auch mit der gestoppten dezentralisierenden Entwicklung zunehmend an Attraktivität verlor. Natürlich war auch die Verzögerung der medienpolitischen Entscheidungen seitens der neuen Länderregierungen mitverantwortlich dafür, daß es erst sehr spät zur Kooperation zwischen diesen und dem Rundfunkbeauftragten kam. Genau mit diesem Mißstand versuchte Mühlfenzl im Juni 1991, die Verantwortung für die Überführung allein den Ländern zuzuweisen:

Jeder Tag, der ... durch die Unentschlossenheit verloren geht, kostet die später dort angesiedelten öffentlich-rechtlichen Anstalten - egal in welcher Konstellation - einen Quantitäts- und Qualitätsverlust im Programm. [...]

Die Zeit läuft davon. Ich hoffe, daß die Länder und alle anderen, die es mit uns zu tun haben, sich dieses Faktors bewußt sind.[549]

---

546 Vgl. Hickethier: Das Zerschlagen, a.a.O., S. 83f.

547 Mühlfenzl: Der Rundfunkbeauftragte, a.a.O., S. 15.

548 Ebd.

549 Mühlfenzl: Der Rundfunkbeauftragte, a.a.O., S. 15f., 20; vgl. Gehler, a.a.O., S. 41.

6 Entstehung des öffentlich-rechtlichen Rundfunks in den neuen Bundesländern

Die Diskussionen über die Neuordnung des Rundfunks auf dem Gebiet der ehemaligen DDR erhielten nach der Vereinigung am 3. Oktober und vor allem nach den Landtagswahlen in den neuen Bundesländern am 14. Oktober 1990 aus zweierlei Gründen neue Perspektiven: Zum einen war die Rundfunkhoheit mit Inkrafttreten des Einigungsvertrages formell endgültig in die Hände der Länder gelegt worden. Damit waren auch rundfunkspezifische Vereinbarungen zwischen Ländern der alten Bundesrepublik und provisorischen Regionalausschüssen der ehemaligen DDR gegenstandslos geworden, wie z.b. der Beschluß des Westberliner Senats und des Ostberliner Magistrates vom 3. Juli, in dem die Errichtung einer neuen öffentlich-rechtlichen „Landesrundfunkanstalt Berlin-Brandenburg" durch Vereinigung von SFB, „Berliner Rundfunk" und „Antenne Brandenburg" festgelegt worden war.[550]

Zum anderen ließen die Mandatsverteilungen und die Regierungsbildungen in den einzelnen Ländern neue Diskussionen über bereits vorgeschlagene Konstellationen der künftigen Rundfunkanstalten erwarten: Als einziges neues Bundesland hatte Brandenburg eine Regierung aus SPD, FDP und Bündnis 90 unter dem Ministerpräsidenten Manfred Stolpe (SPD)[551] erhalten. In den Ländern Mecklenburg-Vorpommern, Sachsen, Sachsen-Anhalt und Thüringen dagegen dominierte die CDU, wie ab 2. Dezember auch im Gesamtberliner Abgeordnetenhaus.[552]

6.1 Positionsbestimmungen der Landtage und Ideen von außen

Die administrative Medienpolitik trat nach den Landtagswahlen zunächst in eine länger anhaltende Pause. Während die Landesparlamente aufgrund der unterentwickelten Infrastruktur, der z.T. lang anhaltenden Koalitionsverhandlungen wie z.B. in Brandenburg und der anfänglichen Schwierigkeiten bei der Herstellung einer effektiven Verwaltung überlastet waren,[553] war in den politischen Diskussionen vom Herbst 1990 bis zum Sommer 1991 zunächst zu klären, ob in jedem

---

550   Kutsch: Zwischen Wende und heute, a.a.O., S. 182f.;

551   Manfred Stolpe war seit 1959 im Dienst der Evangelischen Kirche Berlin-Brandenburg, ab 1982 Präsident des Konsistoriums und stellvertretender Vorsitzender des Bundes der Evangelischen Kirche in der DDR. Verdächtigungen der Stasi-Mitarbeit führten seit 1990 mehrmals zu Rücktrittsforderungen.

552   Zu den Ergebnissen der Abgeordnetenhaus- und Landtagswahlen vgl. Emil Hübner / Horst-Hennek Rohlfs: Jahrbuch der Bundesrepublik Deutschland - 1992/93, (Hg. Beck/dtv), München 1992, S. 236-241.

553   Vgl. Jarausch, a.a.O., S. 297f.

der fünf neuen Länder eine eigene Rundfunkanstalt gegründet werden sollte oder ob es aus finanziellen Gründen sinnvoller wäre, Mehrländeranstalten anzustreben. Vielfältige Modelle wurden von den Landtagsfraktionen und Ausschüssen entwickelt, aber auch von unbeteiligten Dritten an die Landesregierungen herangetragen. An dieser Stelle sollen einige, besonders häufig diskutierte und z.T. konkurrierende Konzepte vorgestellt werden.

6.1.1 Konzepte für separate Rundfunkanstalten in Sachsen und Thüringen

Es hatte zunächst den Anschein, als verfolgte die Mehrzahl der neuen Bundesländer Konzepte eigenständiger Rundfunkanstalten. Schon im September 1990 hatte die „Initiative Sächsisches Landesmediengesetz" (ISL) unter der Leitung von Helmut Schmitt einen ersten Entwurf für einen eigenen öffentlich-rechtlichen „Sächsischen Rundfunk" (SRF) vorgelegt. Die Besonderheit dieses Entwurfes war die Minorität der in Sachsen vertretenen Landtagsfraktionen im Aufsichtsgremium. Im Auftrag des Vize-Chefs der Dresdner Bezirksverwaltung, Arnold-Faatz (CDU), überarbeitete der technische Direktor des BR, Frank Müller-Römer, diese Passage des ISL-Entwurfes durch Einbeziehungen der bayerischen Regelungen: Jede Landtagsfraktion sollte pro 20 Abgeordnete einen Sitz im Rundfunkrat erhalten, die Landesregierung nochmals einen. Dieser Entwurf lag im November dem sächsischen Landtag zur Beratung vor.[554]

Auch in Thüringen gab es zur gleichen Zeit Konzepte für einen eigenständigen „Thüringischen Rundfunk" (ThR). Diese wurden Anfang Oktober von der „Arbeitsgruppe Medienpolitik", einem politisch beratenden Ausschuß zur Bildung des Landes Thüringen, der sich aus Vertretern aller gesellschaftlichen Kräfte zusammensetzte, in Zusammenarbeit mit Rundfunkjuristen aus Hessen, Bayern, Nordrhein-Westfalen und dem Saarland entwickelt. In Anlehnung an die hessischen Verhältnisse war vorgesehen, den künftigen Intendanten mit weitgehenden Kompetenzen auszustatten.[555]

---

554 Vgl. Nölte, a.a.O., S. 110; vgl. Brinkmann, a.a.O., S. 65f.; das offizielle Argument Müller-Römers zur Änderung des Proporzschlüssels lautet: „Bei den gesellschaftlichen Gruppen auf dem Gebiet der ehemaligen DDR wisse man nicht, inwieweit sie noch von den alten SED-Parteikadern durchdrungen seien", zit. aus: Klaus Ott: Aus Fehlern lernen ..., in: Journalist 11/1990, S. 40-42.

555 Vgl. Brinkmann, a.a.O., S. 66; vgl. Michael Plote: Rundfunkpläne in Thüringen - Intendant mit großer Kompetenz, in: Journalist, 11/1990, S. 42.

6.1.2 Konzept für eine separate Rundfunkanstalt in Brandenburg

Für eine eigene Rundfunkanstalt sprach sich auch der Vorsitzende der SPD-Landtagsfraktion in Brandenburg, Wolfgang Birthler, Mitte Dezember aus: Sie könne einen Beitrag für den Erhalt der „bestehenden Medienindustrie unter marktwirtschaftlichen Bedingungen" leisten.[556] Mit der bestehenden Medienindustrie meinte er jedoch nicht die Objekte der Einrichtung, sondern die der DEFA und der HFF in Potsdam Babelsberg. Die Forderungen nach einer ökonomisch sinnvolleren Mehrländeranstalt wies er zurück, denn Brandenburg habe immerhin mehr Einwohner und Fernsehzuschauer als das Saarland und Bremen zusammen. Trotzdem seien im Rahmen eines dritten Fernsehprogrammes Kooperationen mit anderen Anstalten anzustreben.[557]

Für eine solche Anstalt existierte auch bereits ein Rundfunkgesetzentwurf von Lutz Borgmann[558], der am WDR-Gesetz angelehnt ist. Der Entwurf sieht einen „Brandenburgischen Rundfunk" mit Sitz in Potsdam und Außenstudios in Cottbus sowie in Frankfurt a.d.O. vor. Wie von Birthler erwähnt, sind darin auch „Vereinbarungen mit anderen Rundfunkveranstaltern zum Zwecke gemeinsamer Programmgestaltung" eingeplant (§ 2,7). Bemerkenswert erscheinen in diesem Entwurf die Bestimmungen über die Organe der Anstalt (§§ 21 und 22): Dem Direktor werden weit weniger Kompetenzen zugesprochen als beispielsweise im Thüringer Konzept. Außerdem fänden in dem aus mindestens 30 Mitgliedern bestehenden Rundfunkrat Vertreter aller im Landesparlament vertretenen Parteien - 1990 waren das fünf - jeweils einen Sitz (§ 11), sie selbst dürften jedoch nicht einem Parlament oder einer Regierung angehören (§ 10,3).[559]

6.1.3 Empfehlung der „Sachverständigengruppe Medienordnung"

Entgegen all diesen Konzepten, eigenständige Landesrundfunkanstalten zu errichten, appellierte die „Sachverständigengruppe Medienordnung", die bereits im Juli das Konzept für den gescheiterten Beschluß zwischen Westberliner Senat und

---

556 Birthler, zit. in: Der Tagesspiegel: SPD macht sich für eigene Landesrundfunkanstalt stark, vom 13.12.1990, o.S., in: DFF/HA: Chronologische Dokumentation, a.a.O., S. 131.

557 Vgl. ebd.

558 Lutz Borgmann war Journalist und seit 12.10.1991 als Vertreter der Evangelischen Kirche Berlin-Brandenburg Vorsitzender des Rundfunkrates des ODR bzw. des ORB; vgl. Ostdeutscher Rundfunk Brandenburg (Hg.): Die Gremien: Organe des ORB - Vertreter der Allgemeinheit, Broschüre vervielfältigt, Potsdam 1995, Rückseite.

559 Entwurf für ein Rundfunkgesetz Brandenburg, vom 10.10.1990, gezeichnet von Lutz Borgmann, in: Kirche und Rundfunk, Nr. 90, 14.11.1990, S. 18-23.

Ostberliner Magistrat entwickelt hatte,[560] im November an Berlin und Brandenburg, eine Mehrländeranstalt zu gründen:

In Berlin und Brandenburg ist nur eine gemeinsame öffentlich-rechtliche Rundfunkanstalt zu angemessener Programmgestaltung in der Lage. [Deshalb] ... sollten die Länder Berlin und Brandenburg an das Land Sachsen-Anhalt (und gegebenfalls auch an das Land Mecklenburg-Vorpommern) mit dem Vorschlag herantreten, eine gemeinsame Mehrländer-Rundfunkanstalt *aufzubauen und darüber einen Staatsvertrag ... abzuschließen [Hervorhebung im Original].*[561]

Aus Gründen der Integration, des Frequenzmangels und der Wirtschaftlichkeit sei diese Lösung anzustreben. Betont wurde dabei, daß die neue Anstalt sowohl die Rechtsnachfolge des SFB als auch jener Teile der Einrichtung antreten solle, die den betroffenen Ländern gemäß Einigungsvertrag durch einen Staatsvertrag zufielen, um deren technischen und personellen Potentiale nutzen zu können.[562]

Das Ziel, den SFB mindestens mit Brandenburg zu einer Mehrländeranstalt zu vergrößern, verfolgte auch der SFB-Intendant Günther von Lojewski, der allerdings gegen die Übernahme von Einrichtungteilen war. Lojewski habe seine Ansprüche jedoch so direkt vertreten, daß ihm schon vorgehalten worden sei, er habe damit einen „Alleinvertretungsanspruch" für ganz Berlin begründen wollen, schreibt Frenkel.[563]

6.1.4 Konzepte zur Gründung von Mehrländeranstalten

Im Dezember 1990 kursierten bei den Politikern verschiedener Parteien in Ost und West, in den einzelnen Landtagsfraktionen und westdeutschen Rundfunkhäusern, aber auch in der Presse verschiedene Denkmodelle. Vornehmlich aus wirtschaftlichen Gründen waren diese nicht mehr an der Errichtung von einzelnen Rundfunkanstalten für jedes neues Bundesland orientiert. Rundfunkhistorisch betrachtet bot sich auch an, die ehemaligen Konstellationen vor 1933 in die Überlegungen der Rundfunkneuordnung mit einzubeziehen: In jener Zeit war Mecklenburg der „Nordischen Rundfunk AG" (NORAG), dem heutigen „Norddeutschen Rundfunk" (NDR) zugeordnet, Vorpommern, Brandenburg und die Altmark (nördlicher Teil Sachsen-Anhalts) gehörten zur „Funk-Stunde AG" in Berlin, und die „Mitteldeutsche Rundfunk AG" (MIRAG) in Leipzig umfaßte die Länder

---

560   Sachverständigengruppe „Medienordnung" war ein Ausschuß der „Arbeitsgruppe 5 (Kulturelle Angelegenheiten)" des Provisorischen Regionalausschusses Berlin.

561   Sachverständigengruppe „Medienordnung":Abschließende Empfehlungen für eine Rundfunkkonzeption in Berlin und Brandenburg, vom 13.11.1990, in: SFB, a.a.O., S. 21-27, S. 24.

562   Vgl. ebd.

563   Rainer Frenkel: Politik nach Gutsherrenart, a.a.O.

Sachsen, Thüringen und die preußische Provinz Sachsen-Anhalt (ohne Altmark).[564]

In einer Rundfunkneuordnung ausschließlich auf dem Gebiet der ehemaligen DDR und Westberlin gab es angelehnt an die traditionellen Zugehörigkeiten Überlegungen, sowohl Sachsen-Anhalt, Sachsen und Thüringen in einer Mehrländeranstalt zu verbinden als auch Mecklenburg-Vorpommern, Brandenburg und Berlin. Als weitere Varianten im Zuge verschiedener Forderungen nach einer gleichzeitigen Reorganisation der ARD standen die Kombinationen NDR und Mecklenburg-Vorpommern (eventuell auch mit Sachsen-Anhalt), „Hessischer Rundfunk" (HR) und Thüringen sowie SFB, Brandenburg und Sachsen zur Diskussion.[565]

6.2 Gründungsentwicklung der Mehrländeranstalt MDR

Kurt Biedenkopf (CDU), der sächsische Ministerpräsident, trat als einer der ersten mit dem Vorschlag an die Öffentlichkeit, für die Länder Sachsen, Thüringen und Sachsen-Anhalt eine gemeinsame öffentlich-rechtliche Rundfunkanstalt zu gründen. Seiner Überzeugung nach war dies der einzige Weg, ein ausreichendes Gebührenaufkommen und eine finanzielle Unabhängigkeit von den westlichen ARD-Rundfunkanstalten ohne Finanzausgleichsansprüche zu erreichen. Dieser Grundgedanke traf auf positives Echo bei den Landtagen in Thüringen und Sachsen-Anhalt. Im Januar 1991 gab deshalb Thüringen auch bisherige Pläne auf, eine gemeinsame Anstalt mit dem HR zu errichten.[566]

Bereits am 14. Februar wurde von den Ministerpräsidenten die entsprechende Absichtserklärung über die Bildung des „Mitteldeutschen Rundfunks" (MDR) in Dresden unterzeichnet, am 30. Mai in Erfurt der Staatsvertrag, der sich in Typ und Formulierung an den westdeutschen öffentlich-rechtlichen Rundfunkverträgen orientiert.[567] Daß sich die Ministerpräsidenten der drei Länder in der relativ kurzen Zeit einig wurden, auch über den Sitz des MDR in Leipzig, habe seinen Grund nicht zuletzt in ihrer gemeinsamen Parteizugehörigkeit gehabt, so Hickethier und Streul.[568]

Mit der Gründung des MDR haben die drei Länder nicht nur in kurzer Zeit den Rundfunk in föderalistische Strukturen umgewandelt und gleichzeitig Voraussetzungen für die Zulassung privater Anbieter geschaffen, sondern haben in dem Staatsvertrag ebenfalls deutlich gemacht, daß in diesen Ländern die bestehenden

---

564 Vgl. Kabel/Kupka, a.a.O., S. 10f.

565 Vgl. Rainer Frenkel: ARD und ZDF über alles, a.a.O.

566 Streul: Zum Stand, a.a.O., S. 1079.

567 Zur detaillierten Entwicklung des Staatsvertrages und der Gründungsphase des MDR vgl. Brinkmann, a.a.O., S. 135ff.

568 Vgl. Hickethier: Das Zerschlagen, a.a.O., S. 84; vgl. Streul: Die Umgestaltung, a.a.O., S. 41f.

Rundfunkstrukturen der Einrichtung aufgelöst werden sollten und der MDR einen personellen Neuanfang unternehmen sollte.[569]

Sowohl der Gründungsprozeß als auch der Staatsvertrag des MDR selbst mußten (und müssen) sich scharfer Kritik aussetzen: Die Besetzungen des Gründungsintendanten durch Udo Reiter (CSU)[570], des neunköpfigen Gründungsbeirates durch Vertreter der Regierungsparteien der drei Länder und der Direktorenposten entsprachen keineswegs der *Staats-* und *Parteiferne*.[571] Sie seien gar „noch perfektere Muster parteipolitischer Einflußnahme" als in der alten Bundesrepublik, schreibt Heßler.[572] Auch die Paragraphen des Staatsvertrages, die die Zusammensetzung des ordentlichen Rundfunkrates bestimmen, weisen in dieser Hinsicht grobe Mängel auf.[573] Weil bei der Gestaltung des Vertrages seiner Meinung nach offenbar die „eindeutigen parteipolitischen Mehrheiten" der betroffenen Landtage „zu verführerisch gewesen" seien, bemerkt Hoffmann-Riem zu diesen Mängeln:

Wie am Mitteldeutschen Rundfunk (MDR) studiert werden kann, werden die rechtlichen Strukturen dort noch ungenierter als im Westen darauf ausgerichtet, politische Stromlinienförmigkeit zu ermöglichen ...

Der MDR-Staatsvertrag ... [ist] Exempel einer Politik ..., die in der Rhetorik zwar pluralistisch sein mag, in der Umsetzungsrealität aber einseitig machtorientiert.[574]

---

569   Vgl. Brinkmann, a.a.O., S. 68.

570   Udo Reiter war zuvor Hörfunkdirektor des BR.

571   Desweiteren wurde kritisiert, daß Reiter bis auf eine Ausnahme nur Westdeutsche als Rundfunkdirektoren eingesetzt habe: Henning Röhl (CDU), Karola Sommerey (SPD), Ulrike Wolf (CDU-nah), Ralf Reck (CDU), Kurt Morneweg, Rudolf Markner (vorher in Mühlfenzls Planungsstab), Thomas Nissen (FDP) und als einziger Ostdeutscher Peter Kocks; vgl. Klaus Ott: Politischer Würgegriff, in: Journalist 8/1991, S. 26-28; vgl. Geißler: Fortschreibung, a.a.O., S. 22f.; vgl. Thomas Bauer: Nach 20 Berufsjahren an der Spitze - BR-Hörfunkdirektor Udo Reiter als Gründungsintendant des Mitteldeutschen Rundfunks, in: Studienkreis Rundfunk und Geschichte, 18. Jg., 1/1992, S. 9-10, S. 9f.; vgl. Streul: Die Umgestaltung, a.a.O., S. 42.

572   Hans-Wolfgang Heßler: Kleiner Zugewinn, große Verluste - Zur Zwischenbilanz des dualen Rundfunks, in: Medium, 1/1992, S. 34-36, S. 35.

573   Neben 24 Vertetern anderer gesellschaftlich bedeutsamer Organisationen ist der Rundfunkrat zusammengesetzt aus: „1. je einem Vertreter der Landesregierungen, 2. Vertretern der in mindestens zwei Landtagen durch Fraktionen oder Gruppen vertretenen Parteien in der Weise, daß jede Partei entsprechend der Gesamtstärke der Fraktionen oder Gruppen je angefangene fünfzig Abgeordnete ein Mitglied entsendet; ..." (§ 19), Parlamentarier sind nach § 18 zulässig, zit. aus: Staatsvertrag über den Mitteldeutschen Rundfunk (MDR), vom 30.5.1991, in: Brinkmann, a.a.O., S. 292-300; vgl. Streul: Zum Stand, a.a.O., S. 1082.

574   Wolfgang Hoffmann-Riem: Rundfunkneuordnung in Ostdeutschland - Stellungnahme zu Vorschlägen über den Aufbau des öffentlich-rechtlichen Rundfunks in den neuen Bundesländern, (Hg. Hans-Bredow Institut, Forschungsberichte und Materialien, Bd. 13), Hamburg 1991, S. 127.

Für die vorliegende Untersuchung gilt dabei vorrangig festzuhalten, daß im MDR-Staatsvertrag an positive Normen und Konzepte der Übergangszeit von 1989 bis 1990, die in den Statuten von DFF und Hörfunk ihren Ausdruck gefunden hatten, nicht angeknüpft wurde - insbesondere weder am *Kulturauftrag*, der *Zusammensetzung* und den *Kompetenzen der Rundfunkräte* noch an den Bestimmungen zur *inneren Rundfunkfreiheit*.[575]

6.3 Gründungsentwicklung der Landesanstalt ORB

Parteipolitische Gemeinsamkeiten wie die der Regierungen in den MDR-Ländern gab es zwischen Berlin, Brandenburg und Mecklenburg-Vorpommern nicht. Hier standen gegensätzliche Interessen auch innerhalb der Landtage einem genauso schnellen Neuaufbau von gemeinsamen Landessendern im Wege. Trotzdem betonte auch der Ministerpräsident des Landes Brandenburg, Stolpe, die Notwendigkeit einer Kooperation mit anderen Anstalten, vornehmlich mit dem SFB. So erklärte sich die Potsdamer Landesregierung im März 1991 bereit, Verhandlungen mit Berlin und Mecklenburg-Vorpommern über eine mögliche Mehrländeranstalt mit dem Namen „Nordostdeutsche Rundfunkanstalt" (NORA) zu führen.

6.3.1 Scheitern der Mehrländeranstalt NORA

Die Grundpositionen, auf die sich die Chefs der Senats- und Staatskanzleien für den Abschluß eines Staatsvertrages zur Gründung der NORA am 10. April geeinigt hatten, entsprachen weitestgehend den Empfehlungen der „Sachverständigengruppe Medienordnung" vom November 1990.[576] Daß dieses Vorhaben der gemeinsamen Rundfunkanstalt NORA, für das es im Juni bereits einen ausgearbeiteten Staatsvertrag gab,[577] letztlich scheiterte, lag an der Ablehnung durch den Landtag in Mecklenburg-Vorpommern. Dort hatte sich die Mehrheit schon im April gegen die NORA und für einen Beitritt zum NDR ausgesprochen, während der Ministerpräsident Alfred Gomolka (CDU) und seine Regierung noch immer die nordostdeutsche Lösung favorisiert hatten.[578]

---

575 Vgl. Brinkmann, a.a.O., S. 240-242.

576 Vgl. Grundpositionen für einen Staatsvertrag Nordostdeutscher Rundfunk, vom 10.4.1991, in: Kirche und Rundfunk, Nr. 30, 20.4.1991, S. 25; vgl. Presse- und Informationsamt des Landes Brandenburg: Presseinformation - Beginn der Staatsvertragsverhandlungen über die Gründung eines Nordostdeutschen Rundfunks (NOR), vom 14.5.1991, Archiv des Landtages Brandenburg.

577 Vgl. Staatsvertrag über die Nordostdeutsche Rundfunkanstalt (NORA), Entwurf vom 23.6.1991, in: Funk-Korrespondenz, Nr. 26, 27.6.1991, S. 19.

578 Vgl. Irene Charlotte Streul: Öffentlich-rechtlicher Rundfunk in Ostdeutschland und Bundesrundfunk - Eine weitere Etappe auf dem Weg zur Neuordnung, in: Deutschland Archiv, 3/1992, S. 254-263, S. 254f.

Der Staatsvertragsentwurf sieht die Leitung durch einen Intendanten und einen zentralen Rundfunkrat vor, in den die drei Länder je neun Mitglieder entsenden können. Er beabsichtigt auch die Gründung von Landesfunkhäusern mit eigenen Direktoren und Rundfunkräten in jedem Land. Die personelle Besetzung sollte jedoch entsprechend der jeweiligen Sendergröße erfolgen.[579] Demnach hätte aber der Anteil des SFB die Hälfte, der Anteil der beiden neuen Bundesländer je ein Viertel betragen.[580]

Nachdem Mecklenburg-Vorpommern aus dem NORA-Projekt ausgestiegen war, gewann dieser Personalschlüssel für die Brandenburger eine neue Dimension: Zusammen mit Mecklenburg-Vorpommern hätte Brandenburg noch einen gleichwertigen personellen Stellenwert gegenüber dem SFB gehabt. Die Vorstellung jedoch, allein mit Berlin einen derartigen Verbund einzugehen, löste im Potsdamer Landtag sogleich den „David-Goliath-Vergleich"[581] aus. Außerdem schien der SFB mit seinem Haushaltsdefizit von 96 Millionen DM (Stand 1991) ohne Mecklenburg-Vorpommern kein attraktiver Partner mehr zu sein. Die Brandenburger Regierung hielt die NORA nicht mehr für realisierbar. Verantwortlich dafür war auch die Haltung der Koalitionsfraktionen.

Die NORA stand im Gegensatz zu den Plänen des Hauptausschusses des Brandenburger Landtages und der Koalitionsparteien, entsprechend Birthlers Aussage, eine separate Landesrundfunkanstalt zu gründen, mit der „die kulturelle Identität des Landes" unterstützt werde. Auf Grundlage eines Staatsvertrages sollten bestenfalls Kooperationsbeziehungen - möglicherweise auch in einem „Anstaltsverbund" - eingegangen werden, um die finanzielle Lücke einer separaten Anstalt zu schließen.[582]

6.3.2 Vorschaltgesetz

Die Brandenburger Koalitionsfraktionen hatten sich schon früh für eine parallele Vorgehensweise entschieden, die angesichts des immer enger werdenden Zeitrahmens bis zur endgültigen Auflösung der Einrichtung am Ende des Jahres auch als gerechtfertigt erschien: Schon am 12. Februar kündigte der Hauptaus-

---

579 Vgl. Staatsvertrag über die Nordostdeutsche Rundfunkanstalt (NORA), a.a.O.

580 Vgl. Wolfgang Mühl-Benninghaus: Frage nach dem Wohin, in: Journalist, 7/1991, S. 13-16, S. 15; vgl. Streul: Öffentlich-rechtlicher Rundfunk, a.a.O., S. 257.

581 Hermann Meyn: Düstere Aussichten, in: Journalist, 6/1991, S. 28f., S. 29.

582 SPD-Landtagsfraktion Brandenburg: Arbeitsprogramm des Arbeitskreises 1 „Hauptausschuß", vom 14.1.1991, unveröffentlicht (Archiv des Landtages Brandenburg), 3 Seiten, S. 1; vgl. SPD-Landtagsfraktion Brandenburg, Arbeitskreis Hauptausschuß: Entwurf - Beschlußvorschlag, vom 12.2.1991, unveröffentlicht (Archiv des Landtages Brandenburg), 10 Seiten; vgl. Mitteilung von Markus Vette (Stellvertreter des Hauptausschußvorsitzenden) an Manfred Stolpe vom 14.2.1991, unveröffentlicht (Archiv des Landtages Brandenburg); vgl. SPD-Fraktion, FDP-Fraktion, Fraktion Bündnis 90: Gemeinsame Presseerklärung, vom 22.2.1991, Archiv des Landtages Brandenburg.

schuß der SPD-Landtagsfraktion an, einen eigenen Entwurf eines „Gesetzes über den Rundfunk in Brandenburg" einzubringen, das vor der Sommerpause zu verabschieden sei. Mit einer separaten Anstalt in Potsdam-Babelsberg wollte die Fraktion dabei aber nicht nur die „kulturelle Identität", sondern vor allem auch die Rundfunkhoheit Brandenburgs zumindest in dieser gesichert wissen:

> *Die Länder würden sich mit Abschluß des Staatsvertrages mehr oder weniger aus der Rundfunkpolitik verabschieden. Bei einer eigenen Landesrundfunkanstalt erläßt das Land (der Landtag) das Gesetz zu seiner Bildung und behält auf Dauer die Gesetzgebungsmöglichkeit. Getroffene Entscheidungen sind prinzipiell rückholbar.[583]*

Für den Fall, daß die Beratungen zur NORA ohne Ergebnis bleiben würden, brachten die Fraktionen von SPD, FDP und „Bündnis 90" am 12. Juni gemeinsam ein „Vorschaltgesetz" zur Gründung des „Rundfunk Brandenburg" (RBr) ein, das Wahlen und Aufgaben von Rundfunkrat, Verwaltungsrat und Intendant sowie Berufung und Aufgaben eines Gründungsbeauftragten regelte.[584] Diese Bestimmungen gehen auf den Gesamtgesetzentwurf derselben Fraktionen zurück, der sich in erheblichen Maße an dem Entwurf Borgmanns orientiert.[585] Birthler begründete diesen Schritt wie folgt:

> *[Bis zum 1. Januar 1992] ... müssen in Brandenburg die Studios und die Technik stehen, damit ab 1992 die Rundfunkversorgung in unserem Land gewährleistet ist ... Um das noch verbleibende halbe Jahr effektiv zu nutzen, müssen wir zweigleisig fahren. Wir machen den notwendigen ersten Schritt zur Gründung einer Rundfunkanstalt ... Das heißt, wir müssen schon jetzt in der Form wirksam werden, daß wir einen Gründungsbeauftragten berufen ...[586]*

Dabei seien auch gesetzliche Grundlagen zu schaffen, die die Zusammenarbeit mit anderen Rundfunkanstalten ermöglichten. Vor allem bedeute das Vorschaltgesetz aber, „eine schlanke Anstalt" zu gründen, die auf privatwirtschaftliche Dienstleistungen zurückgreife.[587] Mit dieser „Spagatübung"[588] war es den Bran-

583 SPD-Landtagsfraktion Brandenburg, Arbeitskreis Hauptausschuß: Entwurf - Beschlußvorschlag, vom 12.2.1991, a.a.O., S. 1, 7.

584 Gesetzentwurf - Vorschaltgesetz zur Neuordnung des Rundfunks in Brandenburg, vom 4.6.1991, in: Landtag Brandenburg, 1. Wahlperiode: Drucksache 1/248, 4.6.1991, Archiv des Landtages Brandenburg; die CDU-Fraktion meldete Bedenken gegen dieses Gesetz, weil der „Rundfunkrat zu umfangreich" sei, Manfred Walther, zit. in: Landtag Brandenburg, 1. Wahlperiode: Plenarprotokoll 19, 12.6.1991, S. 1461.

585 Gesetzentwurf der Fraktionen der SPD, der FDP und Bündnis 90 - Gesetz über den „Rundfunk Brandenburg" (RBr-Gesetz), vom 7.5.1991, in: Landtag Brandenburg, 1. Wahlperiode: Drucksache 1/204, Archiv des Landtages Brandenburg.

586 Birthler, zit. in: Landtag Brandenburg, 1. Wahlperiode: Plenarprotokoll 19, 12.6.1991, S. 1460.

587 Ebd., S. 1461.

denburgern möglich, bereits die Gründung des RBr in die ersten Wege zu leiten, während die Option für die NORA noch offengehalten wurde.[589]

Als das Vorschaltgesetz am 26. Juni gegen die Stimmen der CDU beschlossen wurde, bestand jedoch kaum noch die Möglichkeit, die NORA zu verwirklichen: Stolpe berichtete dem Brandenburger Parlament: „Die offizielle Auskunft, die ich vor wenigen Minuten aus Schwerin bekommen habe, heißt: NORA liegt auf Eis." Deshalb bat auch Stolpe den Landtag, dem Gesetz zuzustimmen, denn „das Fest" solle „nicht hinausgeschoben werden".[590]

6.3.3 Berufung eines Gründungsbeauftragten

Mit dem Beschluß des Vorschaltgesetzes bestätigten die Abgeordneten gleichzeitig die Ernennung des ehemaligen WDR-Intendanten Friedrich Wilhelm von Sell zum Gründungsbeauftragten, der schon im Sommer 1990 am Entwurf des Überleitungsgesetz der DDR-SPD beteiligt war. Von Sell war laut des verabschiedeten Gesetzes vom Ministerpräsidenten zu berufen und durch den Landtag zu bestätigen (§ 14,1).[591] Die sich hier widerspiegelnde und vorher stets kritisierte staatliche Einflußnahme auf die Rundfunkanstalt durch die Berufung des leitenden Organs war in diesem Falle jedoch zu vernachlässigen, weil der Beauftragte erstens einer genau definierten Vorläufigkeit unterstand und zweitens in seinen Kompetenzen stark eingeschränkt war.[592] Seine Aufgabe war somit allein die „Planung und Vorbereitung des Aufbaus" der Rundfunkanstalt (§ 14,2).[593]

Von Sell, den es gereizt habe, „sozusagen auf der grünen Wiese einen öffentlich-rechtlichen Rundfunk völlig neu aufzubauen",[594] bezog zusammen mit seinem Stellvertreter, Gerhard Hirschfeld, drei Räume auf dem DEFA-Gelände in Potsdam-Babelsberg. Aber gerade seine eingeschränkten Kompetenzen schienen ei-

---

588 Rainer Siebert (FDP), zit. in: Ebd., S. 1462.

589 Vgl. Birthler, zit. in: Landtag Brandenburg, 1. Wahlperiode: Plenarprotokoll 22, 26.6.1991, S. 1673.

590 Stolpe, zit. in: Landtag Brandenburg, 1. Wahlperiode: Plenarprotokoll 22, 26.6.1991, S. 1676.

591 Vgl. Beschlußempfehlung des Hauptausschusses zum Entwurf des Vorschaltgesetzes zur Neuordnung des Rundfunks in Brandenburg - Gegenüberstellung, in: Landtag Brandenburg, 1. Wahlperiode: Drucksache 1/278, Archiv des Landtages Brandenburg.

592 Erstens: Seine Tätigkeit „endet mit dem Amtsantritt des Intendanten" (§ 14,5), zweitens: Verträge, aus denen sich „rechtliche Verpflichtungen für die künftige Landesrundfunkanstalt ergeben", sind nur unter „Vorbehalt der späteren Genehmigung durch die Organe" abzuschließen oder bedürfen der „Zustimmung des Hauptausschusses", und „Arbeitsverträge sind bis zum 31.12.1991 befristet" (§ 14,3), zit aus: Ebd.

593 Ebd.; vgl. Wilhelmi, a.a.O., S. 232.

594 Sell, v., zit. in: Uwe-Jens Lindner / Michael Schulenburg: Modell Brandenburg - Entstehungsgeschichte und Entwicklung des Ostdeutschen Rundfunks Brandenburg, (Hg. Ostdeutscher Rundfunk Brandenburg), Potsdam o.J. [1993], S. 5.

nem schnellen Aufbau entgegenzustehen. Der aus unterschiedlichen rundfunkpolitischen Auffassungen resultierende Konflikt zwischen den Koalitionspolitikern
und von Sell verzögerte dringende Sach- und Personalentscheidungen: Die Pläne
von Sells, bereits 150 bis 180 Arbeitsverträge abzuschließen, bevor überhaupt ein
Strukturkonzept bestand, stießen wie seine Berechnungen des künftigen Finanz-
bedarfes von rund 260 Millionen DM auf den Widerstand des Hauptausschusses
unter der Leitung Birthlers, der die *schlanke Anstalt* verwirklicht sehen wollte.[595]
Und so seien dem Gründungsbeauftragten durch Kompetenzstreitigkeiten
„wochenlang die Hände gebunden" gewesen, schreibt Streul.[596]

Vor allem drängte von Sell darauf, möglichst umgehend Rundfunkmitarbeiter der
Einrichtung einzustellen, „damit sie für Brandenburg gesichert werden können".[597]
Denn die sahen sich durch die Massenentlassungen durch Mühlfenzl bereits ver-
anlaßt, sich auch in anderen Berufssparten zu bewerben. Nach Vorlage des gefor-
derten Strukturplanes[598] bewilligte der Hauptausschuß erst am 24. September die
Einstellung von 180 Personen auf Probe.[599]

6.3.4   Gesetz über den „Rundfunk Brandenburg"

Am Tag darauf verabschiedete der Landtag mit großer Mehrheit das in wenigen
Punkten geänderte „Gesetz über den 'Rundfunk Brandenburg'" (RBr-Gesetz) der
Koalitionsfraktionen. Mit diesem sei es nun möglich, „daß die Ziele für eine
'schlanke Anstalt' erreicht" würden, so Birthler vor dem Landtag. Die Entwicklung, die in der Alt-ARD gelaufen sei, sollte nicht die Brandenburgs sein. Es er-
mögliche auch die ganz enge Kooperation zu anderen Anstalten, aber eben „auf
der Basis von zwei gleichberechtigten Rundfunkanstalten".[600] Neben den Grundsätzen der „Wirtschaftlichkeit und Sparsamkeit" für die *schlanke Anstalt* (§§ 5,3

---

595   Vgl. Wolfgang Birthler: Mitteilung an den Gründungsbeauftragten für den Rundfunk in
      Brandenburg, vom 16.9.1991, unveröffentlicht (Archiv des Landtages Brandenburg); v.
      Sell beschuldigte Birthler, „den vernünftigen und zeit- und fachgerechten Aufbau der
      Rundfunkanstalt in Brandenburg ... behindern" zu wollen, zit aus: Friedrich Wilhelm v.
      Sell: Mitteilung an den Vorsitzenden des Hauptausschusses des Landtages Brandenburg,
      vom 19.9.1991, unveröffentlicht (Archiv des Landtages Brandenburg).

596   vgl. Streul: Öffentlich-rechtlicher Rundfunk, a.a.O., S. 258.

597   Friedrich Wilhelm v. Sell: Mitteilung an den Vorsitzenden des Hauptausschusses des
      Landtages Brandenburg, vom 19.9.1991, a.a.O.

598   Vgl. Friedrich Wilhelm v. Sell: Organisation/Personalausstattung für die öffentlich-
      rechtliche Rundfunkanstalt in Brandenburg, vom 24.9.1991, unveröffentlicht (Archiv des
      Landtages Brandenburg).

599   Vgl. Wolfgang Birthler: Mitteilung über den Beschluß des Hauptausschusses am
      24.9.1991 an den Gründungsbeauftragten, vom 25.9.1991, unveröffentlicht (Archiv des
      Landtages Brandenburg).

600   Birthler, zit. in: Landtag Brandenburg, 1. Wahlperiode: Plenarprotokoll 25, 25.9.1991, S.
      1875.

und 34) wird eben diese Kooperationsmöglichkeit im RBr-Gesetz festgelegt (§ 5,1):

> *Der RBr ist verpflichtet, durch Zusammenarbeit mit Rundfunkanstalten im Geltungsbereich des Grundgesetzes die Ziele des öffentlich-rechtlichen Rundfunks zu fördern und den Programmauftrag wirtschaftlich effizient zu verwirklichen. Er kann mit anderen Rundfunkanstalten zusammenarbeiten.*[601]

Es sind vornehmlich aber die Normen bezüglich Aufgaben, Programmauftrag, Grundsätze und Organisation, die hier mit denen des ehemaligen DDR-Rundfunks zu vergleichen sind.

6.3.4.1 Programmauftrag und Aufgaben

Für das Rundfunkgesetz ist eine völlige Konformität mit der bundesrepublikanischen Rechtsprechung durch das Bundesverfassungsgericht festzustellen, was sich in der nahezu wortgetreuen Übernahme der Normen aus dem WDR-Gesetz begründet.[602] So heißt es z.B. im Programmauftrag des RBr (§ 4):

> *Der RBr veranstaltet Rundfunk als Medium und Faktor des Prozesses freier Meinungsbildung und als Sache der Allgemeinheit.*

> *Der RBr hat in seinen Sendungen einen umfassenden Überblick über das internationale, nationale und landesbezogene Geschehen in allen wesentlichen Lebensbereichen zu geben. Sein Programm hat der Information, Bildung, Unterhaltung und Beratung zu dienen. Er hat Beiträge zur Kultur und Kunst anzubieten [meine Hervorhebungen].*[603]

Auch im RBr-Gesetz findet sich so - wie im MDR-Staatsvertrag - nicht mehr die Deklaration als *kulturelle Institution* der Einrichtungsstatuten, auf diese Weise entfällt die Betonung der kulturellen Aufgabe. Die Übereinstimmung mit den westdeutschen Rundfunkregelungen findet sich in gleicher Weise und aus gleichem Grund im Grundversorgungsauftrag (§ 3,2), in den Programmgrundsätzen (§§ 6 und 7) und in den Regelungen über Werbung, Verlautbarungsrecht, Gegendarstellung, Beschwerden sowie Beweissicherung (§§ 8 bis 13). Das betrifft auch den Paragraphen über die Programmitarbeiter - die Übernahme der WDR-Regelungen läßt auch die großzügige *innere Rundfunkfreiheit*, wie sie im Volkskammerbeschluß und in den Statuten festgeschrieben war, entfallen. Zwar han-

---

601 Gesetz über den „Rundfunk Brandenburg" (RBr-Gesetz), in: Gesetz- und Verordnungsblatt für das Land Brandenburg (GVBl. Brandenburg), 2. Jg., Nr. 35, 19.11.1991, S. 472-488.

602 Vgl. Hoffmann-Riem, a.a.O., S. 117; vgl. SPD-Landtagsfraktion Brandenburg: Arbeitsprogramm des Arbeitskreises 1 „Hauptausschuß", vom 14.1.1991, a.a.O., S. 2.

603 Ebd.

deln die Journalisten „in eigener journalistischer Verantwortung", doch „Weisungsrechte der Vorgesetzten" bleiben dabei unberührt (§ 27).[604]

6.3.4.2 Organisation des RBr

Auch die Organisation des RBr orientiert sich durch die Leitfunktion des WDR-Gesetzes an westlichen Vorbildern bzw. an der Rechtsprechung des Bundesverfassungsgerichtes. Neben der Zusammensetzung betrifft das auch die Aufgaben der Räte - somit ebenfalls die Kompetenzen des Intendanten.[605]

Vor allem ist zu bemerken, daß die Organisation des RBr - wie schon im Modell von Borgmann - im Gegensatz zum MDR unter Staatsfreiheitsgesichtspunkten nicht zu beanstanden ist: Die Zusammensetzung des binnenpluralistisch organisierten Rundfunkrates umfaßt im Vergleich mit anderen Aufsichtsgremien öffentlich-rechtlicher Rundfunkanstalten nur zu einem geringen Teil Vertreter des Staates. Neben 19 Mitgliedern der aufgeführten Institutionen und gesellschaftlichen Gruppen entsendet „jede Landtagsfraktion ein Mitglied in den Rundfunkrat" unabhängig von ihrer Größe. Ein weiteres staatliches Mitglied wird von den „kommunalen Spitzenverbänden" gestellt (§ 16,1-3).[606] Mit fünf im Landtag vertretenen Fraktionen in der ersten Wahlperiode und einem kommunalen Spitzenverbandsvertreter lag der Anteil staatlicher Mitglieder im Rundfunkrat bei 24%, „was im Lichte des verfassungsrechtlichen Beherrschungsverbots unbedenklich" sei, so Wilhelmi.[607] Zwar sind weder die Landesregierung noch andere weitere staatliche Stellen entsendungsberechtigt, jedoch dürfen die Fraktionsvertreter einem Parlament angehören - jedoch keiner Regierung (§ 14,3).[608] In Borgmanns Entwurf sind selbst Parlamentsmitglieder nicht zulässig.[609]

An dieser Stelle bleibt aber festzuhalten, daß trotz der im Vergleich zum MDR staatsferneren Zusammensetzung des RBr-Rundfunkrates wenig Ähnlichkeit zu den Proporzschlüsseln der Einrichtungsstatuten besteht, die vornehmlich am Vorbild des Runden Tisches orientiert waren. Wie die Zusammensetzung sind auch die Mitbestimmungsrechte der Räte am westlichen Gesetzesvorbild des WDR

---

604 Gesetz über den „Rundfunk Brandenburg" (RBr-Gesetz), a.a.O.

605 So habe der Rundfunkrat die Einhaltung des Programmauftrages zu überwachen (§ 17,4) und den Intendanten „in allgemeinen Programmangelegenheiten" zu beraten (§ 17,3). Wie in den Bestimmungen anderer öffentlich-rechtlicher Anstalten obliege ihm die „Wahl und Abberufung des Intendanten" (§ 17,2), erhielte darüberhinaus ein Vetorecht bei „allen Maßnahmen des Intendanten, die von grundsätzlicher Bedeutung für das Programm oder die Entwicklung des RBr sind" (§ 17,5). Auch der Verwaltungsrat erhielte Vetorecht bei entscheidenden Maßnahmen der Geschäftsführung (§ 22,3), zit. aus: Ebd.

606 Gesetz über den „Rundfunk Brandenburg" (RBr-Gesetz), a.a.O.

607 Wilhelmi, a.a.O., S. 233; zum Vergleich: Rundfunkräte von SR 19,3%, SDR 23,3%, SFB 25,8%, WDR 29,3%, SWF 32,6%, ZDF 45,4%.

608 Gesetz über den „Rundfunk Brandenburg" (RBr-Gesetz), a.a.O.

609 Siehe Anm. 559.

ausgerichtet. Die Mitgestaltungsmöglichkeiten der Rundfunkmitarbeiter und die Regelungen zur *inneren Pressefreiheit*, wie sie in den basisdemokratischen Ansätzen aus den Einrichtungsstatuten und ursprünglich aus dem Volkskammerbeschluß vom 5. Februar 1990 resultierten, fehlen gänzlich.

6.3.5 Besetzung der Rundfunkorgane und der Direktorenposten

Der Rundfunkrat konstituierte sich am 12. Oktober und wählte Lutz Borgmann zum Vorsitzenden.[610] In der ersten Sitzung des Rundfunkrates trafen nochmals die unterschiedlichen Auffassungen von Birthler und von Sell, der bis zur Berufung des Intendanten dessen Aufgaben zu übernehmen hatte, aufeinander: Zum Thema Budget des künftigen Senders bat von Sell die Ratsmitglieder, den ARD-Finanzausgleich in Anspruch zu nehmen, um die Finanzierung zu gewährleisten. Mit knapper Mehrheit stimmte der Rat zu, nachdem sich Birthler nochmals für einen unabhängigen Sender eingesetzt hatte.[611] Die Uneinigkeit der Ratsmitglieder hinsichtlich der Finanzierung sorgte unzweifelhaft aber auch für eine überraschende Wahl des Intendanten.

6.3.5.1 Wahl des Intendanten

Die Wahl des Rundfunkrates für das Amt des Intendanten fiel am 8. November mit 14 der 24 Stimmen auf Hansjürgen Rosenbauer.[612] Dieser hatte sich gegen den Geschäftsführer von „Radio NRW" (Nordrhein-Westfalen), Klaus Klenke (neun Stimmen, Wunschkandidat Birthlers), und dem DFF-Intendanten Albrecht (eine Stimme, Wunschkandidat Stolpes und der Staatskanzlei) durchgesetzt. Für diesen „Überraschungseffekt" war auch die Tatsache verantwortlich, daß Rosenbauer zugesichert hatte, einen finanziell unabhängigen Rundfunk, sprich die *schlanke Anstalt* zu etablieren. Daneben war für die Ratsmitglieder von Bedeutung, daß er „Sensibilität" für die ostdeutschen Probleme zeige sowie „großen Professionalismus und ARD-Erfahrung" mitbringe. Darüber hinaus habe er zugesichert, als Direktoren auch ostdeutsche Personen auszuwählen.[613] Die Zusammensetzung des Rundfunkrates, vor allem aber die Berufung des Intendanten Rosenbauer demon-

---

610 Als Vertreter der Fraktionen waren darunter auch Birthler (SPD), Manfred Walther (CDU), Günter Nooke (Bündnis 90), Rainer Siebert (FDP) und Hanno Harnisch (PDS-LL); zur Konstituierungszusammensetzung vgl. Rundfunkrat (RBr) - Zusammensetzung (Stand: 30.9.1991), aus: Archiv des Landtages Brandenburg.

611 Vgl. Streul: Öffentlich-rechtlicher Rundfunk, a.a.O., S. 258f.

612 Hansjürgen Rosenbauer (parteilos, aber SPD-nah), Jahrgang 1942, hatte Ende der sechziger Jahre als Kulturredakteur beim HR begonnen, von 1972 vis 1974 war er ARD-Korrespondent in Prag, danach Redakteur im WDR-Studio in Bonn, später gar Auslandschef des WDR und ab 1983 Hauptabteilungsleiter Kultur und Wissenschaft.

613 Cornelia Bolesch: Eine Wahl mit Überraschungseffekt, in: Süddeutsche Zeitung, vom 11.11.1991, o.S., aus: Archiv des Landtages Brandenburg.

striert, daß die Gründung der Brandenburger Anstalt in deutlich *staatsferneren* Bahnen verlief, als die des MDR.[614]

6.3.5.2 Besetzung der Direktorenposten

Rosenbauer machte seine Ankündigung wahr, indem er für die sechs Direktorenposten auch drei Ost-Bewerber vorschlug: Als Fernsehdirektor Michael Albrecht, als Leiter des Kultur- und Informationskanals Christoph Singelnstein und als technischen Direktor Ralf Lenk, ebenfalls vorher beim DFF. Aus Westdeutschland waren als Produktionschef des Fernsehens Peter Schwarzkopf (vorher NDR-Produktionsleiter), als Hörfunkdirektor Gerhard Hirschfeld und als Verwaltungsdirektor Lutz Markmor (vorher WDR-Rechnungswesen) vorgesehen. Massiver Einspruch kam jedoch vom Rundfunkrat wegen eines Verfahrensfehlers aus Zeitdruck: Statt den Rat über die Berufungen entscheiden zu lassen, informierte Rosenbauer lediglich dessen Vorsitzenden Borgmann über seine Personalentscheidungen, so daß die Direktoren erst kurz vor dem 1. Januar 1992 - dem Sendebeginn - bestätigt wurden.[615]

6.3.6 Kooperationsvereinbarung mit Berlin

Im Programm des Brandenburger Rundfunks, der vom Rundfunkrat zunächst in „Ostdeutscher Rundfunk" (ODR) und per Gesetz am 20. Dezember 1991 schließlich in „Ostdeutscher Rundfunk Brandenburg" (ORB) umbenannt wurde,[616] spiegelte sich das knapp bemessene Budget einer *schlanken Anstalt* wider: Am 1. Januar 1992 ging der ORB mit den von 550 Mitarbeitern veranstalteten Hörfunkprogrammen „Antenne Brandenburg", „Radio Brandenburg" und „Rockradio B" auf Sendung, jedoch zunächst noch aus dem alten Bezirksstudio Potsdam und dem Funkhaus Berlin statt aus Babelsberg. Das dritte Fernsehprogramm kam aus finanziellen, aber vor allem aus zeitlichen Gründen nicht fristgerecht zustande, wodurch sich der ORB gezwungen sah, die Grundversorgung mit einem Mischprogramm aus dem ARD-Satellitenprogramm „Eins Plus", ORB- und MDR-Elementen sicherzustellen.[617] Um die Kleinstanstalt, dessen Personal noch auf bis zu 700 Stellen erweitert werden sollte, finanziell am Leben zu erhalten, schien die Kooperation mit dem SFB um so dringlicher zu sein.

---

614 So auch Wilhelmi, a.a.O., S. 231f.; so auch Geißler: Fortschreibung, a.a.O., S. 23.

615 Vgl. ebd.; vgl. Streul: Öffentlich-rechtlicher Rundfunk, a.a.O., S. 259f

616 Gesetz zur Änderung des Gesetzes über den „Rundfunk Brandenburg", vom 20.12.1991, in: GVBl. Brandenburg, 2. Jg., Nr. 47, 30.12.1991, S. 693f.

617 Vgl. Peter Hoff: Kannitverstan - Die ersten hundert Tage des ORB-Fernsehens, in: Kirche und Rundfunk, Nr. 37, 13.5.1992, S. 3-6, S. 3; vgl. Lindner/Schulenburg: Modell Brandenburg, a.a.O., S. 17; vgl. Streul: Öffentlich-rechtlicher Rundfunk, a.a.O., S. 260.

6.3.6.1 Der Staatsvertrag über die Zusammenarbeit

Nach mehreren Verhandlungen beschlossen Stolpe und der regierende Bürgermeister Berlins, Eberhard Diepgen (CDU), am 29. Februar 1992 den „Staatsvertrag über die Zusammenarbeit zwischen Berlin und Brandenburg im Bereich des Rundfunks", der in erster Linie die rechtlichen Grundlagen für den privaten Rundfunk in beiden Ländern enthält. Daneben wird aber auch die Kooperation zwischen dem SFB und dem ORB festgeschrieben, denn es sollte damit „die Grundlage für eine gemeinsame Medienordnung" geschaffen werden, „die den engen kulturellen, wirtschaftlichen und gesellschaftlichen Verflechtungen innerhalb der Region Rechnung" trage (Präambel, folgend § 3,2):

> *Zu diesem Zweck sind die Anstalten berechtigt und verpflichtet, gemeinsam gestaltete Programme in Hörfunk und Fernsehen zu veranstalten sowie sonstige Aufgaben gemeinsam wahrzunehmen [meine Hervorhebung].*[618]

Auch wenn „Art und Umfang der Kooperation" von den Anstalten selbst „durch Vereinbarungen" geregelt werden sollten (§ 3,4), so nimmt der Vertrag bereits detaillierte Frequenzverteilungen vorweg (§§ 4-7).[619] Aber allein schon die Verpflichtung zu einer Kooperation, darüber hinaus mit einem bestimmten Partner - dem SFB - ist ein Programmeingriff des Staates und stößt auf verfassungsrechtliche Bedenken.[620]

Diesen Einwand teilte auch die Mehrheit der Landtagsabgeordneten in Brandenburg: Markus Vette (CDU) wies darauf hin, daß „wesentliche Entscheidungen zur Zusammenarbeit mit anderen Rundfunkanstalten durch den Rundfunkrat zu treffen" seien.[621] Und Lothar Bisky (PDS-LL) sah in dem Vertrag „die Staatsferne nicht gewährleistet", er sprach sich energisch dagegen aus, „daß die Gesetzgeber dem ORB Vorschriften machen, mit wem und wie er sich zusammenzutun hat".[622] Auch die anderen Fraktionen widersprachen diesen Vorwürfen nicht.[623] Aus Gründen der „Vernunft" - wegen der „finanziellen Zwangsjacke" - aber auch im Hinblick „auf das Einswerden von Berlin und Brandenburg"[624] verabschiedete der Landtag den Vertrag am 8. April trotzdem.

---

618 Staatsvertrag über die Zusammenarbeit zwischen Berlin und Brandenburg im Bereich des Rundfunks, vom 29. Februar 1992, in: GVBl. Brandenburg, 3. Jg., Nr. 8, 30.4.1992, S. 142-163.

619 Ebd.

620 So auch Wilhelmi, a.a.O., S. 236.

621 Vette, zit. in: Landtag Brandenburg, 1. Wahlperiode: Plenarprotokoll 44, 8.4.1992, S. 3147; In der Tat war ja diese Verfahrensweise im Rundfunkgesetz vorgeschrieben.

622 Bisky, zit. in: Ebd., S. 3146.

623 Vgl. Siebert (FDP) und Nooke (Bündnis 90), zit. in: Ebd., S. 3146-3149.

624 Siebert, zit. in: Ebd., S. 3146f.

6.3.6.2 Programmstrukturelle Kooperation zwischen ORB und SFB

Wegen des verfassungsrechtlich bedenklichen Zwanges zur Kooperation, aber auch wegen des Frequenzenverlustes für beide Rundfunkanstalten reichten die Intendanzen von ORB und SFB gegen den Staatsvertrag eine gemeinsame Klage vor dem Bundesverfassungsgericht ein - ergebnislos.

Beide Intendanten vertraten die Ansicht, die Rundfunkanstalten hätten auch ohne die Beeinträchtigung der Rundfunkhoheit durch den Medienstaatsvertrag eine Kooperation in die Wege leiten können. Und so hätten sie anscheinend ohnehin den Schritt unternommen, eine Vereinbarung über die Zusammenarbeit wie am 27. Oktober 1992 zu unterschreiben. Diese sieht die Ausstrahlung von zwei integrativen Hörfunkprogrammen in gemeinsamer rundfunkrechtlicher Verantwortung für Berlin und Brandenburg vor. In diesem Sinne wurde das Informations- und Serviceprogramm SFB 2 vom ORB übernommen und im Land Brandenburg ausgestrahlt. Das Jugendprogramm „Fritz" veranstaltete (und veranstaltet) der ORB auf den bisherigen Frequenzen von „Rockradio B". Desweiteren verständigten sich beide Sender darauf, ab Mai 1993 das ARD-Programm gemeinsam auf einem Kanal auszustrahlen und das Vorabendprogramm gemeinsam zu gestalten.[625] Eine Zusammenlegung der beiden Anstalten stand zunächst nicht auf der Tagesordnung. Dennoch hielt sich der ORB (zumindest bis 1996) für das Zusammenwachsen in Hinsicht auf die Diskussion über die Länderfusion von Berlin und Brandenburg offen,[626] auch wenn die Zusammenarbeit beider Sender nicht immer ohne Konflikte verlief.[627]

6.4 Neuordnung des überregionalen und bundesweiten Hörfunks

Bei der Neuordnung des föderalen Rundfunks konnten die fünf neuen Bundesländer überwiegend auf Liegenschaften und Technik der regionalen Außenstudios der Einrichtung zurückgreifen - wegen der weiter entwickelten Regionalisierung des Hörfunks gegenüber dem DFF verstärkt auf die Radiostudios. Die überregionalen Hörfunksender der ehemaligen DDR blieben wie die Programme des DFF bei dieser Neuorganisation zunächst ausgeschlossen: „DS-Kultur", „Radio aktuell", „Berliner Rundfunk" und „DT64" - der Sender RBI wurde bereits am 3. Oktober aufgelöst. Diesen Programmen, die im Gebiet der neuen Länder empfangbar

---

625 Vgl. Lindner/Schulenburg: Modell Brandenburg, a.a.O., S. 18.

626 Vgl. Hansjürgen Rosenbauer: Strategien einer öffentlich-rechtlichen Zukunft - Mitteilung an die Mitglieder des Rundfunkrates, vom 16.12.1994, unveröffentlicht (Archiv des Landtages Brandenburg).

627 Vgl. Sandra Seubert: Nicht kompatibel - Schwierigkeiten der Kooperation zwischen SFB und ORB, in: Medium, 1/1993, S. 45f.

waren, standen die zwei bundesweit ausgestrahlten Programme DLF[628] und DW[629] sowie der in der Region um Berlin vertretene RIAS[630] gegenüber.

Eine Neuordnung auch des überregionalen und des bundesweiten Hörfunks schien den Ministerpräsidenten der Altbundesländer unumgänglich: Während den Einrichtungssendern laut Einigungsvertrag lediglich die endgültige Auflösung bis zum 31. Dezember 1991 bevorstand, herrschte schon im Sommer 1990 Ungewißheit, nach welcher Rechtsgrundlage diese Anstalten der Bundesrepublik weiter senden sollten: Die Einheit Deutschlands machte ihren auf die ehemalige DDR bezogenen Programmauftrag obsolet und stellte ihre Legitimationsgrundlage in Frage. Zu dieser Erkenntnis waren sowohl der BKS als auch der CDU-Bundesfachausschuß Medienpolitik und die SPD-Medienkommission bereits im Frühjahr 1990 gekommen.[631] Um den Bund finanziell zu entlasten, hatte es die CDU schon zu jener Zeit für notwendig erachtet, alle bundesweiten Hörfunkprogramme bis auf die DW von der Bundes- in die Länderhoheit zu überführen, in der die Finanzierung durch Rundfunkgebühren geleistet wird.[632]

6.4.1 Engholm-Streibl-Papier und CDU-Konzept

Um in dieser Diskussion eine Lösung zu finden, einigten sich die Ministerpräsidenten der Altbundesrepublik am 20. September 1990, die Ministerpräsidenten Bayerns und Schleswig-Holsteins, Max Streibl (CSU) und Björn Engholm (SPD) - weil diese „von eigenen standortpolitischen Interessen frei" seien - mit der Aufgabe zu betrauen, Vorschläge für die Neuordnung der Bundesrundfunkanstalten zu erarbeiten. Dabei sei entscheidend, daß „bedarfsgerechte und finanzierbare Lösungen" gefunden würden.[633]

---

628 Der DLF (Bundesrundfunkanstalt) veranstaltete seit 1960 aus Köln ein zunehmend informatives Programm mit deutschlandpolitischem und europäischem Akzent und hatte per Gesetz die Aufgabe, Gesamtdeutschland und insbesondere die damalige DDR sowie das europäische Ausland mit Hörfunksendungen zu versorgen.

629 Die DW (Bundesrundfunkanstalt) verbreitet ebenfalls aus Köln weltweit in 34 Sprachen Auslandsrundfunk.

630 Der RIAS war seit 1945 über die United States Information Agency (USIA) unter amerikanisches Recht gestellt und wurde z.T. aus US-Bundesmitteln alimentiert, um aus Berlin die „Stimme der Freiheit" über den Eisernen Vorhang zu verbreiten. Die Aufhebung des Besatzungsstatus im Zuge der Vereinigung entzog der USA die rundfunkpolitische Kompetenz für Berlin und übertrug sie in die Zuständigkeit des Bundes.

631 Siehe Anm. 301 und 360ff.

632 Vgl. Eckwerte für die Medienordnung in einem vereinten Deutschland, vom 30.5.1990, a.a.O., S. 456.

633 Epd: Streibl und Engholm sollen Rundfunk-Neuordnung vorschlagen, in: Kirche und Rundfunk, Nr. 75, 22.9.1990, S. 15.

Der Vorschlag der beiden Ministerpräsidenten vom 18. Oktober sah neben der Weiterführung der DW als Auslandsrundfunk vor, den RIAS-Hörfunk mit Sitz in Berlin dem ZDF und den DLF mit Sitz in Köln der ARD zuzuordnen. Zu diesem Zweck sollten die Länder den ZDF-Staatsvertrag neu verfassen, in dem ARD und ZDF verpflichtet würden, eine nicht-rechtsfähige „Gemeinschaftseinrichtung 'Bundesweite Hörfunkprogramme'" auf Basis einer Verwaltungsvereinbarung zu gründen. Ein Programm sollte vornehmlich „Informationsinhalte", das andere „kulturelle Inhalte" vermitteln.[634]

Während der ersten gesamtdeutschen Ministerpräsidentenkonferenz im Dezember zeichnete sich dann auch ab, daß die eigenständige Weiterexistenz von DLF und RIAS von der CDU/CSU nicht gewünscht wurde. Die CDU unterbreitete dagegen ein Konzept, das jedoch von der SPD keine Zustimmung erfuhr: RIAS und DLF sollten entgegen dem Engholm-Streibl-Papier zusammengefaßt unter dem Dach des ZDF ein „nationales Hörfunkprogramm" produzieren. Dieser Plan, der auch in den Ländern umstritten war, wurde vom Bundesinnenministerium Mitte Januar 1991 mit der Option erweitert, „DS-Kultur" in dieses Hörfunkprogramm mit einzugliedern,[635] was aber eher „plakative als sachliche" Gründe gehabt habe, so Buchwald.[636] Welchen Einfluß auf diese Idee die entsprechende Integrationsforderung des sich ausschließlich für den Erhalt dieses Senders gegründeten Kuratoriums gehabt hat, bleibt unklar.[637] Tatsache ist zumindest, daß „DS-Kultur" eine ansehnliche Lobby hatte, die sich öffentlich für das Fortbestehen einsetzte.[638]

---

634   Björn Engolm / Max Streibel: Beschlußempfehlung zur Neuordnung von RIAS und Bundesrundfunkanstalten, vom 18./19.10.1990, in: Kirche und Rundfunk, Nr. 83, 20.10.1990, S. 23f.

635   Dieses Modell favorisierte auch das Bundeskanzleramt; vgl. Streul: Öffentlich-rechtlicher Rundfunk, a.a.O., S. 261f.; vgl. Ulrike Kaiser: Rundfunk-Poker - Wer macht das Spiel?, in: Journalist, 4/1991, S. 10-14.

636   Manfred Buchwald: Brüche und Risse - Das gesamtdeutsche Rundfunkgebäude im Jahre Zwei, in: Medium, 1/1992, S. 32-34, S. 33.

637   Um die Existenz von „DS-Kultur" zu sichern, gründeten renommierte Persönlichkeiten (darunter Egon Bahr, Hinrich Enderlein, Heinz Galinski, Günter Gaus, Regine Hildebrandt, Christa Wolf, Konrad Weiß u.a.) unter der Leitung des Schweizer Architekten Max Bill am 27.11.1990 ein Kuratorium und richteten ihre Forderung in einem offenen Brief an die Ministerpräsidenten; vgl. Offener Brief des Kuratoriums zur Förderung des Deutschlandsenders Kultur an die Ministerpräsidenten, vom 27.11.1990, in: Bierbach, a.a.O., S. 94.

638   Uwe Kammann: Klassischer Kompromiß, in: Journalist, 1/1992, S. 28f., S: 28.

6.4.2 Unklarheit über rechtlichen Status im Rundfunkstaatsvertrag

Auf die Zusammenlegung von DLF, RIAS und „DS-Kultur" konnten sich die Ministerpräsidenten am 28. Februar 1991 verständigen, auch auf den Verzicht von Werbung und der Finanzierung durch eine Gebührenerhöhung, jedoch nicht auf den künftigen rechtlichen Status und die Zugehörigkeit des Senders. Verantwortlich dafür waren in erster Linie die unterschiedlichen Vorstellungen über den künftigen Standort.[639] Darüber gab es am 31. August jedoch eine Vorentscheidung: Alle 16 Bundesländer schlossen den „Staatsvertrag über den Rundfunk im vereinten Deutschland", um auch mit den neuen Bundesländern eine einheitliche grundlegende Regelung für den öffentlich-rechtlichen, aber vornehmlich für den privaten Rundfunk zu schaffen[640] - „eine Art gemeindeutsches föderatives Rundfunkgesetzbuch"[641]. In der Protokollerklärung aller Länder zu diesem Vertrag (Art. 5, § 3,2) heißt es zum bundesweiten Hörfunk:

ARD und ZDF gründen eine Einrichtung zur Veranstaltung nationalen Hörfunks ... Die Einrichtung betreibt drei werbefreie Hörfunkprogramme: DLF als Informationsprogramm mit Sitz in Köln, RIAS 1 als Informationsprogramm mit Sitz in Berlin, DS Kultur als Kulturprogramm mit Sitz in Berlin ... Sitz der Gemeinschaftseinrichtung ist Köln.[642]

Zwar hatte das Modell des *nationalen Hörfunks*, der aus der Bundes- in die Länderhoheit überführt werden sollte, seine rechtliche Verankerung gefunden, aber über Rechtsform und Organisation herrschte weiterhin Unklarheit.[643] Das bedeutete für „DS-Kultur" allerdings, daß der Sender ohne neue Trägerschaft der Auflösung nach Art. 36 des Einigungsvertrages zum Opfer gefallen wäre. Aus diesem Grund wurde der Kulturkanal durch einen Beschluß der Ministerpräsidenten im

---

639 Vgl. Streul: Öffentlich-rechtlicher Rundfunk, a.a.O., S. 262; vgl. Kaiser: Rundfunk-Poker, a.a.O.

640 Obwohl dieser Staatsvertrag im deutschen Rundfunkrecht einen entscheidenden Einschnitt bedeutet, verfehle es die Aufgabe dieser Untersuchung, im Detail auf ihn einzugehen: Die wesentlichen Änderungen im Gegensatz zum vorherigen Staatsvertrag betreffen den privaten Rundfunk und die Anhebung der Rundfunkgebühren. Die gesetzlichen Grundlagen der fünf neuen Bundesländer für den öffentlich-rechtlichen Rundfunk bleiben dabei unberührt; vgl. Staatsvertrag über den Rundfunk im vereinten Deutschland, vom 31.8.1991, a.a.O.; vgl. Carola Witt: Der Staatsvertrag über den Rundfunk im vereinten Deutschland, in: Media Perspektiven 1/1992, S. 24-28.

641 Martin Stock: Der neue Rundfunkstaatsvertrag, in: Rundfunk und Fernsehen, 40. Jg., 2/1992, S. 189-221, S. 190.

642 Protokollerklärung der Länder zu Art. 5 § 3 Abs. 2 des Rundfunkstaatsvertrages, zit. in: Buchwald, a.a.O., S. 33.

643 Ulrike Kaiser: Die Macht der Politik, in: Journalist, 8/1991, S. 22-24, S. 24.

August zunächst befristet bis zu einer endgültigen Staatsvertragsregelung dem ZDF zugeordnet.[644]

6.4.3 Weichenstellung für den nationalen Hörfunk

Die Diskussionen um den bundesweiten Hörfunk gingen weit über das Jahr 1992 hinaus: Das von der ARD und von der Mehrheit der Länder favorisierte *Körperschaftsmodell* sah vor, für diesen Hörfunk eine Gemeinschaftseinrichtung mit Sitz in Köln und Betriebsstätten in Köln und Berlin als selbständige Körperschaft des öffentlichen Rechts unter dem Dach von ARD und ZDF aufzubauen. Dagegen plädierte das ZDF für das *Federführungsmodell*, bei dem „DS-Kultur" und RIAS dem ZDF und der DLF der ARD unterstellt werden sollten, wobei das ZDF den lang gehegten Wunsch nach einem „Hörfunkstandbein"[645] erhalten hätte. Eine Absage erteilten die Ministerpräsidenten der Länder schon am 25. Oktober 1991 dem *Bundesmodell* der Bonner Koalition, nach dem eine selbständige Hörfunkanstalt aus den drei Sendern mit Sitz in Köln als dritte öffentlich-rechtliche Anstalt aufgebaut werden sollte.[646] Aber eine Einigung erzielten die Ministerpräsidenten auch während der Konferenz am 4. Dezember nicht, statt dessen wurde als „klassischer Kompromiß der Unentschlossenheit" eine Arbeitsgruppe einberufen, zu deren Beratungen auch die Rundfunkanstalten hinzugezogen wurden.[647]

Auf die Konsensfindung zum *Körperschaftsmodell* detailliert einzugehen gehört nicht zur Aufgabe dieser Studie. Festzuhalten bleibt dennoch folgendes: Die Diskussionen um den bundesweiten Hörfunk in den Jahren 1990 bis 1992 enthielten bereits die Weichenstellung für den nationalen Hörfunk „Deutschlandradio", der sich durch einen Staatsvertrag vom Frühjahr 1994 in einer öffentlich-rechtlichen Körperschaft aus RIAS, DLF und „DS-Kultur" zusammenschloß.[648] Der Ostberliner Kultursender war damit zunächst der einzige DDR-Sender, der vor der Auflösung am 31. Dezember 1991 vollständig bewahrt wurde, sowohl mit seinem Namen als auch mit den meisten Mitarbeitern. Die Diskussionen demonstrieren aber gleichzeitig, wie weit der Bund, die Länder, die Parteien aber eben auch die Rundfunkanstalten selbst über einen langen Zeitraum von einer einvernehmlichen Lösung in der Medienpolitik entfernt waren.

---

644 Vgl. Streul: Öffentlich-rechtlicher Rundfunk, a.a.O., S. 262.

645 Kammann: Klassischer Kompromiß, a.a.O., S. 29.

646 Vgl. Streul: Öffentlich-rechtlicher Rundfunk, a.a.O., S. 262f.

647 Kammann: Klassischer Kompromiß, a.a.O., S. 28.

648 Vgl. Glaab, a.a.O., S. 465f.

7 „Abwicklung"

Der DFF und die übriggebliebenen Hörfunkprogramme „Radio aktuell", „Berliner Rundfunk" und „DT64" gingen im Herbst 1991 ihrem unaufhaltsamen Ende entgegen. Von den zwei Optionen Überführung oder Auflösung, zwischen denen der Einigungsvertrag den Ländern die Wahl ließ, blieb nur letztere übrig: Die neuen Länder schlossen keinen Staatsvertrag über eine Überführung der Einrichtung ab, so daß diese automatisch mit dem Datum 31. Dezember 1991 aufgelöst wurde.[649]

7.1 Auflösung im Auftrag der neuen Länder

Das war allerdings kein Resultat einer Uneinigkeit zwischen den Staats- und Senatskanzleien, im Gegenteil: Sie waren sich am 20. November einig, den Rundfunkbeauftragten Mühlfenzl zu bevollmächtigen, eine „Liquidationsgesellschaft" zu gründen, die Sachwerte, Programmvermögen, Urheberrechte und Archive über den Jahreswechsel hinaus verwalten sowie Fragen der Finanzabwicklung, des Geschäftsabschlusses und der Personalangelegenheiten behandeln sollte.[650]

Auch wenn Mühlfenzl augenscheinlich das Ziel der *Auflösung* verfolgt hat, so war er nicht allein für sie verantwortlich, sondern genauso die Landespolitiker, die überhaupt kein Interesse daran hatten, die Auflösung durch einen Staatsvertrag hinauszuschieben oder gar mit einer Überführung abzuwenden. Denn während die Staatskanzleien und CDU-Fraktionen der MDR-Länder offen bekundeten, daß mit ihrer neu zu gründenden Rundfunkanstalt ein personeller Neuanfang verbunden sei, hielten sich auch die Brandenburger Koalitionspolitiker über eine eventuelle Weiterführung der Einrichtung bedeckt: Zwar gab Birthler im August 1991 zu verstehen, daß der ORB im Fernsehbereich eventuell auf die Unterstützung von Adlershof angewiesen wäre, für sinnvoll halte er die befristete Weiterführung als „Produktions- und Dienstleistungszentrum" jedoch nicht. Schließlich gäbe es noch die Möglichkeit, ...

> *... daß Brandenburg im ersten Jahr auf die volle Ausschöpfung der Quote [Drei-Prozent-Anteil am ARD-Gemeinschaftsprogramm, meine*

---

649 Vgl. Brinkmann, a.a.O., S. 60.

650 Die „Neue Fünf Länder Gesellschaft zur Abwicklung der Rundfunkeinrichtung gem. Art. 36 Einigungsvertrag m.b.H." (NFL-GmbH) wurde am 29. November gegründet; vgl. Uwe-Jens Lindner: Restpostenverwaltung, in: Journalist, 8/1992, S. 50-52.

*Anmerkung] verzichtet. Vielleicht wären die Alt-ARD-Anstalten dar-
über gar nicht so böse.*[651]

Vor allem sprachen die Pläne der Brandenburger Koalition, Potsdam-Babelsberg
als Medienzentrum auszubauen, gegen die Weiterführung von Adlershof als
„Service-GmbH". Siebert befürchtete im September sogar, „daß diese zwangsläufig zu einem Konkurrenzunternehmen" für Babelsberg werden würde. Darüber
hinaus würde sie auch Personal und Mittel - insbesondere Technik - die den neuen
Ländern zustünden, beanspruchen. Deshalb forderte er die Landesregierung auf,
„hier ... auch rechtzeitig ... Einfluß [zu] nehmen, daß das nicht passiert".[652] Dieser
Wunsch wurde Siebert mit der Bevollmächtigung zur Gründung der *Liquidationsgesellschaft* erfüllt.

7.2 Zwischen Abschaltung und Rettung der Einrichtungselemente

In der Tat gab es Konzepte, den DFF in einer anderen rechtlichen Form weiter zu
betreiben: Unter dem Dach einer Aktiengesellschaft wollten Joachim Schubert,
Produzent und Design-Berater des DFF, Gert Ellinghaus, ehemaliger ARD-
Journalist, und Ulrich Belieno, IP-Chef der Außenstelle Hamburg, den DFF zusammen mit seinen Mitarbeitern als „öffentlich-kontrollierten Privatsender" übernehmen. An dem Sender mit dem neuen Namen „Tele O!" sollten auch die Länder
beteiligt sein, er sollte sich jedoch allein aus der Werbung finanzieren. Der Sprecher des Rundfunkbeauftragten, Gehler, erkannte aber schon im Sommer 1991,
daß eine neue zentrale Organisation oder eine Privatisierung des DFF überhaupt
nicht im Interesse der ostdeutschen Länder liege, wie durch die *Liquidationsgesellschaft* bestätigt wurde.[653]

Auch für den Hörfunk gab es Alternativvorschläge: Singelnstein selbst entwik-
kelte z.B. das Konzept „Atlantis", nach der ein Sender nach öffentlich-rechtlichen
Prinzipien, aber mit einem Rotationsprinzip in der Leitung, jene Rundfunkmitarbeiter beschäftigen sollte, die zum 31. Dezember ihre Kündigung erhielten. Träger
des Projekts sollte eine Beschäftigungs- und Qualifizierungsgesellschaft sein, die
mit Mitteln der Arbeitsförderung finanziert würde. Diese Mittel wurden jedoch
von den Ländern verweigert.[654]

---

651   Birthler, zit. in: Uwe Kammann: „Staatsvertrag ausgeschlossen" - Ein epd-Interview mit
      Wolfgang Birthler, in: Kirche und Rundfunk, Nr. 64, 17.8.1991, S. 3-8, S. 8.

652   Siebert, zit. in: Landtag Brandenburg, 1. Wahlperiode: Plenarprotokoll 25, 25.9.1991, S.
      1878; so auch Birthler, zit. in: Ebd., S. 1879.

653   Hans-Jürgen Bolle: Tele-Vision im Osten, in: Journalist, 6/1991, S. 38f.; zur damaligen
      Perspektive zur alternativen Nutzung von Adlershof vgl. Bergsdorf: Medienpolitische Per-
      spektiven, a.a.O., S. 8f.

654   Vgl. Frauke Höbermann: Atlantis und andere Pläne, in: Journalist, 9/1991, S. 67-69.

Trotz dieser gescheiterten Konzepte wurden sowohl der „Berliner Rundfunk" als auch die beiden Rundfunkattraktionen für Jugendliche, nämlich „Elf99" und „DT64", vor der Auflösung verschont: Während die rund 70köpfige Redaktion von „Elf99" als GmbH zunächst Zulieferer für den Privatsender RTL wurde[655] und der „Berliner Rundfunk" ebenfalls eine private Trägerschaft fand,[656] gelang es dem Jugendhörfunksender „DT64" unter dem neuen Namen „Sputnik" beim MDR aufgenommen zu werden. Nach mehrmaligen Demonstrationen Jugendlicher - verbunden mit einer Besetzung der Brandenburger Staatskanzlei am 27. Dezember 1991[657] - und der befristeten Übernahme von MDR- und ORB-Frequenzen, stimmte der MDR-Rundfunkrat am 30. November 1992 den Plänen des Intendanten Reiter zu, dem Sender dauerhaft einen Platz über Satellit zu geben.[658]

Nicht nur ganze Sender und Redaktionen haben nach der Auflösung der Einrichtung überlebt: Gerade im Fernsehbereich ist eine Vielzahl von einzelnen, beliebten Sendungen von den öffentlich-rechtlichen Anstalten, vornehmlich von MDR und ORB übernommen worden: So z.B. die Magazinsendung „Außenseiter-Spitzenreiter", die Unterhaltungssendungen „Showkolade" und „Kessel Buntes", der „Sandmann" und die Krimiserie „Polizeiruf 110".[659] Auch die Sendungen „Klartext" und „Ozon", die während der Umbruchphase im Winter 1989/1990 entstanden waren, bekamen ihren festen Platz im ORB-Programm.

7.3 Der letzte Tag

Die Übernahme der Sendungen bedeutete jedoch nicht automatisch auch die Übernahme der verantwortlichen Redakteure: Für etwa 4.100 der rund 5.000 verbliebenen Mitarbeiter der Einrichtung war mit dem *Abschalten* der Einrichtung am 31. Dezember 1991 auch der letzte Arbeitstag. Nur wenige von diesen letzten Einrichtungsangestellten fanden also gleich im Anschluß eine Stelle. Kritisiert wurde von den Beschäftigten, daß es bis auf unattraktive Umschulungsangebote nie einen Abwicklungsplan gegeben habe, der statt ausschließlicher Überführung von einzelnen Programmteilen auch die von Mitarbeitern geregelt hätte - „Wie

655 Vgl. Holger Kulick: Pünktlich Sendeschluß, in: Journalist, 12/1991, S. 44-47, S. 44; vgl. Ingo Hermann: Jugendkultur im Spiegel des Fernsehens - Ein historischer Rückblick, in: Medium, 3/1995, S. 23-26, S. 25.

656 Dem Sender „Neue Berliner Rundfunk GmbH und Co KG" gehören neben der Kölner DuMont-Verlagsgruppe die Verlage der Potsdamer „Märkischen Allgemeinen Zeitung" und der „Märkischen Oderzeitung" an.

657 Vgl. Lindner/Schulenburg: Modell Brandenburg, a.a.O., S. 40.

658 Vgl. Stefan Müller: Medienpolitischer Rückblick - Winter 1992/1993, in: Medium, 2/1993, S.76f., S. 77; vgl. Karl-Heinz Stamm: Power auf der Eastside, in: Journalist, 6/1992, S. 28f.

659 Vgl. Peter Hoff: Von „Da lacht der Bär" über „Ein Kessel Buntes" - ins „Aus", in: Riedel, a.a.O., S. 86-94, S. 93.

Wegwerfartikel müssen wir uns fühlen", kommentierte der Nachrichtenchef des Funkhauses, Jürgen Frenzel.[660]

Von den ehemals rund 14.000 Mitarbeitern bei Hörfunk und Fernsehen seien jedoch insgesamt etwa 4.700 in öffentlich-rechtlichen oder privaten Medieneinrichtungen weiter beschäftigt worden, schreibt Geißler.[661] Wieviele Journalisten letztlich eine Anstellung beim MDR, beim ORB oder bei einer anderen Rundfunkanstalt gefunden haben, ist schwer nachvollziehbar, weil die Stellenvergabe dort nur durch Einzelbewerbungen erfolgte.

660 Frenzel, zit. in: Erika Butzek: Hoffnung und Verzweiflung, in: Journalist, 12/1991, S. 42f., S. 42; vgl. Hickethier: Das Zerschlagen, a.a.O., S. 88.
661 Vgl. Geißler: Fortschreibung, a.a.O., S. 23.

8 Schlußbetrachtung

Die DDR hatte bis zum revolutionären Umbruch 1989 ein Rundfunksystem, das vom totalitären Staatssystem bis ins Detail geprägt war und diesem als Propagandainstrument zur Legitimierung und Erhaltung diente. Statt den freien Meinungsbildungsprozeß fördern zu können, stand es unter der totalen Lenkung und Kontrolle seitens der SED-Führung und sollte ihr Meinungsmonopol bewahren.

Seit 1992 bietet sich in den neuen Bundesländern ein völlig neues Rundfunksystem dar, das prinzipiell den Normen einer freiheitlichen Demokratie entspricht: Sowohl das Rundfunkgesetz des ORB als auch der Staatsvertrag des MDR orientieren sich am *klassischen Rundfunkauftrag* und an den westdeutschen Organisationsnormen. Sie halten den Rahmen der bundesrepublikanischen Rundfunkrechtsprechung ein, die die Alliierten nach dem Zweiten Weltkrieg begründeten, die der Art. 5 GG festschreibt und die die Urteile des Bundesverfassungsgerichtes präzisieren. Das aus dieser Perspektive positive Ergebnis der ordnungspolitischen Rundfunkentwicklung in den neuen Bundesländern müßte prinzipiell das Prädikat „erstaunliche Leistung" erhalten, weil in so kurzer Zeit ein essentielles Element der freiheitlichen Demokratie, wie es die Bundesrepublik sein will, auch in das Gebiet des ehemaligen Totalitarismus transformiert werden konnte.

Oder ist diese Leistung doch nicht so bemerkenswert, weil in diesem Fall *Transformation* lediglich *Kopieren* bedeutete? Denn bei den Gründungen der beiden neuen Anstalten ist ausschließlich die wortgetreue Übernahme einiger Gesetzesteile von WDR, BR und anderen Anstalten dafür verantwortlich, daß sich auch in den ostdeutschen Bestimmungen der *klassische Rundfunkauftrag* und die westdeutschen Organisationsnormen wiederfinden. In beiden Fällen wurde nur das passende Gesetzmodell für den eigenen Rundfunk ausgewählt.

Unberücksichtigt bei diesen transformierenden Neugründungen blieben die Werte, Normen, Strukturen - und Personen - des alten Rundfunksystems. Das „Zerschlagen"[662] der alten Einrichtung ist dabei durchaus die logische und legitime Konsequenz, wenn als Ausgangslage das alte totalitäre System vorausgesetzt wird, das zu einer „Altlast der Vergangenheit"[663] im geeinten Deutschland geworden sei.

Doch was sich als Ausgangslage zum 3. Oktober 1990 bot, war nicht mehr der alte Rundfunk, der mit Propagandisten wie Karl-Eduard v. Schnitzler gegen den *Klassenfeind BRD* schellte: Dazwischen lag ein Jahr Entwicklung, in dem Fernse-

---

662 So der Titel von Hickethier: Das Zerschlagen der Einrichtung, a.a.O.

663 Eckwerte für die Medienordnung in einem vereinigten Deutschland, Beschluß des Bundesfachausschusses Medienpolitik der CDU (West) am 30. Mai 1990, a.a.O., S. 455.

hen und Hörfunk im Zeichen des revolutionären Umbruches verändert wurden. Das Fehlen der Meinungs- und Informationsfreiheit war 1989 u.a. ein Grund für die Bevölkerung, Kirchen und Oppositionsgruppen in der DDR, sich gegen das totalitäre System aufzulehnen. Sie hatten erkannt, daß es eine wirkliche Demokratie nur im Zusammenhang mit einer *freien Meinungsbildung* und einer daraus resultierenden *Öffentlichkeit* geben kann. Dem öffentlichen *Grundkonsens* sollte eine *politische Plattform* gegeben werden, also der *öffentlichen Meinung* eine Artikulationsmöglichkeit (*Dialog*). Logisch konsequent war dafür der Zugang zu den Massenmedien und damit eine grundlegende Umgestaltung des Mediensystems erforderlich.

Als Lehre aus 40 Jahren Totalitarismus standen die Demokratisierungsprozesse aber auch im Zeichen eines Demokratiemodells, das sich radikaler als das repräsentative der Bundesrepublik auf *basisdemokratische* Ansätze stützte: Der staatliche Einfluß auch auf die Massenmedien sollte endgültig unterbunden und das *Volk zum Subjekt politischer Macht* bestimmt werden. Getragen wurde diese Revolution aber noch von der Vorstellung, damit die *sozialistische* Demokratie weiterzuentwickeln und zu stärken. Zur Wahrung der DDR-Eigenständigkeit stützten sich die Herbstkräfte nicht nur auf international menschenrechtliche Normen, sondern auch auf die Kulturleistung der DDR, die mit dem Zusammenbruch des alten Regimes als erhaltenswertes Volksgut zur neuen Identitätsfindung beitragen sollte.

Im Rahmen dieses Demokratisierungsprozesses begann sich der Rundfunk der DDR zu reformieren: Die reformerischen Forderungen erzwangen schon früh nicht nur medienpolitische Reaktionen der sich wehrenden SED-Führung, sondern auch den Zerfall der alten Kontroll- und Lenkungsstrukturen zwischen Rundfunk, Staat und Partei. Aber auch aus eigener Initiative wurden Veränderungen eingeleitet: Nicht nur sorgten Teile der Mitarbeiter in einer Demokratisierung *von unten* für eine personelle Umwälzung, sondern auch für eine publizistische Wendung vom *Verschweigejournalismus* hin zu einem zunehmend kritischen Journalismus, der Voraussetzung für eine freie Bildung der öffentlichen Meinung ist und den gesellschaftlichen Umbruch sogar mit vorantrieb. Diese Entwicklung impliziert zugleich, daß die Mehrzahl der Rundfunkmitarbeiter nicht ausschließlich *parteitreue Mediendiener* gewesen sein kann. Letztlich initiierten sie über ihre Journalistenverbände eine gesetzliche Regelung, die die Verfassungsgrundsätze der DDR über Informations- und Medienfreiheit verwirklichen und präzisieren sollte: den Volkskammerbeschluß vom 5. Februar 1990.

Zu eigen machten sich dabei die Verbände, die auch die wesentlichen Inhalte bestimmten, nicht nur die basisdemokratischen Grundwerte der reformerischen Kräfte des Herbstes, sondern artikulierten darüber hinaus auch zum einen die unter SED-Herrschaft unterdrückten Mitbestimmungs- und Berufsrechte, die der in der Bundesrepublik geforderten *inneren Presse*- bzw. *Rundfunkfreiheit* nahekamen, und zum anderen den Wunsch, in einer demokratischen DDR nach liberalen

Vorstellungen künftig eine bedeutendere Rolle einzunehmen: die der Kontrolle des politisch-administrativen Systems, sprich die der *vierten Gewalt.* In einer Mischung aus Vorstellungen der Herbstkräfte und der Journalistenverbände formuliert der Volkskammerbeschluß, bei dem die Medienpolitik der DDR erstmalig nicht in Verantwortung der SED, sondern gesellschaftlicher Gruppen stand, nun auch für den DDR-Rundfunk erstrebenswerte Grundrechte, die im Einklang mit bundesrepublikanischer Rechtsprechung stehen: *Meinungs- und Informationsfreiheit* - und damit die Möglichkeit der *freien Meinungsbildung* - *Staatsferne, Zensurverbot* sowie *Achtung der Menschenwürde.* Im Ansatz ist auch bereits eine Anlehnung am bundesdeutschen Rundfunk zu erkennen, weil als Organisationsform Anstalten des öffentlichen Rechts angestrebt werden.

Die Unzulänglichkeit des Beschlusses für eine freiheitliche Demokratie offenbart sich im Widerspruch zur angestrebten *Staatsferne:* Wie schon im Ministerratsbeschluß vom 20. Dezember 1989 kommt in ihm der Versuch der SED zum Ausdruck, den eigenen Machtverlust auch noch bis zum Februar 1990 mit Kompromissen zu reduzieren. Doch dieser sollte sowohl mit dem Medienkontrollrat als auch mit den Statuten der Einrichtungen behoben werden, die als Weiterentwicklung des Volkskammerbeschlusses betrachtet werden können: Nicht nur sollten die Generalintendantenberufungen durch den Ministerpräsidenten aufgehoben werden, sondern die Zusammensetzung der Räte nach dem Vorbild des Runden Tisches entsprach letztlich mehr der gebotenen *Staatsferne* als die der bundesdeutschen Rundfunkräte.

Insgesamt läßt sich für die letzten Monate der DDR als Ergebnis festhalten, daß sich das Fernsehen und der Hörfunk eigenständig in den Statuten die Mehrzahl der Grundwerte des westdeutschen öffentlich-rechtlichen Rundfunks, des Bundesverfassungsgerichtes und damit der *normativ-demokratietheoretischen Ansätze* zum Ziel gesetzt haben. Darüber hinaus veränderten sich bereits vor dem 3. Oktober 1990 die organisatorischen Strukturen konform zu den westlichen binnenpluralistischen Normen. Wenn also als Ausgangslage zur Vereinigung nicht mehr das alte totalitäre Rundfunksystem herangezogen werden kann, muß es folglich andere politische Motive für die rigorose *Abwicklung* der Einrichtung gegeben haben.

Sicherlich, die Statuten waren wie zuvor der Volkskammerbeschluß lediglich „Willensäußerungen".[664] Die Ziele, den DFF und den Hörfunk in öffentlich-rechtliche Anstalten umzuwandeln, waren bis zur staatlichen Einheit nicht erreicht: Die Anstalten blieben weiterhin staatlich und waren keine föderal durch die Länder getragene Einrichtungen, was zweifelsohne inkompatibel zum westdeutschen Rundfunksystem war. Auch die personelle Besetzung von Führungspositionen war trotz mehrmaliger Selbstreinigungsversuche noch immer vom alten Regime gezeichnet, weil die personelle Umgestaltung nur punktuell erfolgt war. Für diese Defizite sind als Gründe zum einen die zeitlichen und finanziellen Mängel und zum anderen der Erhaltungswille vieler Mitarbeiter und Führungsperso-

---

664 Kutsch: Zwischen Wende und heute, a.a.O., S. 174.

nen zu nennen. Der zentralistische Aufbau der Einrichtungen hätte allerdings nicht im Gegensatz zu den Urteilen des Verfassungsgerichtes gestanden, sofern er durch einen Staatsvertrag der Länder getragen worden wäre. Als Beispiel ist hier das ZDF zu nennen, das ebenfalls zentralistisch organisiert ist - der DFF als dritte nationale öffentlich-rechtliche Anstalt im geeinten Deutschland (*dritte Säule*) wäre also zumindest verfassungsrechtlich im Bereich des Möglichen gewesen.

Zwar kompatibel zur bundesdeutschen Rechtsprechung aber ungewöhnlich für das westliche Rundfunksystem waren die Statutengrundsätze, die den Theorien der *polit-ökonomischen Ansätze* entsprachen: Die binnenpluralistischen Strukturen mit basisdemokratischen Mitbestimmungsrechten der Mitarbeiter sowie die Bestimmungen, die den Forderungen nach der *inneren Rundfunkfreiheit* nahekamen, hätten die Kritik vom ostdeutschen Rundfunk abweisen können, systemstabilisierend oder legitimationsscheinbewahrend zu wirken. Auch die ungewöhnlich starke Betonung des Kulturauftrages korrespondierte mit diesen Ansätzen. All diese Ziele konnten jedoch nicht mehr in die Realität umgesetzt werden: Die Eigenständigkeit wurde den Einrichtungen durch den Einigungsvertrag schnell und endgültig wieder genommen - der 3. Oktober stoppte die Entwicklung und ließ den Rundfunk in einer *Warteposition* verharren.

Das entscheidende Wesensmerkmal der Entwicklung des DDR-Rundfunks im ersten Halbjahr 1990 ist der ordnungspolitische Dualismus: Zum einen verpflichtete der Volkskammerbeschluß die Einrichtungen zur eigenständigen Bestimmung von Struktur und Aufgaben nach seinen Normen. Damit sollte als Resultat aus dem Demokratisierungsprozeß des Herbstes 1989 eine ordnungspolitische Unabhängigkeit von Staat und SED erreicht werden. Zum anderen stand diese Eigenständigkeit - natürlich nur aus der Perspektive der sich allmählich vollziehenden staatlichen Einheit - im Gegensatz zur Rechtsprechung des Bundesverfassungsgerichtes. Nach dieser oblag die Ordnungspolitik bezüglich eines künftig öffentlich-rechtlichen Rundfunks dem politisch-administrativen System und damit nach der Volkskammerwahl auch in der DDR den Parteien. Für Unklarheit sorgte jedoch die Tatsache, daß öffentlich-rechtlicher Rundfunk, wenn schon die bundesrepublikanische Rechtsprechung zur Grundlage genommen wurde, durch Länderparlamente zu gestalten ist, die bis Oktober 1990 überhaupt nicht existierten.

Mit diesen Kompetenzunklarheiten sowie den unterschiedlichen medienpolitischen Positionen der Parteien, die sich bereits in den Programmen abgezeichnet hatten, entstand erwartungsgemäß eine Konfrontation zwischen zwei entgegengesetzten Standpunkten: Die Christdemokraten favorisierten eine unverzügliche Anpassung an das bundesdeutsche Rundfunksystem durch radikale Umgestaltung der Einrichtungen nach westdeutschem Muster oder gar eine Auflösung derselben, und die ehemaligen Herbstkräfte, d.h. das „Bündnis 90" mit Unterstützung der Mediengewerkschaften und der Journalistenverbände, wollten das neu entstandene Rundfunkprofil erhalten, das im Stande gewesen wäre, eine spezielle DDR-Identität und Kulturleistung zu bewahren. Die Sozialdemokraten und z.T. die wenig engagierten Liberalen vertraten in dieser Auseinandersetzung zunächst eine Mittellinie, bei der der DDR-Rundfunk zwar allmählich den westdeutschen Verhältnissen angepaßt werden sollte, aber gleichzeitig in einer deutsch-deutschen Integration eine Reorganisation des westdeutschen Rundfunksystems initiieren sollte. Eine Unterscheidung zwischen Ost- und Westparteipositionen ist dabei nicht möglich, weil die DDR-Parteien, die schon vor der Volkskammerwahl auf die Unterstützung von den Schwesterparteien in der Bundesrepublik zurückgriffen, die medienpolitischen Auffassungen übernahmen.

Auf Grundlage dieser Konfrontation demonstriert die gesamte ordnungspolitische Entwicklung seit der Volkskammerwahl in anschaulicher Weise das in den *rational-systemtheoretischen Ansätzen* prognostizierte Interesse des politisch-administrativen Systems, d.h. der politischen Akteure, das Rundfunkwesen nach eigenen Vorstellungen zu beeinflussen und gar zu organisieren. Der entscheidende Angelpunkt bei der Auseinandersetzung war neben der Finanzierung, der Frequenzverteilung und der Gliederung des ostdeutschen Rundfunks stets die Frage nach der binnenpluralistischen Organisation vor allem unter den Gesichtspunkten der *Staatsferne*. Nach ihrer Pluralismus-Anschauung vertraten die Christdemokraten die Ansicht, in den Organen des Rundfunks müßten sich auch die in den jeweiligen Parlamenten politisch handelnden Parteien im gleichen Verhältnis (*Proporz*) wiederfinden, um die *öffentliche Meinungsbildung* wesentlich mitgestalten zu können. In einer solchen binnenpluralistischen Struktur sahen dagegen die Sozialdemokraten, die Liberalen und vor allem die ehemaligen Herbstkräfte sowie die „Grünen" das Gebot der Staatsferne gefährdet: Eine Medienfunktion, die nach ihren Vorstellungen mehr oder minder einer *vierten Gewalt* nahekam, hätte darin nicht erfüllt werden können. Sie strebten deshalb eine binnenpluralistische Struktur an, in der Partei- und Regierungsvertreter eher eine Minorität darstellen.

Welche Interessen sich letztlich im Zuge der staatlichen Einheit durchsetzen würden, war schon in der Machtverteilung innerhalb der beiden deutschen Staaten angelegt: Neben der Regierungstätigkeit und Besetzung des Bundesinnenministeriums konnten die Christdemokraten im März 1990 in der DDR ebenfalls die Mehrheit in der großen Koalition übernehmen und damit das für die Rundfunkpolitik entscheidende Medienministerium errichten und besetzen. Da selbst der Vertreter der SPD in diesem Ressort, Manfred Becker, die Unionslinie unterstützte, standen der SPD trotz anfänglicher Koalitionsteilhabe in West- und Ostdeutschland weniger Mittel zur Durchsetzung der eigenen Rundfunkpolitik zur Verfügung - ganz zu schweigen von den Liberalen, „Bündnis 90" und den übrigen Kleinparteien: Der aus oppositionellen Kräften zusammengesetzte Medienkontrollrat als externes Kontrollorgan konnte ohne Exekutivgewalt der administrativen Medienpolitik, bei der die christdemokratischen Vorstellungen in der Vorderhand gebracht worden waren, kaum entgegenwirken.

Der Rundfunk auf dem Gebiet der DDR wurde so zu einem Spielball parteitaktischer Medienpolitik, nämlich der der Unionsparteien. Sie überschritt auch noch mehrmals den Rahmen der zulässigen Ordnungspolitik, um sich damit der letzten

Vetomöglichkeit der Opposition zu entziehen. Exemplarisch dafür steht zum einen die Umgehung bestehender Gesetze: Ministerpräsident de Maizière setzte für die Einrichtungen *kommissarische* Leiter ein, um nicht mehr auf die Bestätigung durch den Medienkontrollrat angewiesen zu sein. Zum anderen wurde die Ordnungspolitik größtenteils nicht auf Parlaments-, sondern auf Regierungsebene betrieben: Sowohl der erste Rundfunküberleitungsgesetzentwurf als auch der Art. 36 des Einigungsvertrages sind in den Ministerien zu Papier gebracht worden, und die vorzeitige Auflösung des RBI war ebenfalls eine Regierungsentscheidung. Letztlich erfolgte auch die Annulierung des schließlich doch noch in Kraft getretenen Überleitungsgesetzes durch die Bundesregierung, wobei die Vermutung naheliegt, daß dafür neben den verfassungsrechtlichen Bedenken (die es ohnehin bereits beim ersten Entwurf gab) als entscheidendes Motiv auch die organisatorischen Bestimmungen in Betracht gezogen wurden, die aus dem DDR-SPD-Entwurf übernommen und völlig konträr zum Regierungsentwurf waren.

Unverkennbar bei dieser deutsch-deutschen Medienpolitik vor der Vereinigung war nicht nur, daß die DDR-CDU von der westdeutschen Schwesterpartei stark abhängig war, wie es in der Übernahme von Grundvorstellungen und Konzeptionen deutlich wurde (Programmatik, Eckwerte-Papier, Rundfunkpapier von Schütz etc.), sondern auch daß die christdemokratisch geführte Bundesregierung bzw. das Bundesinnenministerium zunehmend in eigener Regie die Zukunft der Einrichtung bestimmen wollte und konnte: zunächst durch das Rundfunküberleitungsgesetz und nach dessen Scheitern am Veto der DDR-SPD durch den Art. 36. So schuf die Einheit auch bezüglich des Rundfunks der Bund und nicht die Länder oder gar die DDR-Parlamentarier.

Besonders deutlich wurde diese Machtlosigkeit der Opposition beim Versuch der DDR-SPD, das Überleitungsgesetz mit Unterstützung vom westdeutschen sozialdemokratischen Medienberater v. Sell erstens nach staatsferneren Maßstäben und zweitens *ausgehend vom Bestehenden* für eine behutsame Rundfunkintegration zu modifizieren. Sie verkannte mit ihrem Entwurf, der extremer als die Überlegungen der West-SPD die Linie des Volkskammerbeschlusses und damit der Herbstkräfte vertrat, daß die Verhandlungsführer der Union das Gesetz mittels Einigungsvertrag für null und nichtig erklären konnten - daß es sich wie bei der staatlichen auch bei der rundfunkspezifischen Vereinigung lediglich um einen *Beitritt* handelte, bei der die Christdemokraten das Verfahren diktieren konnten. Das Ergebnis war zwar eine Lösung, die die Rundfunkhoheit nun in die Hände der Länder legte, die aber bezüglich der Einrichtung noch radikaler als der Regierungsentwurf für das Überleitungsgesetz die Umsetzung der CDU-Positionen ermöglichte. Und so unterstützte auch die Rundfunkpolitik jener Zeit den Vorwurf, das Verfahren der Vereinigung sei einer „Kolonialisierung"[665] bzw. einem

---

665 Geißler: Fortschreibung, a.a.O., S. 26.

„Überstülpen einer fremden Rechtsordnung"[666] auf das Gebiet der ehemaligen DDR gleichgekommen.

Begleitet vom selben Vorwurf setzte sich die parteitaktische Rundfunkpolitik auch nach der staatlichen Einheit fort: In einer verfassungsrechtlich bedenklichen Wahl wurde mit dem Amt des Rundfunkbeauftragten Rudolf Mühlfenzl betraut, der die Einrichtung im Sinne der Bundesregierung bzw. des Bundeskanzleramtes verwaltete - zumindest war die *Auflösung* auch für ihn keine unter allen Umständen abzuwendende Option. Letztlich offenbarte sich bis Ende 1991 aber auch, daß die Regierungen der fünf neuen Bundesländer, ob CDU- oder SPD-getragen, die Fortführung der Einrichtung ebenfalls aufgrund eigener rundfunkpolitischer Interessen ablehnten und auf die automatische Auflösung zum 31. Dezember vertrauten. Ein gemeinsamer Staatsvertrag darüber scheiterte jedenfalls nicht an der Uneinigkeit zwischen den Staats- und Senatskanzleien. Vielmehr war die *Abwicklung* der Einrichtung in Verantwortung der Länder Ausdruck des Bestrebens, sich vom ehemals zentralistisch verwaltenden Berlin zu distanzieren und neue politische Landesidentitäten zu finden, weshalb fast alle Landesregierungen zunächst auch die Gründung separater Rundfunkanstalten favorisierten.

Die gleiche Parteienmehrheit in Sachsen, Sachsen-Anhalt und Thüringen erleichterte schließlich doch eine schnelle Einigung auf die finanziell günstigere Lösung einer Mehrländeranstalt. Sie verfestigte aber auch das Proporzverständnis der CDU in den Organen des MDR, was die Anstalt kaum im Sinne des Gebotes der *Staatsferne* zu einem „perfekte[n] Muster parteipolitischer Einflußnahme"[667] machte. Für die Vermutung Jarrens über eine zukünftige „Symbiose"[668] zwischen Kommunikationspolitik des politisch-administrativen System und Massenkommunikationssystem stellt das MDR-Rundfunkmodell jedenfalls eine annähernde Bestätigung dar.

Im Gegensatz dazu war der ORB von vornherein *staatsferner* angelegt: Wenigstens in dieser Rundfunkanstalt wollten die in Ostdeutschland unterrepräsentierten Parteien SPD, FDP und „Bündnis 90" ihre Vorstellungen über die Rundfunkorganisation verwirklicht sehen. Von parteilicher Einflußnahme blieb aber auch der ORB nicht ausgeschlossen. Das zeigte sich zum einen in Birthlers Weigerung, dem Gründungsbeauftragten v. Sell notwendige Entscheidungskompetenzen zu übertragen, und letztlich in der verfassungsrechtlich bedenklichen Verpflichtung zur Kooperation mit dem SFB, die angesichts der finanziellen Zwangsjacke einer von den Koalitionsfraktionen gewünschten *schlanken Anstalt* notwendig war.

In die Reihe parteitaktischer Rundfunkpolitik bei der Neuordnung des Rundfunkwesens in den neuen Bundesländern reiht sich schließlich auch noch die Diskussion über den *nationalen Hörfunk* ein - davon zeugt die lang geführte Debatte

---

666 Jarausch, a.a.O., S. 311.

667 Heßler, a.a.O., S. 35.

668 Jarren: Politik und Medien, a.a.O., S. 619.

über Standort und Zugehörigkeitsmodell zwischen Ländern und Bund. Als das entscheidende Paradoxon stellt sich für diese Untersuchung die Tatsache dar, daß sich die Verantwortlichen schließlich auf ein Modell einigten, mit dem unter Körperschaft der öffentlich-rechtlichen Anstalten eine dritte und zudem zentralistische Hörfunkanstalt errichtet wurde, während die Einrichtung vormals exakt wegen dieser Struktur für die Bundesregierung nicht tragbar gewesen sei.

In dieser Ausführung sollte deutlich geworden sein, daß die *Abwicklung* der Einrichtung eben keine logische Konsequenz war, weil der DDR-Rundfunk ehemals zentralistisch, staatlich und ein Produkt des totalitären Systems war, sondern vornehmlich weil er nicht den Anforderungen der politischen Akteure genügte und ihren eigenen Parteiinteressen widersprach. Neben Befürchtungen, die Einrichtung würde zu einem „Konkurrenzunternehmen"[669] für die neuen Anstalten werden, stand vor allem das *basisdemokratische* Rundfunkmodell mit der *staatsfernen* Zusammensetzung der Räte und den Bestimmungen zur *inneren Rundfunkfreiheit* im Gegensatz zu den rundfunkpolitischen Interessen der entscheidungstragenden CDU/CSU: Anders als in Anstalten, die organisatorisch ihrem Proporzverständnis entsprechen, hätten die Unionsparteien in diesem Modell, unter Trägerschaft welcher Landesregierung auch immer, die Willens- und Meinungsbildung der Rezipienten weniger mitbestimmen können.

Dabei hätte der Rundfunk in Ostdeutschland mit dieser organisatorischen und binnenpluralistischen Struktur im Vergleich zu dem westdeutschen Anstalten möglicherweise einen *Machtzuwachs* gegenüber dem politisch-administrativen System erfahren. So aber stellt sich für ihn nicht mehr die Frage der *Unregierbarkeit* - im Gegenteil: Die Phase der Abwicklung stellt von der Wahl Mühlfenzls bis zur Auflösung einen absoluten *Autonomieverlust* dar. Als unbefriedigendes Ergebnis einzustufen gilt dabei vorrangig der Verlust von Erfahrungen und Erkenntnissen aus der Praxis dieses Rundfunkmodells, das schließlich den Kristallisationspunkten der Reformdiskussionen über weisungsgebundener Publizistik und über das „durch-proporzionalisiert[e]"[670] öffentlich-rechtliche Rundfunksystem eine positive Verwirklichung hätte geben können.

Statt dessen aber initiierte das Modell im Gegensatz zu einer geringfügigen Reorganisation der regionalen Gliederung (durch den Beitritt Mecklenburg-Vorpommerns zum NDR) keine infrastrukturelle Reorganisation der Alt-ARD-Anstalten. Nicht einmal das Land Brandenburg wagte es, mit Anlehnung an dieses Modell Neuland zu betreten, obwohl seine Regierungsparteien zuvor ebenfalls zusammen mit demselben Medienberater, v. Sell, dieses mit dem SPD-Überleitungsgesetzentwurf vehement verteidigt hatten. Mitverantwortlich dafür war allerdings auch der terminliche Druck durch das Auflösungsdatum der Einrichtung. Insofern bleibt aus heutiger Perspektive natürlich unbeantwortet, ob sich das

---

669 Siebert, zit. in: Landtag Brandenburg, 1. Wahlperiode: Plenarprotokoll 25, 25.9.1991, S. 1878.

670 Schatz: Medienpolitik, a.a.O., S. 400.

basisdemokratische Rundfunkmodell überhaupt als praktikabel und auf Dauer als durchsetzbar erwiesen hätte, genauso ob es für den Prozeß der freien Meinungsbildung den erwarteten Gewinn dargestellt hätte. Diese Erfahrung ist für die heutige Forschung verloren - ein weniger kurzfristiges Auflösungsdatum und ein unautoritärer Rundfunkbeauftragter, sprich eine *behutsamere* Umorganisation des ehemaligen DDR-Rundfunks, hätten das verhindern können. Genau dieses Ziel wurde von den entscheidungstragenden Medienpolitikakteuren nicht verfolgt - im Gegenteil, eher behindert.

Sicherlich keinen Gewinn, sondern eine Gefahr für die öffentliche Meinungsbildung der Bevölkerung im gesamten Deutschland hätte jedoch ein ganz anderes Attribut des DDR-Rundfunks - vornehmlich des DFF - dargestellt: seine *Integrationsfunktion*. In Hinsicht auf das Zusammenwachsen zweier unterschiedlicher politischer Kulturen rückt vor allem die Frage in den Vordergrund, inwieweit die Rundfunkanstalten in Ost- und Westdeutschland die *integrierende Funktion für das Staatsganze* wahrnehmen. Denn im Prozeß einer neuen Identitätsfindung für die Bevölkerung Gesamtdeutschlands[671] dürfte ihnen durch ihre hohe Bedeutung für den Meinungsbildungsprozeß dabei eine entscheidendere Rolle zustehen.

Aber gerade die als Legitimationsbasis ausgegebene Aufgabe des DFF, eine spezielle *DDR-Identität* erhalten zu wollen, wäre für dieses Zusammenwachsen kontraproduktiv gewesen. Das wäre der einzige Grund gewesen, die eigenständige Fortführung der Einrichtungen nach seinen Statuten abzulehnen, wenn die Programmverantwortlichen ihre Einstellung nicht geändert hätten. Dieser Aspekt war von den ordnungspolitischen Akteuren aber überhaupt nicht berücksichtigt worden. D.h. trotz einer behutsameren Umorganisation hätte der DFF neben der personellen Erneuerung vor allem eine Korrektur seines Programmauftrages hinsichtlich seiner Integrationsfunktion erfahren müssen. Der Hörfunk dagegen war diesbezüglich fortschrittlicher eingestellt, indem er die Entstehung von spezifischen Landesidentitäten fördern wollte.

Doch für die Einrichtung stellt sich die Frage nach dieser Integrationsleistung nun nicht mehr. Für die Rundfunkanstalten, die die Grundversorgung auf dem Gebiet der neuen Bundesländer übernommen haben, also ORB, MDR, aber auch SFB und NDR, besteht diesbezüglich dagegen immenser Forschungsbedarf - vor allem dahingehend, inwiefern sie dazu beitragen können, die „Entfremdung"[672] zwischen

---

671   Vgl. Axel Knoblich / Antonio Peter / Erik Natter (Hg.): Auf dem Weg zu einer gesamtdeutschen Identität?, Köln 1993.

672   So der Titel von Wolfgang Hardtwig / Heinrich August Winkler (Hg.): Deutsche Entfremdung - Zum Empfinden in Ost und West, München 1994.

beiden unterschiedlich gewachsenen Gesellschaften zu überwinden und die Vergangenheit des SED-Regimes ohne Verklärung der DDR-Realität (womöglich im Sinne einer positivierenden *Ostalgie*) aufzuarbeiten.[673]

---

673 Als Ansätze dafür sind z.B. zu nennen: Peter Christian Hall (Hg.): Fernsehkritik - Ein Bild der deutschen Wirklichkeit - Der Integrationsauftrag im Prozeß der deutschen Einheit, Mainz 1992; Antje Enigk / Rüdiger Steinmetz: Deutschland, einig Fernsehland? - Erste qualitative Untersuchung der Akzeptanz von Fernsehprogrammen bei Ostdeutschen und Westdeutschen am Beispiel der politischen Magazine „Fakt" und „Report Baden-Baden", in: Rundfunk und Fernsehen, 42. Jg., 4/1994, S. 510-523.

Verzeichnis der verwendeten Literatur

Selbständig erschienene Literatur

Andersen, Uwe / Woyke, Wichard (Hg.): Handwörterbuch des politischen Systems der Bundesrepublik Deutschland, 2. Aufl., Bonn 1995.

Beck, Ulrich: Risikogesellschaft, Frankfurt a.m. 1986.

Bentele, Günter / Jarren, Otfried (Hg.): Medienstadt Berlin, Berlin 1988.

Bohn, Rainer / Hickethier, Knut / Müller, Eggo (Hg.): Mauer-show - Das Ende der DDR, die deutsche Einheit und die Medien, (Sigma-Medienwissenschaft, Bd. 11), Berlin 1992.

Brinkmann, Michael: Das neue Recht des Mitteldeutschen Rundfunks - Unter besonderer Berücksichtigung der Entwicklungen des Rundfunkrechts in der ehemaligen DDR, (Europäische Hochschulschriften: Rh. 2, Rechtswissenschaft, Bd. 1557), Frankfurt a.M. 1994.

Bundeszentrale für politische Bildung (Hg.): Verantwortung in einer unübersichtlichen Welt - Aufgaben wertorientierter politischer Bildung, (Schriftenreihe Bd. 331), Bonn 1995.

CDU-Bundesgeschäftsstelle (Hg.): Medien von Morgen - Für mehr Bürgerfreiheit und Meinungsvielfalt, Broschüre vervielfältigt, Bonn o.J. [1985].

Claus, Werner (Hg.): Medien-Wende, Wende-Medien? - Dokumentation des Wandels im DDR-Journalismus, Oktober '89-Oktober '90, (Reihe Ost-West Media, Bd. 2), Berlin 1991.

Deutscher Fernsehfunk/Historisches Archiv (DFF/HA)(Hg.): Chronologische Dokumentation - Anhang (Pressestimmen), 2. Halbjahr 1990, o.O. [Berlin] 1991.

Ders./Historisches Archiv (DFF/HA)(Hg.): Fernsehfunk im Wandel - Aufzeichnungen über das Fernsehen Berlin-Adlershof in der Zeit von September 1989 bis Mai 1990, Berlin 1990.

Dusiska, Emil (Hg.): Wörterbuch der sozialistischen Journalistik, Leipzig 1973.

Fetscher, Iring (Hg.): Lenin Studienausgabe, Bd.1, Frankfurt a.M. 1970.

Friedrich-Ebert-Stiftung (Hg.): Politik und Sprachentwicklung in der DDR - Zu neuen Ufern, Bonn 1989.

Funkhaus Berlin (Hg.): Radio im Umbruch - Oktober 1989 bis Oktober 1990 im Rundfunk der DDR, Darstellungen, Chronik, Dokumentation, Presseresonanz, Berlin 1990.

Gellner, Winand (Hg.): An der Schwelle zu einer neuen deutschen Rundfunkordnung - Grundlagen, Erfahrungen und Entwicklungsmöglichkeiten, Berlin 1991.

Geserick, Rolf / Kutsch, Arnulf (Hg.): Publizistik und Journalismus in der DDR - Acht Beiträge zum Gedenken an Elisabeth Löckenhoff, (Aufermann, Jörg / Bohrmann,

Hans / Lerg, Winfried B. / Löckenhoff, Elisabeth (Hg.): Schriftenreihe Kommunikation und Politik, Bd. 20), München 1988.

Habermas, Jürgen: Strukturwandel der Öffentlichkeit, o.O. 1962, zit. in: Ulrich Sarcinelli: Kommunikationstheorien der Politik, in: Dieter Nohlen / Rainer-Olaf Schultze (Hg.): Politische Theorien, (Nohlen, Dieter (Hg.): Lexikon der Politik, Bd. 1), München 1994, S. 241-248, S. 242f.

Hall, Peter Christian (Hg.): Fernsehkritik - Ein Bild der deutschen Wirklichkeit - Der Integrationsauftrag im Prozeß der deutschen Einheit, Mainz 1992.

Hardtwig, Wolfgang / Winkler, Heinrich August (Hg.): Deutsche Entfremdung - Zum Empfinden in Ost und West, München 1994.

Hesselberger, Dieter: Das Grundgesetz - Kommentar für die politische Bildung, 9. Aufl., Neuwied 1995.

Hickethier, Knut (Hg.): Institution, Technik und Programm - Rahmenaspekte der Programmgeschichte des Fernsehens, (Kreuzer, Helmut / Thomsen, Christian W.(Hg.): Geschichte des Fernsehens in der Bundesrepublik Deutschland, Bd. 1), München 1993.

Ders. / Schneider, Irmela (Hg.): Fernsehtheorien - Dokumentation der GFF-Tagung 1990, (Sigma-Medienwissenschaft, Bd. 8 - Schriften der Gesellschaft für Film- und Fernsehwissenschaft, Bd. 4), Bonn 1992.

Hoff, Peter / Wiedemann, Dieter (Hg.): Medien der Ex-DDR in der Wende, (Beiträge zur Film- und Fernsehwissenschaft, Bd. 40), Berlin 1991.

Hoffmann-Riem, Wolfgang: Rundfunkneuordnung in Ostdeutschland - Stellungnahme zu Vorschlägen über den Aufbau des öffentlich-rechtlichen Rundfunks in den neuen Bundesländern, (Hg. Hans-Bredow Institut, Forschungsberichte und Materialien, Bd. 13), Hamburg 1991.

Holtmann, Everhard (Hg.) / Brinkmann, Heinz Ulrich / Pehle, Heinrich: Politik-Lexikon, München/Wien 1991.

Hübner, Emil / Rohlfs, Horst-Hennek: Jahrbuch der Bundesrepublik Deutschland - 1992/93, (Hg. Beck/dtv), München 1992.

Jarausch, Konrad H.: Die unverhoffte Einheit - 1989-1990, Frankfurt a.M. 1995.

Jarren, Ottfried: Symbolische Politik - Zur Bedeutung symbolischen Handelns in der Wahlkampfkommunikation der Bundesrepublik Deutschland, Opladen 1987.

Kleines Politisches Wörterbuch, 3. Aufl., Berlin (Ost) 1978, zit. in: Rexin, Manfred: Massenmedien in der DDR, in: Weidenfeld, Werner / Zimmermann, Hartmut (Hg.): Deutschland-Handbuch - Eine doppelte Bilanz 1949-1989, (Bundeszentrale für politische Bildung: Schriftenreihe Studien zur Geschichte und Politik, Bd. 275), Bonn 1989, S. 402-412, S. 403.

Klump, Brigitte: Das rote Kloster - Als Zögling in der Kaderschmiede des Stasi, München 1991.

Knoblich, Axel / Peter, Antonio / Natter, Erik (Hg.): Auf dem Weg zu einer gesamtdeutschen Identität?, Köln 1993.

Kollatz, Matthias (Hg.): Kleines Lexikon zur Medienpolitik, Marburg 1984.

Kopetz, Dieter (Hg.): Perspektiven für die Medien in den neuen Bundesländern, (Europa 2000, Bd. 2), Münster / Hamburg 1991.

Kutsch, Arnulf (Hg.): Publizistischer und journalistischer Wandel in der DDR - Vom Ende der Ära Honecker bis zur Volkskammerwahl im März 1990, (Bochumer Studien zur Publizistik- und Kommunikationswissenschaft, Bd. 64), 2. Aufl., Bochum 1990.

Ders. / Holtz-Bacha, Christina / Stuke, Franz R. (Hg.): Rundfunk im Wandel, Berlin 1992.

Lindner, Uwe-Jens / Schulenburg, Michael: Modell Brandenburg - Entstehungsgeschichte und Entwicklung des Ostdeutschen Rundfunks Brandenburg, (Hg. Ostdeutscher Rundfunk Brandenburg), Potsdam o.J. [1993].

Ludes, Peter (Hg.): DDR-Fernsehen intern - Von der Honecker-Ära bis „Deutschland einig Fernsehland", Berlin 1990.

Mahle, Walter A. (Hg.): Medien im vereinten Deutschland - Nationale und internationale Perspektiven, (AKM-Studien, Bd. 37), München 1991.

Ders.(Hg.): Medien in Deutschland - Nationale und internationale Perspektiven, (AKM-Studien, Bd. 32), München 1990.

Niedersächsisches Kultusministerium / Niedersächsische Landeszentrale für politische Bildung (Hg.): Grundgesetz für die Bundesrepublik Deutschland (vorläufige Niedersächsische Verfassung), Hannover 1982.

Noelle-Neumann, Elisabeth / Schulz, Winfried / Wilke, Jürgen (Hg.): Das Fischer Lexikon - Publizistik, Massenkommunikation, Frankfurt a.M. 1989.

Dies.: Öffentliche Meinung - Die Entdeckung der Schweigespirale, Frankfurt a.M. 1989, zit. in: Sarcinelli, Ulrich: Kommunikationstheorien der Politik, in: Nohlen, Dieter / Schultze, Rainer-Olaf (Hg.): Politische Theorien, (Nohlen, Dieter (Hg.): Lexikon der Politik, Bd. 1), München 1994, S. 241-248, S. 242.

Nohlen, Dieter (Hg.): Wörterbuch Staat und Politik, Bonn 1995.

Ders. / Schultze, Rainer-Olaf (Hg.): Politikwissenschaft - Theorien-Methoden-Begriffe, (Nohlen, Dieter (Hg.): Pipers Wörterbuch zur Politik, Bd. 1), München/Zürich 1985.

Ders. / Schultze, Rainer-Olaf (Hg.): Politische Theorien, (Nohlen, Dieter (Hg.): Lexikon der Politik, Bd. 1), München 1994.

Ostdeutscher Rundfunk Brandenburg (Hg.): Die Gremien: Organe des ORB - Vertreter der Allgemeinheit, Broschüre vervielfältigt, Potsdam 1995.

Redaktion des Fischer Weltalmanach (Hg.): Fischer Weltalmanach 1991, Frankfurt a.M. 1990.

Riedel, Heide (Hg.): Mit uns zieht die neue Zeit... - 40 Jahre DDR-Medien, Berlin o.J. [1993].

Sarcinelli, Ulrich: Symbolische Politik, Opladen 1987.

Sektion Journalistik der Karl-Marx-Universität Leipzig (Autorenkollektiv): Einführung in die journalistische Methodik, Leipzig 1985, zit. in: Rexin, Manfred: Massenmedien in der DDR, in: Weidenfeld, Werner / Zimmermann, Hartmut (Hg.): Deutschland-Handbuch - Eine doppelte Bilanz 1949-1989, (Bundeszentrale für politische Bildung: Schriftenreihe Studien zur Geschichte und Politik, Bd. 275), Bonn 1989, S. 404.

Sender Freies Berlin (SFB)(Hg.): Rundfunk im Umbruch - Materialien zur Entwicklung von Hörfunk und Fernsehen der ehemaligen DDR im Jahr 1990, (SFB-Werkstattheft Nr. 19), Berlin o.J. [1991].

Sorgenicht, Klaus (Hg.): Verfassung der Deutschen Demokratischen Republik. Dokumente, Kommentar, Bd.2, Berlin (Ost) 1969, zit. in: Rexin, Manfred: Massenmedien in der DDR, in: Weidenfeld, Werner / Zimmermann, Hartmut (Hg.): Deutschland-Handbuch - Eine doppelte Bilanz 1949-1989, (Bundeszentrale für politische Bildung: Schriftenreihe Studien zur Geschichte und Politik, Bd. 275), Bonn 1989, S. 403.

Spielhagen, Edith (Hg.): So durften wir glauben zu kämpfen ... - Erfahrungen mit DDR-Medien, Berlin 1993.

Verlag Wissenschaft und Politik (Hg.): Die neue Verfassung der DDR, Köln 1974.

Wahltreff 90 - Zentrum für politikwissenschaftliche Information und Dokumentation: Dokumentation - Die aktuelle Programmatik von Parteien und politischen Vereinigungen in der DDR, Berlin 1990.

Weidenfeld, Werner / Korte, Karl-Rudolf (Hg.): Handbuch zur deutschen Einheit, Bonn 1993.

Ders. / Zimmermann, Hartmut (Hg.): Deutschland-Handbuch - Eine doppelte Bilanz 1949-1989, (Bundeszentrale für politische Bildung: Schriftenreihe Studien zur Geschichte und Politik, Bd. 275), Bonn 1989.

Wilhelmi, Martin: Verfassungsrechtliche Probleme des öffentlich-rechtlichen Rundfunks in den neuen Bundesländern - Lokale Grundversorgung, Staatsfreiheit, Finanzierung, (Schriften zu Kommunikationsfragen, Bd. 21), Berlin 1995.

Witte, Eberhard (Hg.): Deutsche Medienstruktur 1991 - Einheit und regionale Unterschiede in Fernsehen und Hörfunk, Heidelberg 1991.

Wittkämpfer, Gerhard W. (Hg.): Medien und Politik, Darmstadt 1992.

Wörterbuch der marxistisch-leninistischen Soziologie, Berlin (Ost) 1977, zit. in: Rexin, Manfred: Massenmedien in der DDR, in: Weidenfeld, Werner / Zimmermann, Hartmut (Hg.): Deutschland-Handbuch - Eine doppelte Bilanz 1949-1989, (Bundeszentrale für politische Bildung: Schriftenreihe Studien zur Geschichte und Politik, Bd. 275), Bonn 1989, S. 403.

Ziemer, Klaus (Hg.): Sozialistische Systeme - Politik-Wirtschaft-Gesellschaft, (Nohlen, Dieter (Hg.): Pipers Wörterbuch zur Politik, Bd. 4), München/Zürich 1986.

Aufsätze in Zeitschriften und Sammelbänden

Ahlberg, René: Marxismus-Leninismus, in: Ziemer, Klaus (Hg.): Sozialistische Systeme - Politik-Wirtschaft-Gesellschaft, (Nohlen, Dieter (Hg.): Pipers Wörterbuch zur Politik, Bd. 4), München/Zürich 1986, S. 266-278.

Bahrmann, Hannes: Der Funktionär wird Journalist - Neubeginn für den DDR-Journalismus, in: Bertelsmann Briefe, 4/1992, S. 38-41.

Ders.: Mit Brüchen - Wie weiter im DDR-Rundfunk?, in: Kirche und Rundfunk, Nr. 40, 23.5.1990, S. 3-6.

Ders.: Wende und journalistisches Selbstverständnis in der DDR, in: Rundfunk und Fernsehen, 38. Jg., 3/1990, S. 409-416.

Bauer, Thomas: Nach 20 Berufsjahren an der Spitze - BR-Hörfunkdirektor Udo Reiter als Gründungsintendant des Mitteldeutschen Rundfunks, in: Studienkreis Rundfunk und Geschichte, 18. Jg., 1/1992, S. 9-10.

Bentzien, Hans: „...Gratulation zur neuen Offenheit!", in: Riedel, Heide (Hg.): Mit uns zieht die neue Zeit... - 40 Jahre DDR-Medien, Berlin o.J. [1993], S. 283-286.

Bergsdorf, Wolfgang: Einleitung, in: Mahle, Walter A. (Hg.): Medien im vereinten Deutschland - Nationale und internationale Perspektiven, (AKM-Studien, Bd. 37), München 1991, S. 29-34.

Ders.: Medienpolitische Perspektiven im vereinten Deutschland, in: Communications, 16/1991-1, S. 5-14.

Bierbach, Wolf: Nachdenken über Deutschland - Ein Jahr „Deutschlandsender Kultur" - Fakten und Dokumente, in: in: Studienkreis Rundfunk und Geschichte, 17. Jg., 2-3/1991, S. 91-107.

Bleek, Wilhelm: Demokratischer Zentralismus, in: Ziemer, Klaus (Hg.): Sozialistische Systeme - Politik-Wirtschaft-Gesellschaft, (Nohlen, Dieter (Hg.): Pipers Wörterbuch zur Politik, Bd. 4), München/Zürich 1986, S. 77-83.

Bleicher, Joan Kristin: Übernahme - Zur Integration des „Deutschen Fernsehfunks" in die Programme der öffentlich-rechtlichen Anstalten, in: Bohn, Rainer / Hickethier, Knut / Müller, Eggo (Hg.): Mauer-show - Das Ende der DDR, die deutsche Einheit und die Medien, (Sigma-Medienwissenschaft, Bd. 11), Berlin 1992, S. 127-138.

Brauburger, Stefan: Verträge zur deutschen Einheit, in: Weidenfeld, Werner / Korte, Karl-Rudolf (Hg.): Handbuch zur deutschen Einheit, Bonn 1993, S. 667-682.

Büchel, Bernhard: Elf99 - Die Geister, die man rief ..., in: Riedel, Heide (Hg.): Mit uns zieht die neue Zeit... - 40 Jahre DDR-Medien, Berlin o.J. [1993], S. 266-270.

Ders.: Jähe Wendungen ..., in: Riedel, Heide (Hg.): Mit uns zieht die neue Zeit... - 40 Jahre DDR-Medien, Berlin o.J. [1993], S. 282f.

Buchwald, Manfred: Brüche und Risse - Das gesamtdeutsche Rundfunkgebäude im Jahre Zwei, in: Medium, 1/1992, S. 32-34.

Butzek, Erika: Dreieck im Kreis - Zur Rundfunk(TV-)Lage in Groß-Berlin, in: Kirche und Rundfunk, Nr. 67, 25.8.1990, S. 7-11.

Dohlus, Ernst: Der schwierige Weg zu neuen Strukturen - Vom Rundfunk und Fernsehen der DDR zur Einrichtung, in: Sender Freies Berlin (Hg.): Rundfunk im Umbruch - Materialien zur Entwicklung von Hörfunk und Fernsehen der ehemaligen DDR im Jahr 1990, (SFB-Werkstattheft Nr. 19), Berlin o.J. [1991], S. 13-15.

Eggert, Hans: Wie ich die Wende im Journalismus erlebte, in: Bertelsmann Briefe, 4/1992, S. 8-11.

Ehrich, Ute: Mankurten - Wird das Gedächtnis der DDR ausgelöscht?, in: Medium, 4/1990, S. 47f.

Eisfeld, Rainer: Pluralismus/Pluralismustheorie, in: Nohlen, Dieter (Hg.): Wörterbuch Staat und Politik, Bonn 1995, S. 537-542.

Enigk, Antje / Steinmetz, Rüdiger: Deutschland, einig Fernsehland? - Erste qualitative Untersuchung der Akzeptanz von Fernsehprogrammen bei Ostdeutschen und Westdeutschen am Beispiel der politischen Magazine „Fakt" und „Report Baden-Baden", in: Rundfunk und Fernsehen, 42. Jg., 4/1994, S. 510-523.

Franck, Norbert: Medien in der Bundesrepublik Deutschland - Die Sicht der Grünen, in: Wittkämpfer, Gerhard W. (Hg.): Medien und Politik, Darmstadt 1992, S. 199-212.

Frank, Götz: Vom Staatssender zur binnenpluralistischen Konzeption - Die aktuelle Entwicklung des DDR-Fernsehens, in: Mahle, Walter A. (Hg.): Medien in Deutschland - Nationale und internationale Perspektiven, (AKM-Studien, Bd. 32), München 1990, S. 101-108.

Gehler, Matthias: Neuordnung des Rundfunks in den neuen Bundesländern, in: Mahle, Walter A. (Hg.): Medien im vereinten Deutschland - Nationale und internationale Perspektiven, (AKM-Studien, Bd. 37), München 1991, S. 39-45.

Geißler, Rainer: Agitation als Selbsttäuschung - Thesen zu den politischen Funktionen des DDR-Fernsehens vor der Wende (am Beispiel der Aktuellen Kamera), in: Ludes, Peter (Hg.): DDR-Fernsehen intern - Von der Honecker-Ära bis „Deutschland einig Fernsehland", Berlin 1990, S. 297-306.

Ders.: Fortschreibung bestehender Strukturen - Die Folgen der deutschen Vereinigung für das Mediensystem, in: Medium, 1/1993, S. 21-26.

Gerdes, Dirk: Regionalismus, in: Nohlen, Dieter (Hg.): Wörterbuch Staat und Politik, Bonn 1995, S. 647-650.

Gerschel, Alfred: Zur Rechtmäßigkeit der Personalbefragung des Rundfunkbeauftragten unter Mitarbeitern des Rundfunks in der früheren DDR - Rechtsposition, in: Journalist, 4/1991, S. 52, 61.

Glaab, Manuela: Medien, in: Weidenfeld, Werner / Korte, Karl-Rudolf (Hg.): Handbuch zur deutschen Einheit, Bonn 1993, S. 461-472.

Glaessner, Gert-Joachim: Der politische Prozeß in der DDR, in: Weidenfeld, Werner / Zimmermann, Hartmut (Hg.): Deutschland-Handbuch - Eine doppelte Bilanz 1949-1989, (Bundeszentrale für politische Bildung: Schriftenreihe Studien zur Geschichte und Politik, Bd. 275), Bonn 1989, S. 509-531.

Goldberg, Henryk: „Wir haben doch alle mitgemacht" - Selbstanklage eines Journalisten namens seiner Zunft bei Gelegenheit nachdenklicher Einkehr am Jahresende, in: Rundfunk und Fernsehen, 38. Jg., 3/1990, S. 428f.

Görtemaker, Manfred: Beginn der deutschen Einigung, in: Bundeszentrale für politische Bildung: Informationen zur politischen Bildung, Nr. 250, 1. Quartal 1996, S. 25-35.

Graf, Andreas / Graf, Heike: Der Medienkontrollrat - Insel der Stabilität im medienpolitischen Schlachtenlärm, in: Claus, Werner (Hg.): Medien-Wende, Wende-Medien? - Dokumentation des Wandels im DDR-Journalismus, Oktober '89-Oktober '90, (Reihe Ost-West Media, Bd. 2), Berlin 1991, S. 7-15.

Grubitzsch, Jürgen: Rezension zu Claus, Werner (Hg.): Medien-Wende, Wende-Medien? - Dokumentation des Wandels im DDR-Journalismus, Oktober '89-Oktober '90, (Reihe Ost-West Media, Bd. 2), Berlin 1991, in: Publizistik. 38. Jg., 3/1993, S. 471f.

Ders.: Traditionen, Altlasten und Neuansätze der Leipziger Journalistenausbildung, in: Rundfunk und Fernsehen, 38. Jg., 3/1990, S. 400-406.

Grünert, Frank: Medienpolitischer Überblick - Herbst/Winter 90/91, in: Medium, 1/1991, S. 77-78.

Guggenberger, Bernd: Demokratie/Demokratietheorie, in: Nohlen, Dieter (Hg.): Wörterbuch Staat und Politik, Bonn 1995, S. 80-90.

Hanke, Helmut: „Umbruch" im Fernsehen der DDR?, in: Ästhetik und Kommunikation, 19. Jg., 73/74/1990, S.79-86.

Ders.: Das „deutsche Fernsehen" - doch kein Null-Medium?, in: Hoff, Peter / Wiedemann, Dieter (Hg.): Medien der Ex-DDR in der Wende, (Beiträge zur Film- und Fernsehwissenschaft, Bd. 40), Berlin 1991, S. 7-23.

Ders.: Macht und Ohnmacht des Mediums - Wandel in Funktion und Gebrauch des DDR-Fernsehens, in: Hickethier, Knut / Schneider, Irmela (Hg.): Fernsehtheorien - Dokumentation der GFF-Tagung 1990, (Sigma-Medienwissenschaft, Bd. 8 - Schriften der Gesellschaft für Film- und Fernsehwissenschaft, Bd. 4), Bonn 1992, S. 150-160.

Hartung, Helmut: Die Rolle des DDR-Fernsehens bei der revolutionären Wende, in: Ludes, Peter (Hg.): DDR-Fernsehen intern - Von der Honecker-Ära bis „Deutschland einig Fernsehland", Berlin 1990, S. 342-348.

Heinze, Rolf G. / Voelzkow, Helmut: Interessengruppen, in: Andersen, Uwe / Woyke, Wichard (Hg.): Handwörterbuch des politischen Systems der Bundesrepublik Deutschland, 2. Aufl., Bonn 1995, S. 235-240.

Hempel, Manfred: Zwischen Mauer und Tor - Professionelle Einstellung unter Adlershofer Fernsehleuten, in: Kutsch, Arnulf (Hg.): Publizistischer und journalistischer Wandel in der DDR - Vom Ende der Ära Honecker bis zur Volkskammerwahl im März 1990, (Bochumer Studien zur Publizistik- und Kommunikationswissenschaft, Bd. 64), 2. Aufl., Bochum 1990, S. 57-71.

Herden, Tim / Preisigke, Klaus: Die Leipziger Fernsehjournalistenausbildung im Umbruch, in: Media Perspektiven, 7/1990, S. 430-437.

Hermann, Ingo: Jugendkultur im Spiegel des Fernsehens - Ein historischer Rückblick, in: Medium, 3/1995, S. 23-26.

Hess, Harro: Die „ARGU"-Sprachregelungen im Rundfunkjournalismus in der DDR, in: Riedel, Heide (Hg.): Mit uns zieht die neue Zeit... - 40 Jahre DDR-Medien, Berlin o.J. [1993], S. 251-254.

Hesse, Kurt R.: Fernsehen und Revolution: Zum Einfluß der Westmedien auf die politische Wende in der DDR, in: Rundfunk und Fernsehen, 38. Jg., 3/1990, S. 328-342.

Heßler, Hans-Wolfgang: Kleiner Zugewinn, große Verluste - Zur Zwischenbilanz des dualen Rundfunks, in: Medium, 1/1992, S. 34-36.

Heym, Stefan: Je voller der Mund, desto leerer die Sprüche - Leben mit der Aktuellen Kamera, in: Spielhagen, Edith (Hg.): So durften wir glauben zu kämpfen ... - Erfahrungen mit DDR-Medien, Berlin 1993, S. 93-100.

Hickethier, Knut: Das Zerschlagen der Einrichtung - Der Weg vom Staatsfernsehen der DDR zum Rundfunkföderalismus in den neuen Bundesländern, in: Bohn, Rainer / Hickethier, Knut / Müller, Eggo (Hg.): Mauer-show - Das Ende der DDR, die deutsche Einheit und die Medien, (Sigma-Medienwissenschaft, Bd. 11), Berlin 1992, S. 71-93.

Ders.: Die Zeit und das Fernsehen, in: Ästhetik und Kommunikation, 19. Jg., 73/74/1990, S. 137-144.

Hirche, Walter: Offen, pluralistisch und staatsfern - Leitlinien liberaler Medienpolitik, in: Wittkämpfer, Gerhard W. (Hg.): Medien und Politik, Darmstadt 1992, S. 187-198.

Hoff, Peter: „Die Kader entscheiden alles" - Zu den „Kaderanforderungen" im Fernsehen der DDR, in: Riedel, Heide (Hg.): Mit uns zieht die neue Zeit... - 40 Jahre DDR-Medien, Berlin o.J. [1993], S. 241-250.

Ders.: „Vertrauensmann des Volkes" - Das Berufsbild des „sozialistischen Journalisten" und die „Kaderanforderungen" des Fernsehens der DDR - Anmerkungen zum politischen und professionellen Selbstverständnis von „medienmitarbeitern" während der Honecker-Zeit, in: Rundfunk und Fernsehen, 38. Jg., 3/1990, S. 385-399.

Ders.: Armenbegräbnis für eine teure Verblichene - Geschichtsbild und Point of View von Fernsehrückblicken und Viedeokassetten (Ost/West) zum „Jahr der deutschen Einheit" 1990, in: Bohn, Rainer / Hickethier, Knut / Müller, Eggo (Hg.): Mauershow - Das Ende der DDR, die deutsche Einheit und die Medien, (Sigma-Medienwissenschaft, Bd. 11), Berlin 1992, S. 175-188.

Ders.: Der ungeteilte Himmel, in: Ästhetik und Kommunikation, 19. Jg., 73/74/1990, S. 87-95.

Ders.: Jugendprogramm - Das vergebliche Werben um eine Zielgruppe, in: Riedel, Heide (Hg.): Mit uns zieht die neue Zeit... - 40 Jahre DDR-Medien, Berlin o.J. [1993], S. 210-217.

Ders.: Kannitverstan - Die ersten hundert Tage des ORB-Fernsehens, in: Kirche und Rundfunk, Nr. 37, 13.5.1992, S. 3-6.

Ders.: Organisation und Programmentwicklung des DDR-Fernsehens, in: Hickethier, Knut (Hg.): Institution, Technik und Programm - Rahmenaspekte der Programmgeschichte des Fernsehens, (Kreuzer, Helmut / Thomsen, Christian W.(Hg.): Geschichte des Fernsehens in der Bundesrepublik Deutschland, Bd. 1), München 1993, S. 245-288.

Ders.: Von „Da lacht der Bär" über „Ein Kessel Buntes" - ins „Aus", in: Riedel, Heide (Hg.): Mit uns zieht die neue Zeit... - 40 Jahre DDR-Medien, Berlin o.J. [1993], S. 86-94.

Holzweißig, Gunter: Das MfS und die Medien, in: Deutschland Archiv, 1/1992, S. 32-41.

Ders.: Das Presseamt des DDR-Ministerrats - Agitationsinstrument der SED, in: Deutschland Archiv, 5/1992, S. 503-512.

Ders.: Massenmedien unter Parteiaufsicht - Lenkungsmechanismen vor der Wende in der DDR, in: Rundfunk und Fernsehen, 38. Jg., 3/1990, S. 365-376.

Huber, Erwin: Parteien und Medien - Die Sicht der CSU, in: Wittkämpfer, Gerhard W. (Hg.): Medien und Politik, Darmstadt 1992, S. 180-186.

Jarren, Ottfried: Politik und Medien im Wandel: Autonomie, Interdependenz oder Symbiose? - Anmerkungen zur Theoriedebatte in der politischen Kommunikation, in: Publizistik, 33. Jg., 4/1988, S. 619-632.

Kaase, Max: Massenkommunikation, in: Nohlen, Dieter (Hg.): Wörterbuch Staat und Politik, Bonn 1995, S. 414-420.

Kabel, Rainer / Kupka, Hans-Jürgern: Der Rundfunk in der DDR - historisch, in: Sender Freies Berlin (Hg.): Rundfunk im Umbruch - Materialien zur Entwicklung von Hörfunk und Fernsehen der ehemaligen DDR im Jahr 1990, (SFB-Werkstattheft Nr. 19), Berlin o.J. [1991], S. 6-11.

Kammann, Uwe / Kochner, Wilfried: „Wer die Zuschauer hat, der wird gebraucht" - Ein epd-Interview mit DFF-Generalintendant Hans Bentzien, in: Kirche und Rundfunk, Nr. 27, 7.4.1990, S. 3-9.

Ders.: „In Ruhe alle Kräfte zusammennehmen" - Ein epd-Interview mit DDR-Medienminister Gottfried Müller, in: Kirche und Rundfunk, Nr. 47, 16.6.1990, S. 6-11.

Ders.: Aufgeblüht - Zum Streit um Mühlfenzl und um einen Länderkompromiß, in: Kirche und Rundfunk, Nr. 85, 27.10.1990, S. 3f.

Ders.: Das DDR-Fernsehen und die Strategien der bundesdeutschen Medien - Zwischenbericht von den Fronten am 31. März 1990, in: Hickethier, Knut / Schneider, Irmela (Hg.): Fernsehtheorien - Dokumentation der GFF-Tagung 1990, (Sigma-Medienwissenschaft, Bd. 8 - Schriften der Gesellschaft für Film- und Fernsehwissenschaft, Bd. 4), Bonn 1992, S. 172-185.

Ders.: Dialektischer Pragmatismus der treuen Hand - Das DDR-Rundfunküberleitungsgesetz - ein Wechselbalg, in: Kirche und Rundfunk, Nr. 53, 7.8.1990, S. 3f.

Karepin, Rolf / Müller, Eckhard: Westwärts ohne Illusionen, in: Media-Spektrum, 29. Jg., 1/1991, S. 24-31.

Klein, Manfred: In Verantwortung für den Hörfunk - Versuche und Versagen, in: Spielhagen, Edith (Hg.): So durften wir glauben zu kämpfen ... - Erfahrungen mit DDR-Medien, Berlin 1993, S. 83-91.

Kleinsteuber, Hans J.: Massenmedien, in: Nohlen, Dieter / Schultze, Rainer-Olaf (Hg.): Politikwissenschaft - Theorien-Methoden-Begriffe, (Nohlen, Dieter (Hg.): Pipers Wörterbuch zur Politik, Bd. 1), München/Zürich 1985, S. 547f.

Ders.: Medienpolitik - Westliche Länder, in: Nohlen, Dieter (Hg.): Wörterbuch Staat und Politik, Bonn 1995, S. 420-422.

Ders.: Öffentliche Meinung, in: Nohlen, Dieter / Schultze, Rainer-Olaf (Hg.): Politikwissenschaft - Theorien-Methoden-Begriffe, (Nohlen, Dieter (Hg.): Pipers Wörterbuch zur Politik, Bd. 1), München/Zürich 1985, S. 622f.

Ders.: Rundfunk, in: Nohlen, Dieter / Schultze, Rainer-Olaf (Hg.): Politikwissenschaft - Theorien-Methoden-Begriffe, (Nohlen, Dieter (Hg.): Pipers Wörterbuch zur Politik, Bd. 1), München/Zürich 1985, S. 879f.

Kleinwächter, Wolfgang: Die Vorbereitungen für ein Mediengesetz der DDR, in: Media Perspektiven, 3/1990, S. 133-139.

Ders.: Rundfunkwerbung in der DDR, in: Media Perspektiven, 4/1990, S. 213-218.

Koszyk, Kurt: Öffentlichkeit, in: Holtmann, Everhard (Hg.) / Brinkmann, Heinz Ulrich / Pehle Heinrich: Politik-Lexikon, München/Wien 1991, S. 399-401.

Kutsch, Arnulf: Generalintendanten in den DDR-Rundfunkmedien, in: Studienkreis Rundfunk und Geschichte, 15. Jg., 4/1989, S. 241-244.

Ders.: Meinungs-, Informations- und Medienfreiheit - Zum Volkskammer-Beschluß vom 5. Februar 1990 (a), in: Ders. (Hg.): Publizistischer und journalistischer Wandel in der DDR - Vom Ende der Ära Honecker bis zur Volkskammerwahl im März 1990,

(Bochumer Studien zur Publizistik- und Kommunikationswissenschaft, Bd. 64), 2. Aufl., Bochum 1990, S. 107-156.

Ders.: Meinungs-, Informations- und Medienfreiheit in der DDR - Zum Volkskammer-Beschluß vom 5. Februar 1990 (b), in: Studienkreis Rundfunk und Geschichte, 16. Jg., 1/1990, S. 18-34.

Ders.: Zwischen Wende und heute - Ansätze zur Rundfunkneuordnung in der DDR bis zur deutschen Vereinigung, in: Studienkreis Rundfunk und Geschichte, 17. Jg., 4/1991, S. 169-185.

Langenbucher, Wolfgang R.: Braucht eine demokratische Gesellschaft öffentlich-rechtlichen Rundfunk?, in: Media Perspektiven, 11/1990, S. 699-716.

Lenin, Wladimir Iljitsch: Womit beginnen?, 1901, in: Iring Fetscher (Hg.): Lenin Studienausgabe, Bd.1, Frankfurt a.m. 1970, S. 29-36.

Lohmann, Ulrich: Legitimation und Verfassung in der DDR, in: Weidenfeld, Werner / Zimmermann, Hartmut (Hg.): Deutschland-Handbuch - Eine doppelte Bilanz 1949-1989, (Bundeszentrale für politische Bildung: Schriftenreihe Studien zur Geschichte und Politik, Bd. 275), Bonn 1989, S. 468-487.

Lösche, Peter: Direkte Demokratie, in: Nohlen, Dieter (Hg.): Wörterbuch Staat und Politik, Bonn 1995, S. 108-110.

Ludes, Peter: „Von mir hätten Sie immer nur die halbe Wahrheit bekommen" - Interviews mit Journalisten des Deutschen Fernsehfunks der DDR, in: Aus Politik und Zeitgeschichte, B 17/1991, S. 22-31.

Ders.: Die Rolle des Fernsehens bei der revolutionären Wende in der DDR, in: Publizistik, 36. Jg., 2/1991, S. 201-216.

Ders.: Nachrichtensendungen des DDR-Fernsehens, in: Ders. (Hg.): DDR-Fernsehen intern - Von der Honecker-Ära bis „Deutschland einig Fernsehland", Berlin 1990, S. 9-116.

Luhmann, Niklas: Die öffentliche Meinung, in: Wolfgang R. Langenbucher (Hg.): Zur Theorie der politischen Kommunikation, München 1974, S. 44, zit. in: Ottfried Jarren: Politik und Medien im Wandel: Autonomie, Interdependenz oder Symbiose? - Anmerkungen zur Theoriedebatte in der politischen Kommunikation, in: Publizistik, 33. Jg., 4/1988, S. 619-632, S. 620.

Massing, Peter: Interesse, in: Andersen, Uwe / Woyke, Wichard (Hg.): Handwörterbuch des politischen Systems der Bundesrepublik Deutschland, 2. Aufl., Bonn 1995, S. 217-225.

Ders.: Interessengruppen, in: Nohlen, Dieter (Hg.): Wörterbuch Staat und Politik, Bonn 1995, S. 289f.

Mast, Claudia: Neue Bundesländer - Neuer Journalismus - Zum Wandel des journalistischen Berufs, in: Mahle, Walter A. (Hg.): Medien im vereinten Deutschland - Nationale und internationale Perspektiven, (AKM-Studien, Bd. 37), München 1991, S. 85-104.

Meyerholt, Ulrich: Zwischen Strukturwandel und Kontinuität: Entwicklungsperspektiven für eine deutsch-deutsche Rundfunkordnung, in: Kopetz, Dieter (Hg.): Perspektiven für die Medien in den neuen Bundesländern, (Europa 2000, Bd. 2), Münster / Hamburg 1991, S. 39-55.

Meyn, Hermann: Planspiel mit Visionen, in: Journalist, 4/1990, S. 38f.

Möller-Riester, Monika: Von der Tatarenmeldung zum Joint Venture - Chronik des Medienumbruchs in der DDR aus westlicher Sicht, in: Medium, 2/1990, S. 40-43.

Mühl-Benninghaus, Wolfgang: Ab morgen heißen wir „Aktuell" - Ein Nachwort zum Ende der DDR-Nachrichtensendung „Aktuelle Kamera", in: Funk-Korrespondenz, Jg. 38, 51-52/1990, S. 1-3.

Ders.: Frage nach dem Wohin, in: Journalist, 7/1991, S. 13-16.

Ders.: Medienpolitische Probleme in Deutschland zwischen 1949 und 1989 - Zum unterschiedlichen Verständnis der audiovisuellen Medien in beiden deutschen Staaten, in: Riedel, Heide (Hg.): Mit uns zieht die neue Zeit... - 40 Jahre DDR-Medien, Berlin o.J. [1993], S. 9-20.

Mühlfenzl, Rudolf: Der Rundfunkbeauftragte, in: Witte, Eberhard (Hg.): Deutsche Medienstruktur 1991 - Einheit und regionale Unterschiede in Fernsehen und Hörfunk, Heidelberg 1991, S. 13-20.

Müller, Stefan: Medienpolitischer Rückblick - Winter 1992/1993, in: Medium, 2/1993, S.76f.

Neef, Christian: Für den Hörfunk in Moskau, in: Riedel, Heide (Hg.): Mit uns zieht die neue Zeit... - 40 Jahre DDR-Medien, Berlin o.J. [1993], S. 206-210.

Neumann, Bernd: Parteien und Medien - Die Sicht der CDU, in: Wittkämpfer, Gerhard W. (Hg.): Medien und Politik, Darmstadt 1992, S. 167-179.

Nölte, Joachim: Chronik medienpolitischer Ereignisse in der DDR - Oktober 1989 bis Oktober 1990, in: Claus, Werner (Hg.): Medien-Wende, Wende-Medien? - Dokumentation des Wandels im DDR-Journalismus, Oktober '89-Oktober '90, (Reihe Ost-West Media, Bd. 2), Berlin 1991, S. 17-116.

Odermann, Heinz: Der Umbruch und die Mediengesetzgebung in der DDR, in: Rundfunk und Fernsehen, 38. Jg., 3/1990, S. 377-384.

Panorama DDR (Auslandspresseagentur GmbH, DDR): Presse, Funk und Fernsehen in der DDR, in: Bentele, Günter / Jarren, Otfried (Hg.): Medienstadt Berlin, Berlin 1988, S. 315-322.

Poerschke, Hans: Rückblicke auf das Journalistikstudium in der DDR, in: Riedel, Heide (Hg.): Mit uns zieht die neue Zeit... - 40 Jahre DDR-Medien, Berlin o.J. [1993], S. 71-77.

Reeb, Hans-Joachim: Entwicklung und Grundzüge einer neuen Medienordnung in der DDR, in: Deutschland Archiv, 9/1990, S. 1411-1422.

Reichardt, Wolfgang: Föderalismus, in: Nohlen, Dieter / Schultze, Rainer-Olaf (Hg.): Politische Theorien, (Nohlen, Dieter (Hg.): Lexikon der Politik, Bd. 1), München 1994, S. 102-110.

Rexin, Manfred: Massenmedien in der DDR, in: Weidenfeld, Werner / Zimmermann, Hartmut (Hg.): Deutschland-Handbuch - Eine doppelte Bilanz 1949-1989, (Bundeszentrale für politische Bildung: Schriftenreihe Studien zur Geschichte und Politik, Bd. 275), Bonn 1989, S. 402-412.

Richter, Michael: 1989-1990 - Von der friedlichen Revolution zur deutschen Einheit, in: Bundeszentrale für politische Bildung: Informationen zur politischen Bildung, Nr. 231, 2. Quartal 1991, S. 41-47.

Sarcinelli, Ulrich: Kommunikationstheorien der Politik, in: Nohlen, Dieter / Schultze, Rainer-Olaf (Hg.): Politische Theorien, (Nohlen, Dieter (Hg.): Lexikon der Politik, Bd. 1), München 1994, S. 241-248.

Ders.: Politikvermittlung durch Massenmedien - Bedingung oder Ersatz für politische Bildung? Herausforderungen politischer Kommunikation in der Mediengesellschaft, in: Bundeszentrale für politische Bildung (Hg.): Verantwortung in einer unübersichtlichen Welt - Aufgaben wertorientierter politischer Bildung, (Schriftenreihe Bd. 331), Bonn 1995, S. 443-458.

Scharf, Wilfried: Zur wissenschaftlichen Behandlung der DDR-Massenmedien in der Bundesrepublik Deutschland: Theoriedefizit, in: Geserick, Rolf / Kutsch, Arnulf (Hg.): Publizistik und Journalismus in der DDR - Acht Beiträge zum Gedenken an Elisabeth Löckenhoff, (Aufermann, Jörg / Bohrmann, Hans / Lerg, Winfried B. / Löckenhoff, Elisabeth (Hg.): Schriftenreihe Kommunikation und Politik, Bd. 20), München 1988, S. 37-60.

Schättle, Horst: Programmentwicklung und Programmperspektiven, in: Hickethier, Knut / Schneider, Irmela (Hg.): Fernsehtheorien - Dokumentation der GFF-Tagung 1990, (Sigma-Medienwissenschaft, Bd. 8 - Schriften der Gesellschaft für Film- und Fernsehwissenschaft, Bd. 4), Bonn 1992, S. 136-141.

Schatz, Heribert: Massenmedien in der Bundesrepublik Deutschland, in: Weidenfeld, Werner / Zimmermann, Hartmut (Hg.): Deutschland-Handbuch - Eine doppelte Bilanz 1949-1989, (Bundeszentrale für politische Bildung: Schriftenreihe Studien zur Geschichte und Politik, Bd. 275), Bonn 1989, S. 389-401.

Ders.: Massenmedien, in: Andersen, Uwe / Woyke, Wichard (Hg.): Handwörterbuch des politischen Systems der Bundesrepublik Deutschland, 2. Aufl., Bonn 1995, S. 361-371.

Ders.: Medienpolitik, in: Holtmann, Everhard (Hg.) / Brinkmann, Heinz Ulrich / Pehle Heinrich: Politik-Lexikon, München/Wien 1991, S. 355-358.

Schiwy, Peter: Versagt, versäumt, verpaßt - Die Medienneuordnung in den neuen Bundesländern, in: Bertelsmann Briefe, 4/1992, S. 42-46.

Schlesinger, Franz: „Schwarzer Kanal, heute zum letzten Mal", in: Hoff, Peter / Wiedemann, Dieter (Hg.): Medien der Ex-DDR in der Wende, (Beiträge zur Film- und Fernsehwissenschaft, Bd. 40), Berlin 1991, S. 24-29.

Schubert, Renate: Umbrüche im Verhältnis von Medien-Realität und Lebens-Realität, in: Rundfunk und Fernsehen, 38. Jg., 3/1990, S. 424-427.

Schultze, Rainer-Olaf: Staatstheorie - Staatszentrierte Ansätze, in: Nohlen, Dieter (Hg.): Wörterbuch Staat und Politik, Bonn 1995, S. 733-740.

Schulzendorf, Gerhild: Der Deutsche Fernsehfunk zwischen Chaos und öffentlich-rechtlicher Anstalt, in: Mahle, Walter A. (Hg.): Medien in Deutschland - Nationale und internationale Perspektiven, (AKM-Studien, Bd. 32), München 1990, S. 85-87.

Dies.: Medienentwicklung aus der Sicht des DFF-Fernsehrates, in: Kopetz, Dieter (Hg.): Perspektiven für die Medien in den neuen Bundesländern, (Europa 2000, Bd. 2), Münster / Hamburg 1991, S. 30-38.

Schütz, Walter J.: Der (gescheiterte) Regierungsentwurf für ein Rundfunküberleitungsgesetz der DDR - Chronik und Dokumente, in: Kutsch, Arnulf / Holtz-Bacha, Christina / Stuke, Franz R. (Hg.): Rundfunk im Wandel, Berlin 1992, S. 263-303.

Segert, Astrid: Zwischen Wende und Ende des DFF - „Wende"-Verhalten von DDR-Fernsehjournalisten, in: Medium, 1/1993, S. 47-53.

Seubert, Sandra: Nicht kompatibel - Schwierigkeiten der Kooperation zwischen SFB und ORB, in: Medium, 1/1993, S. 45f.

Singelnstein, Christoph: Demokratie von unten, in: Riedel, Heide (Hg.): Mit uns zieht die neue Zeit... - 40 Jahre DDR-Medien, Berlin o.J. [1993], S. 277-281.

Ders.: Eine Chance für unsere Demokratie wurde vertan - Sieben Thesen zur Entwicklung des Rundfunkwesens nach der Wende, in: Mahle, Walter A. (Hg.): Medien im vereinten Deutschland - Nationale und internationale Perspektiven, (AKM-Studien, Bd. 37), München 1991, S. 53-55.

Spielhagen, Edith: Hörfunk nach der Wende aus der Sicht des Aufsichtsgremiums, in: Kopetz, Dieter (Hg.): Perspektiven für die Medien in den neuen Bundesländern, (Europa 2000, Bd. 2), Münster / Hamburg 1991, S. 17-28.

Dies.: Öffentlich-rechtlicher Rundfunk in den neuen Bundesländern, in: Mahle, Walter A. (Hg.): Medien im vereinten Deutschland - Nationale und internationale Perspektiven, (AKM-Studien, Bd. 37), München 1991, S. 47-51.

Dies.: Rundfunk im Transit, in: Kutsch, Arnulf (Hg.): Publizistischer und journalistischer Wandel in der DDR - Vom Ende der Ära Honecker bis zur Volkskammerwahl im März 1990, (Bochumer Studien zur Publizistik- und Kommunikationswissenschaft, Bd. 64), 2. Aufl., Bochum 1990, S. 37-55.

Dies.: Zur Rolle von Öffentlichkeit - Der Übergang vom zentralistischen zum öffentlich-rechtlichen Rundfunksystem in den neuen Bundesländern, in: Gellner, Winand (Hg.): An der Schwelle zu einer neuen deutschen Rundfunkordnung - Grundlagen, Erfahrungen und Entwicklungsmöglichkeiten, Berlin 1991, S. 139-146.

Stiehler, Hans-Jörg: „Elf99" - Vor der Wende für die Zukunft konzipiert?, in: Hoff, Peter / Wiedemann, Dieter (Hg.): Medien der Ex-DDR in der Wende, (Beiträge zur Film- und Fernsehwissenschaft, Bd. 40), Berlin 1991, S. 114-132.

Ders.: Medienwelt im Umbruch - Ansätze und Ergebnisse empirischer Medienforschung in der DDR, in: Media Perspektiven, 2/1990, S. 91-103.

Stock, Martin: Der neue Rundfunkstaatsvertrag, in: Rundfunk und Fernsehen, 40. Jg., 2/1992, S. 189-221.

Streul, Irene Charlotte: Die Umgestaltung des Mediensystems in Ostdeutschland, in: Aus Politik und Zeitgeschichte, B 40/1993, S. 36-46.

Dies.: Medien - Bildung von Rundfunk-Landesdirektionen, in: Deutschland Archiv, 8/1990, S. 1181-1183.

Dies.: Medien - Neuordnung des Rundfunks im Einigungsvertrag, in: Deutschland Archiv, 10/1990, S. 1507-1509.

Dies.: Öffentlich-rechtlicher Rundfunk in Ostdeutschland und Bundesrundfunk - Eine weitere Etappe auf dem Weg zur Neuordnung, in: Deutschland Archiv, 3/1992, S. 254-263.

Dies.: Zum Stand der Neuordnung des Rundfunkwesens in den neuen Bundesländer, in: Deutschland Archiv, 10/1991, S. 1073-1083.

Thränhardt, Dietrich: Demokratie in Deutschland, in: Andersen, Uwe / Woyke, Wichard (Hg.): Handwörterbuch des politischen Systems der Bundesrepublik Deutschland, 2. Aufl., Bonn 1995, S. 128-130.

Thurich, Eckart: Der Weg zur Einheit, in: Bundeszentrale für politische Bildung: Informationen zur politischen Bildung, Nr. 233, 4. Quartal 1991, S. 30-39.

Tonnemacher, Jan: Thesen zu einer gesamtdeutschen Rundfunkperspektive, in: Rundfunk und Fernsehen, 39. Jg., 1/1991, S. 97-103.

Waldmann, Peter: Elite/Elitetheorie, in: Nohlen, Dieter (Hg.): Wörterbuch Staat und Politik, Bonn 1995, S. 113-116.

Wandtke, Artur: Zur Medienordnung nach der Wende bis zur staatlichen Einheit Deutschlands, in: Zeitschrift für Urheber- und Medienrecht, 12/1993, S. 587-591.

Wiedemann, Peter: Von den Schwierigkeiten der Medienforschung mit der Realität, in: Rundfunk und Fernsehen, 38. Jg., 3/1990, S. 343-356.

Wilke, Jürgen / Noelle-Neumann, Elisabeth: Medien DDR, in: Dies. / Schulz, Winfried (Hg.): Das Fischer Lexikon - Publizistik, Massenkommunikation, Frankfurt a.M. 1989, S. 156-169.

Wille, Karola: Medienrecht in der DDR - Vergangenheit und Gegenwart, in: Zeitschrift für Urheber- und Medienrecht, 1/1991, S. 15-20.

Wippermann, Wolfgang: Totalitarismus/Totalitarismustheorie, in: Dieter Nohlen (Hg.): Wörterbuch Staat und Politik, Bonn 1995, S. 784-786.

187

Witt, Carola: Der Staatsvertrag über den Rundfunk im vereinten Deutschland, in: Media Perspektiven 1/1992, S. 24-28.

Presseartikel

ADN: Medienkontrollrat: Gesetzentwurf zu Rundfunk widerspricht dem Recht, in: Neues Deutschland, vom 12.7.1990, o.S., in: DFF/HA: Chronologische Dokumentation - Anhang (Pressestimmen), 2. Halbjahr 1990, o.O. [Berlin] 1991, S. 11.

Berliner Zeitung: DFF-Fernsehrat: Demokratie gebeugt, vom 30.11.1990, o.S., in: DFF/HA: Chronologische Dokumentation - Anhang (Pressestimmen), 2. Halbjahr 1990, o.O. [Berlin] 1991, S. 121.

Bluhm, Katharina: Instrument der Öffentlichkeit als vierte Gewalt - Nachruf auf den Medienkontrollrat der DDR, dessen Konstruktionsprinzip Vorläufigkeit war, in: Frankfurter Rundschau, 18.9.1990, o.S., in: Deutscher Fernsehfunk/Historisches Archiv (DFF/HA)(Hg.): Chronologische Dokumentation - Anhang (Pressestimmen), 2. Halbjahr 1990, o.O. [Berlin] 1991, S. 71.

Bolesch, Cornelia: Eine Wahl mit Überraschungseffekt, in: Süddeutsche Zeitung, vom 11.11.1991, o.S., aus: Archiv des Landtages Brandenburg.

Bolle, Hans-Jürgen: Tele-Vision im Osten, in: Journalist, 6/1991, S. 38f.

Bünger, Reinhart: „Guten Abend, ich bin der Sachse Schmitt, ich mache die Wahl mit" - Wie Rudolf Mühlfenzl zum Rundfunkbeauftragten bestellt worden ist / Protokoll der Wahlmänner-Sitzung im Wortlaut, in: Frankfurter Rundschau, 22.10.1990, o.S., in: DFF/HA: Chronologische Dokumentation - Anhang (Pressestimmen), 2. Halbjahr 1990, o.O. [Berlin] 1991, S. 89.

Butzek, Erika: Hoffnung und Verzweiflung, in: Journalist, 12/1991, S. 42f.

Epd: „Abgespeckter" BRD-Entwurf für DDR-Rundfunk-Überleitung, in: Kirche und Rundfunk, Nr. 67, 25.8.1990, S. 11f.

Epd: „Am liebsten schon im September" zur ARD ... - Intendant Michael Albrecht: Der Deutsche Fernsehfunk (DFF) in Ost-Berlin ist jetzt am Ende, in: Frankfurter Rundschau, 30.8.1990, o.S., in: DFF/HA: Chronologische Dokumentation - Anhang (Pressestimmen), 2. Halbjahr 1990, o.O. [Berlin] 1991, S. 56.

Epd: „Mühlfenzl entmündigt die Ostberliner Rundfunkanstalten" - Empörung über den Rundfunkbeauftragten - Ein Interview mit Jörg Hildebrandt, in: Kirche und Rundfunk, Nr. 97, 8.12.1990, S. 13.

Epd: „Überleitungsgesetz" für den öffentlich-rechtlichen Rundfunk, in: Kirche und Rundfunk, Nr. 44/45, 9.6.1990, S. 20f.

Epd: 900 redaktionellen Hörfunkmitarbeitern droht Entlassung, in: Kirche und Rundfunk, Nr. 50, 27.6.1990, S. 14f.

Epd: DDR-Fernsehen hat Werbekonzept verabschiedet, in: Kirche und Rundfunk, Nr. 19, 10.3.1990, S. 18.

Epd: DDR-Rundfunkgesetz nur bis 3. Oktober gültig, in: Kirche und Rundfunk, Nr. 75, 22.9.1990, S. 13f.

Epd: Erneuter Umbau der DFF-Leitung, in: Kirche und Rundfunk, Nr. 57, 21.7.1990, S. 9f.

Epd: Medienkontrollrat sieht Mängel im DFF-Statut, in: Kirche und Rundfunk, Nr. 41, 26.5.1990, S. 17f.

Epd: Rudolf Mühlfenzl ist Rundfunkbeauftragter der Neu-Länder, in: Kirche und Rundfunk, Nr. 82, 17.10.1990, S. 5f.

Epd: Rundfunkbeauftragten-Wahl wird voraussichtlich angefochten, in: Kirche und Rundfunk, Nr. 84, 24.10.1990, S. 8f.

Epd: Rundfunkbeirat der neuen Länder, in: Kirche und Rundfunk, Nr. 100/101, 19.12.1990, S. 15.

Epd: Schritt für Schritt - Interview mit DDR-Medien-Staatssekretär Manfred Becker, in: Kirche und Rundfunk, Nr. 46, 13.6.1990, S. 3-6.

Epd: Streibl und Engholm sollen Rundfunk-Neuordnung vorschlagen, in: Kirche und Rundfunk, Nr. 75, 22.9.1990, S. 15.

Epd: Übergangsregelung für DDR-Rundfunk bis Ende 91, in: Kirche und Rundfunk, Nr. 68, 29.8.1990, S. 8.

Epd: Überleitungsgesetz schon gekippt?, in: Kirche und Rundfunk, Nr.53, 7.8.1990, S. 13.

Epd: Volkskammerwahl des Rundfunkbeauftragten voraussichtlich gescheitert, in: Kirche und Rundfunk, Nr. 77, 29.9.1990, S. 10.

Frenkel, Rainer: ARD und ZDF über alles - Die Neuordnung des deutschen Hörfunks und Fernsehens: Gewinner im Westen, Verlierer im Osten, in: Die Zeit, vom 2.11.1990, o.S., in: DFF/HA: Chronologische Dokumentation - Anhang (Pressestimmen), 2. Halbjahr 1990, o.O. [Berlin] 1991, S. 99.

Ders.: Politik nach Gutsherrenart - CDU-Interessen und westliches Sendungsbewußtsein steuern die Neuordnung des Rundfunks, in: Die Zeit, vom 3.12.1990, o.S., in: DFF/HA: Chronologische Dokumentation - Anhang (Pressestimmen), 2. Halbjahr 1990, o.O. [Berlin] 1991, S. 118.

Gaserow, Vera: „Die Schere im Kopf ist einfach weg", in: Die Tageszeitung, vom 13.12.1989, S. 10.

Gurezka, Klaus-Dietrich: Staatsfern und der Kultur verpflichtet, in: Der Tagesspiegel, vom 20.7.1990, o.S., in: DFF/HA: Chronologische Dokumentation - Anhang (Pressestimmen), 2. Halbjahr 1990, o.O. [Berlin] 1991, S. 24.

Hauschild, Joachim: Der Versuch, klare Linien in das Nichts zu ziehen, in: Süddeutsche Zeitung, vom 6.8.1990, o.S., in: DFF/HA: Chronologische Dokumentation - Anhang (Pressestimmen), 2. Halbjahr 1990, o.O. [Berlin] 1991, S. 43.

Höbermann, Frauke: Atlantis und andere Pläne, in: Journalist, 9/1991, S. 67-69.

Kaiser, Ulrike: Die Macht der Politik, in: Journalist, 8/1991, S. 22-24.

Dies.: Rundfunk-Poker - Wer macht das Spiel?, in: Journalist, 4/1991, S. 10-14.

Kammann, Uwe: „Staatsvertrag ausgeschlossen" - Ein epd-Interview mit Wolfgang Birthler, in: Kirche und Rundfunk, Nr. 64, 17.8.1991, S. 3-8.

Ders.: Klassischer Kompromiß, in: Journalist, 1/1992, S. 28f.

Kulick, Holger: Nahkampf nach dem Wahlkampf, in: Journalist, 4/1990, S. 24f.

Ders.: Pünktlich Sendeschluß, in: Journalist, 12/1991, S. 44-47.

Lindner, Uwe-Jens: Restpostenverwaltung, in: Journalist, 8/1992, S. 50-52.

Lungmus, Monika: Politische Selektion, in: Journalist, 4/1991, S. 30-32.

Meyn, Hermann: Düstere Aussichten, in: Journalist, 6/1991, S. 28f.

Neue Deutsche Presse: Fragen an den Verbandsvorsitzenden, 43. Jg., Nr.11, S. 1-3, zit. in: Kutsch, Arnulf: Meinungs-, Informations- und Medienfreiheit - Zum Volkskammer-Beschluß vom 5. Februar 1990 (a), in: Ders. (Hg.): Publizistischer und journalistischer Wandel in der DDR - Vom Ende der Ära Honecker bis zur Volkskammerwahl im März 1990, (Bochumer Studien zur Publizistik- und Kommunikationswissenschaft, Bd. 64), 2. Aufl., Bochum 1990, S. 107-156, S. 111.

Ott, Klaus: Aus Fehlern lernen ..., in: Journalist 11/1990, S. 40-42.

Ders.: Politischer Würgegriff, in: Journalist 8/1991, S. 26-28.

Plote, Michael: Rundfunkpläne in Thüringen - Intendant mit großer Kompetenz, in: Journalist, 11/1990, S. 42.

Schmalz, Peter: Ost-Berlin will Erbengemeinschaft der Länder in Rundfunkfragen, in: Die Welt, vom 25.7.1990, o.S., in: DFF/HA: Chronologische Dokumentation - Anhang (Pressestimmen), 2. Halbjahr 1990, o.O. [Berlin] 1991, S. 34.

Schnibben, Cordt: Vom Lada zum Lambada, in: Der Spiegel, 49/1989, S. 62-71.

Stamm, Karl-Heinz: Power auf der Eastside, in: Journalist, 6/1992, S. 28f.

Tagesspiegel, der: DFF lebt als „Neue Länder-Kette", vom 27.11.1990, o.S., in: DFF/HA: Chronologische Dokumentation - Anhang (Pressestimmen), 2. Halbjahr 1990, o.O. [Berlin] 1991, S. 117.

Tagesspiegel, der: SPD macht sich für eigene Landesrundfunkanstalt stark, vom 13.12.1990, o.S., in: DFF/HA: Chronologische Dokumentation - Anhang (Pressestimmen), 2. Halbjahr 1990, o.O. [Berlin] 1991, S. 131.

Thon, Ute: „Ich höre viel Autoradio" - Gespräch mit Gottfried Müller, in: Die Tageszeitung, vom 26.5.1990, S. 30.

Primärquellen

Aktionsprogramm der SED vom 3. November, in: Deutschland Archiv, 12/1989, S. 1445-1451.

Antrittsrede des neuen DDR-Staatsratsvorsitzenden Krenz vor der Volkskammer vom 24.10.1989 (Auszüge), in: Die Tageszeitung (Mut zur Wahrheit), vom 25.10.1989, S. 8.

Art. 23 GG (bis 1990), in: Niedersächsisches Kultusministerium / Niedersächsische Landeszentrale für politische Bildung (Hg.): Grundgesetz für die Bundesrepublik Deutschland (vorläufige Niedersächsische Verfassung), Hannover 1982, S. 17.

Art. 5 GG, in: Niedersächsisches Kultusministerium / Niedersächsische Landeszentrale für politische Bildung (Hg.): Grundgesetz für die Bundesrepublik Deutschland (vorläufige Niedersächsische Verfassung), Hannover 1982, S. 8.

Art. 93 GG, in: Niedersächsisches Kultusministerium / Niedersächsische Landeszentrale für politische Bildung (Hg.): Grundgesetz für die Bundesrepublik Deutschland (vorläufige Niedersächsische Verfassung), Hannover 1982, S. 52f.

Artikel 28a Rundfunk, vom 21.8.1990, in: Kirche und Rundfunk, Nr. 67, 25.8.1990, S. 23f.

Aufruf zur Gründung der Initiativgruppe „Neues Forum" in der DDR, in: Die Tageszeitung (Die Zeit ist reif), vom 13.9.1989, S. 8.

Baschleben, Klaus: Ohne Offenheit und Wahrheit gibt es keine Demokratie, Statement auf der Demonstration auf dem Alexanderplatz am 4.11.1989, in: Claus, Werner (Hg.): Medien-Wende, Wende-Medien? - Dokumentation des Wandels im DDR-Journalismus, Oktober '89-Oktober '90, (Reihe Ost-West Media, Bd. 2), Berlin 1991, S. 194-195.

Becker, Manfred: Ergebnisprotokoll der Klausur in Zeuthen am 31.5.1990, in: Schütz, Walter J.: Der (gescheiterte) Regierungsentwurf für ein Rundfunküberleitungsgesetz der DDR - Chronik und Dokumente, in: Kutsch, Arnulf / Holtz-Bacha, Christina / Stuke, Franz R. (Hg.): Rundfunk im Wandel, Berlin 1992, S. 263-303, (Dokument 2), S. 286.

Beschluß der Synode des Bundes der Evangelischen Kirchen in der DDR vom 19. September, in: Deutschland Archiv, 10/1989, S. 1175-1178, S. 1177.

Beschluß der Volkskammer über die Gewährleistung der Meinungs-, Informations- und Medienfreiheit vom 5. Februar 1990, Drucksache Nr. 63, in: Media Perspektiven, 2/1990, S. 126f.

Beschluß des Ministerrats der DDR zu statuarischen Grundsatzregelungen des Deutschen Fernsehfunks vom 15. März 1990, in: Claus, Werner (Hg.): Medien-Wende, Wende-Medien? - Dokumentation des Wandels im DDR-Journalismus, Oktober '89-Oktober '90, (Reihe Ost-West Media, Bd. 2), Berlin 1991, S. 163f.

Beschluß des Politbüros des Zentralkomitees der SED vom 7. November 1972, in: Die Aufgaben der Agitation und Propaganda bei der weiteren Verwirklichung der Beschlüsse des VIII. Parteitages der SED, Berlin 1972, S. 84, zit. in: Peter Hoff: „Die Kader entscheiden alles" - Zu den „Kaderanforderungen" im Fernsehen der DDR, in: Heide Riedel (Hg.): Mit uns zieht die neue Zeit... - 40 Jahre DDR-Medien, Berlin o.J. [1993], S. 241-250, S. 241f.

Beschluß über das Fernsehen der DDR und den Rundfunk der DDR vom 21. Dezember 1989, in: Claus, Werner (Hg.): Medien-Wende, Wende-Medien? - Dokumentation des Wandels im DDR-Journalismus, Oktober '89-Oktober '90, (Reihe Ost-West Media, Bd. 2), Berlin 1991, S. 135.

Beschluß über die Bildung von Landesdirektionen des Rundfunks der DDR vom 18.6.1990, in: Funkhaus Berlin (Hg.): Radio im Umbruch - Oktober 1989 bis Oktober 1990 im Rundfunk der DDR, Darstellungen, Chronik, Dokumentation, Presseresonanz, Berlin 1990, S. 480f.

Beschlußempfehlung des Hauptausschusses zum Entwurf des Vorschaltgesetzes zur Neuordnung des Rundfunks in Brandenburg - Gegenüberstellung, in: Landtag Brandenburg, 1. Wahlperiode: Drucksache 1/278, Archiv des Landtages Brandenburg.

Birthler, Wolfgang: Mitteilung an den Gründungsbeauftragten für den Rundfunk in Brandenburg, vom 16.9.1991, unveröffentlicht (Archiv des Landtages Brandenburg).

Birthler, Wolfgang: Mitteilung über den Beschluß des Hauptausschusses am 24.9.1991 an den Gründungsbeauftragten, vom 25.9.1991, unveröffentlicht (Archiv des Landtages Brandenburg).

Brief aus Weimar, in: Deutschland Archiv, 10/1989, S. 1185-1188, S. 1187.

Brief des evangelischen Kirchenbundes vom 10.9.1989, in: Deutschland Archiv, 10/1989, S. 1174f.

Bundesverband Kabel und Satellit: Ein duales Rundfunksystem für das vereinigte Deutschland, vom 12.2.1990, in: Kirche und Rundfunk, Nr. 12, 14.2.1990, S. 20f.

BVerfG: Neue Juristische Wochenschrift, 1994, zit. in: Hesselberger, Dieter: Das Grundgesetz - Kommentar für die politische Bildung, 9. Aufl., Neuwied 1995, S. 92.

BVerfGE 12, zit. in: Hesselberger, Dieter: Das Grundgesetz - Kommentar für die politische Bildung, 9. Aufl., Neuwied 1995, S. 86, 91.

BVerfGE 31, zit. in: Langenbucher, Wolfgang R.: Braucht eine demokratische Gesellschaft öffentlich-rechtlichen Rundfunk?, in: Media Perspektiven, 11/1990, S. 699-716, S. 706.

BVerfGE 57, zit in: Frank, Götz: Vom Staatssender zur binnenpluralistischen Konzeption - Die aktuelle Entwicklung des DDR-Fernsehens, in: Walter A. Mahle (Hg.): Medien in Deutschland - Nationale und internationale Perspektiven, (AKM-Studien, Bd. 32), München 1990, S. 101-108, S. 102, 108; sowie in: Hesselberger, Dieter: Das

Grundgesetz - Kommentar für die politische Bildung, 9. Aufl., Neuwied 1995, S. 87f.

BVerfGE 60, zit. in: Brinkmann, Michael: Das neue Recht des Mitteldeutschen Rundfunks - Unter besonderer Berücksichtigung der Entwicklungen des Rundfunkrechts in der ehemaligen DDR, (Europäische Hochschulschriften: Rh. 2, Rechtswissenschaft, Bd. 1557), Frankfurt a.m. 1994, S. 112.

BVerfGE 73, zit. in: Wilhelmi, Martin: Verfassungsrechtliche Probleme des öffentlichrechtlichen Rundfunks in den neuen Bundesländern - Lokale Grundversorgung, Staatsfreiheit, Finanzierung, (Schriften zu Kommunikationsfragen, Bd. 21), Berlin 1995, S. 85-90.

Christlich-Demokratische Union Deutschlands: Programm der CDU - Entwurf, (vom 17.3.1990), in: Wahltreff 90 - Zentrum für politikwissenschaftliche Information und Dokumentation: Dokumentation - Die aktuelle Programmatik von Parteien und politischen Vereinigungen in der DDR, Berlin 1990, S. 22-57.

Demokratie jetzt, hektographiertes Flugblatt, vom 12.9.1989, in: Historischer Durchläufer - Dokumente einer abgebrochenen Mediengeschichte der DDR, in: Medium, 2/90, S. 35-39.

Demokratie Jetzt: Programmaussagen der Bürgerbewegung, in: Wahltreff 90 - Zentrum für politikwissenschaftliche Information und Dokumentation: Dokumentation - Die aktuelle Programmatik von Parteien und politischen Vereinigungen in der DDR, Berlin 1990, S. 58-69.

Denkschrift zum Einigungsvertrag zwischen der BRD und der DDR zu Artikel 36 (Auszug), in: Funkhaus Berlin (Hg.): Radio im Umbruch - Oktober 1989 bis Oktober 1990 im Rundfunk der DDR, Darstellungen, Chronik, Dokumentation, Presseresonanz, Berlin 1990, S. 580f.

Deutsche Soziale Union: Grundsatzprogramm (vom 26.1.1990), in: Wahltreff 90 - Zentrum für politikwissenschaftliche Information und Dokumentation: Dokumentation - Die aktuelle Programmatik von Parteien und politischen Vereinigungen in der DDR, Berlin 1990, S. 122-150.

Die „Einrichtung", Liste der leitenden Mitarbeiter, in: Journalist, 4/1991, S. 32.

Dienstanweisung 01, interne Mitteilung Mühlfenzls an Singelnstein und Albrecht, vom 28.11.1990, in: Riedel, Heide (Hg.): Mit uns zieht die neue Zeit... - 40 Jahre DDR-Medien, Berlin o.J. [1993], S. 281.

Dienstanweisung 08 der Einrichtung, in: Journalist, 4/1991, S. 31.

Diskussionspapier „Mehr Gerechtigkeit in der DDR unsere Aufgabe, unsere Erwartung" der ökonomischen Versammlung aller christlichen Kirchen in der DDR von Oktober 1988 (Auszüge), in: Die Tageszeitung (DDR-Christen in der Offensive), vom 25.1.1989, S. 7.

Diskussionspapier des Leipziger Bezirksvorstandes der NDPD, vom 31.10.1989, zit. in: Kutsch, Arnulf: Meinungs-, Informations- und Medienfreiheit - Zum Volkskammer-Beschluß vom 5. Februar 1990 (a), in: Ders. (Hg.): Publizistischer und journalistischer Wandel in der DDR - Vom Ende der Ära Honecker bis zur Volkskammerwahl im März 1990, (Bochumer Studien zur Publizistik- und Kommunikationswissenschaft, Bd. 64), 2. Aufl., Bochum 1990, S. 107-156, S. 114.

Eckwerte für die Medienordnung in einem vereinigten Deutschland, Beschluß des Bundesfachausschusses Medienpolitik der CDU (West) am 30. Mai 1990, in: Rundfunk und Fernsehen, 38. Jg., 3/1990, S. 455-458.

Engolm, Björn / Streibel, Max: Beschlußempfehlung zur Neuordnung von RIAS und Bundesrundfunkanstalten, vom 18./19.10.1990, in: Kirche und Rundfunk, Nr. 83, 20.10.1990, S. 23f.

Entwurf „Vereinbarung über die Veranstaltung eines gemeinsamen Hörfunkprogramms" zwischen dem Rundfunk der DDR und dem Deutschlandfunk Köln vom 25.4.1990, in: Funkhaus Berlin (Hg.): Radio im Umbruch - Oktober 1989 bis Oktober 1990 im Rundfunk der DDR, Darstellungen, Chronik, Dokumentation, Presseresonanz, Berlin 1990, S. 424-427.

Entwurf für ein Rundfunkgesetz Brandenburg, vom 10.10.1990, gezeichnet von Lutz Borgmann, in: Kirche und Rundfunk, Nr. 90, 14.11.1990, S. 18-23.

Entwurf Überleitungsgesetz zu Hörfunk und Fernsehen (Rundfunk) der Deutschen Demokratischen Republik (Rundfunküberleitungsgesetz) vom 26.6.1990, in: Kirche und Rundfunk, Nr. 52, 4.7.1990, S. 12-20.

Erklärung der Komiteemitglieder des Rundfunks der DDR vom 11. November 1989, in: Funkhaus Berlin (Hg.): Radio im Umbruch - Oktober 1989 bis Oktober 1990 im Rundfunk der DDR, Darstellungen, Chronik, Dokumentation, Presseresonanz, Berlin 1990, S. 275.

Erklärung der SED-Kreisleitung Fernsehen der DDR vom 3. November 1989 in AK Zwo, in: Deutscher Fernsehfunk/Historisches Archiv (Hg.): Fernsehfunk im Wandel - Aufzeichnungen über das Fernsehen Berlin-Adlershof in der Zeit von September 1989 bis Mai 1990, Berlin 1990, S. 26.

Erklärung des Politbüros des Zentralkomitees der SED vom 11.10.1989, in: Deutschland Archiv 12/1989, S. 1435-1437.

Erklärung des Präsidiums der Akademie der Künste der DDR, vom 12. Oktober 1989 (Auszüge), in Claus, Werner (Hg.): Medien-Wende, Wende-Medien? - Dokumentation des Wandels im DDR-Journalismus, Oktober '89-Oktober '90, (Reihe Ost-West Media, Bd. 2), Berlin 1991, S. 119f.

Erklärung des Präsidiums des Komitees für Unterhaltungskunst der DDR, vom 11. Oktober 1989 (Auszüge), in: Claus, Werner (Hg.): Medien-Wende, Wende-Medien? - Dokumentation des Wandels im DDR-Journalismus, Oktober '89-Oktober '90, (Reihe Ost-West Media, Bd. 2), Berlin 1991, S. 118f.

Fernsehansprache von Egon Krenz am 3.11.1989, in: Deutschland Archiv 12/1989, S. 1437-1440.

Festlegungsprotokoll der Arbeitsgruppe Regionalisierung und der Generalintendanz zu den Beratungen mit den Leitungen und technischen Direktoren der Funkhäuser und Studios für die Bildung von Landesrundfunkanstalten vom 27.4.1990, in: Funkhaus Berlin (Hg.): Radio im Umbruch - Oktober 1989 bis Oktober 1990 im Rundfunk der DDR, Darstellungen, Chronik, Dokumentation, Presseresonanz, Berlin 1990, S. 429-434.

Freie Demokratische Partei: Zukunftschance Freiheit - Liberales Manifest der F.D.P.-Länderverbände der DDR vom 4.2.1990, in: Wahltreff 90 - Zentrum für politikwissenschaftliche Information und Dokumentation: Dokumentation - Die aktuelle Programmatik von Parteien und politischen Vereinigungen in der DDR, Berlin 1990, S. 151-161.

Gemeinsame Erklärung über medienpolitische Zusammenarbeit mit der DDR, in: Presse- und Informationsamt der Bundesregierung: Bulletin, Nr. 24, 13.2.1990, S. 189.

Gemeinsame Erklärung zur künftigen Rundfunkstruktur auf dem Territorium der DDR der Gewerkschaft Kunst, Kultur, Medien (DDR), der IG Druck und Papier (DDR), des Verbandes der Journalisten der DDR und der IG Medien (BRD+Berlin West), vom 8.6.1990, in: Rundfunk und Fernsehen, 38. Jg., 3/1990, S. 466-468.

Gesetz über den „Rundfunk Brandenburg" (RBr-Gesetz), in: GVBl. Brandenburg, 2. Jg., Nr. 35, 19.11.1991, S. 472-488.

Gesetz zur Änderung des Gesetzes über den „Rundfunk Brandenburg", vom 20.12.1991, in: GVBl. Brandenburg, 2. Jg., Nr. 47, 30.12.1991, S. 693f.

Gesetz zur Überleitung des Rundfunks (Fernsehen; Hörfunk) in die künftige Gesetzgebungszuständigkeit der Länder (Rundfunküberleitungsgesetz) vom 13.9.1990, in: Kirche und Rundfunk, Nr. 74, 19.9.1990, S. 19-23.

Gesetzentwurf - Vorschaltgesetz zur Neuordnung des Rundfunks in Brandenburg, vom 4.6.1991, in: Landtag Brandenburg, 1. Wahlperiode: Drucksache 1/248, 4.6.1991, Archiv des Landtages Brandenburg.

Gesetzentwurf der Fraktionen der SPD, der FDP und Bündnis 90 - Gesetz über den „Rundfunk Brandenburg" (RBr-Gesetz), vom 7.5.1991, in: Landtag Brandenburg, 1. Wahlperiode: Drucksache 1/204, Archiv des Landtages Brandenburg.

Gesetzgebungskommission Mediengesetz: Entwurf - Beschluß der Volkskammer über die Gewährleistung der Meinungs-, Informations- und Medienfreiheit, vom 9.1.1990, in: Medium, 1/1990, S. 11.

Grundpositionen für einen Staatsvertrag Nordostdeutscher Rundfunk, vom 10.4.1991, in: Kirche und Rundfunk, Nr. 30, 20.4.1991, S. 25.

Grundsätze der Koalitionsvereinbarung zwischen den Fraktionen der CDU, der DSU, dem DA, den Liberalen (DFP, BFD, FDP) und der SPD vom 12. April 1990, 50 Seiten vervielfältigt, Auszug in: Schütz, Walter J.: Der (gescheiterte) Regierungsentwurf für ein Rundfunküberleitungsgesetz der DDR - Chronik und Dokumente, in: Kutsch, Arnulf / Holtz-Bacha, Christina / Stuke, Franz R. (Hg.): Rundfunk im Wandel, Berlin 1992, S. 263-303, S. 277 (Anmerkungen).

Hallenser Rahmenprogramm der Grünen Partei der DDR vom 10.2.1990, zit. in: Nölte, Joachim: Chronik medienpolitischer Ereignisse in der DDR - Oktober 1989 bis Oktober 1990, in: Claus, Werner (Hg.): Medien-Wende, Wende-Medien? - Dokumentation des Wandels im DDR-Journalismus, Oktober '89-Oktober '90, (Reihe Ost-West Media, Bd. 2), Berlin 1991, S. 65f.

Internationaler Pakt über bürgerliche und politische Rechte vom 19. Dezember 1966, Art. 19 Abs. 2, in: Bundeszentrale für politische Bildung (Hg.): Menschenrechte - Dokumente und Deklarationen, Bonn 1995, S. 52-72.

Kommuniqué des Vorstandes des Verbandes der Film- und Fernsehschaffenden der DDR vom 24. Oktober 1989, in: Claus, Werner (Hg.): Medien-Wende, Wende-Medien? - Dokumentation des Wandels im DDR-Journalismus, Oktober '89-Oktober '90, (Reihe Ost-West Media, Bd. 2), Berlin 1991, S. 121f.

Landtag Brandenburg, 1. Wahlperiode: Plenarprotokoll 19, 12.6.1991, S. 1459-1468.

Landtag Brandenburg, 1. Wahlperiode: Plenarprotokoll 22, 26.6.1991, S. 1672-1676.

Landtag Brandenburg, 1. Wahlperiode: Plenarprotokoll 25, 25.9.1991, S. 1874-1882.

Landtag Brandenburg, 1. Wahlperiode: Plenarprotokoll 44, 8.4.1992, S. 3144-3150.

Liberal-Demokratische Partei: LDP - die Chance für Freiheit, Demokratie und Leistung - Wahlprogramm, (vom 15.2.1990), in: Wahltreff 90 - Zentrum für politikwissenschaftliche Information und Dokumentation: Dokumentation - Die aktuelle Programmatik von Parteien und politischen Vereinigungen in der DDR, Berlin 1990, S. 5-15.

Maltusch, Wernfried: Vergangenheit, Gegenwart und Zukunft des Rundfunks in der DDR, Vortrag am 30.5.1990 beim 10. ARD-Werbetreff in Frankfurt a.M., in: Funkhaus Berlin (Hg.): Radio im Umbruch - Oktober 1989 bis Oktober 1990 im Rundfunk der DDR, Darstellungen, Chronik, Dokumentation, Presseresonanz, Berlin 1990, S. 66-70.

Mediengesetzentwurf der DDR-SPD - Unbedingte Staatsferne gefordert, vom 20.7.1990, in: Kirche und Rundfunk, Nr. 61, 4.8.1990, S. 12-20.

Medienpolitische Grundsätze der CDU/CSU - Programm der CDU/CSU für eine freiheitliche Informations- und Kommunikationspolitik für die MEDIEN VON MORGEN, in: CDU-Bundesgeschäftsstelle (Hg.): Medien von Morgen - Für mehr Bürgerfreiheit und Meinungsvielfalt, Broschüre vervielfältigt, Bonn o.J. [1985], S. 29-44.

Mitteilung von Markus Vette (Stellvertreter des Hauptausschußvorsitzenden) an Manfred Stolpe vom 14.2.1991, unveröffentlicht (Archiv des Landtages Brandenburg).

Offener Brief des Kuratoriums zur Förderung des Deutschlandsenders Kultur an die Ministerpräsidenten, vom 27.11.1990, in: Bierbach, Wolf: Nachdenken über

Deutschland - Ein Jahr „Deutschlandsender Kultur" - Fakten und Dokumente, in: in: Studienkreis Rundfunk und Geschichte, 17. Jg., 2-3/1991, S. 91-107, S. 94.

Partei des Demokratischen Sozialismus: Programm - Angenommen auf dem Wahlparteitag der PDS am 25. Februar 1990, in: Wahltreff 90 - Zentrum für politikwissenschaftliche Information und Dokumentation: Dokumentation - Die aktuelle Programmatik von Parteien und politischen Vereinigungen in der DDR, Berlin 1990, S. 199-217.

Personalfragebogen (des Rundfunkbeauftragten als Anhang der Dienstanweisung 08), in: Journalist, 4/1991, S. 52.

Positionen der CDU zu Gegenwart und Zukunft (Entwurf zur Diskussion), in: Kutsch, Arnulf: Meinungs-, Informations- und Medienfreiheit - Zum Volkskammer-Beschluß vom 5. Februar 1990 (a), in: Ders. (Hg.): Publizistischer und journalistischer Wandel in der DDR - Vom Ende der Ära Honecker bis zur Volkskammerwahl im März 1990, (Bochumer Studien zur Publizistik- und Kommunikationswissenschaft, Bd. 64), 2. Aufl., Bochum 1990, S. 107-156, S. 117f.

Positionen der CDU zu Gegenwart und Zukunft (Zweiter Entwurf), in: Neue Zeit, Nr. 278, vom 25.11.1989, o.S., zit. in: Kutsch, Arnulf: Meinungs-, Informations- und Medienfreiheit - Zum Volkskammer-Beschluß vom 5. Februar 1990 (a), in: Ders. (Hg.): Publizistischer und journalistischer Wandel in der DDR - Vom Ende der Ära Honecker bis zur Volkskammerwahl im März 1990, (Bochumer Studien zur Publizistik- und Kommunikationswissenschaft, Bd. 64), 2. Aufl., Bochum 1990, S. 107-156, S. 120.

Positionspapier der PDS zum geistig-kulturellen Leben vom 3.2.1990, zit. in Nölte, Joachim: Chronik medienpolitischer Ereignisse in der DDR - Oktober 1989 bis Oktober 1990, in: Claus, Werner (Hg.): Medien-Wende, Wende-Medien? - Dokumentation des Wandels im DDR-Journalismus, Oktober '89-Oktober '90, (Reihe Ost-West Media, Bd. 2), Berlin 1991, S. 64.

Presse- und Informationsamt des Landes Brandenburg: Presseinformation - Beginn der Staatsvertragsverhandlungen über die Gründung eines Nordostdeutschen Rundfunks (NOR), vom 14.5.1991, Archiv des Landtages Brandenburg.

Pressemitteilung über die Sitzung des Präsidiums des Verbandes der Journalisten der DDR am 19. Oktober 1989, in: Claus, Werner (Hg.): Medien-Wende, Wende-Medien? - Dokumentation des Wandels im DDR-Journalismus, Oktober '89-Oktober '90, (Reihe Ost-West Media, Bd. 2), Berlin 1991, S. 120f.

Programmerklärung des Neuen Forums auf der Gründungskonferenz am 27.1.1990, zit. in: Nölte, Joachim: Chronik medienpolitischer Ereignisse in der DDR - Oktober 1989 bis Oktober 1990, in: Claus, Werner (Hg.): Medien-Wende, Wende-Medien? - Dokumentation des Wandels im DDR-Journalismus, Oktober '89-Oktober '90, (Reihe Ost-West Media, Bd. 2), Berlin 1991, S. 17-116, S. 61f.

Protokoll: 5. Workshop „Perestroika und Medien" vom 9.11.1992, in: Riedel, Heide (Hg.): Mit uns zieht die neue Zeit... - 40 Jahre DDR-Medien, Berlin o.J. [1993], S. 254-266.

Protokoll: 6. Workshop „Einrichtung und Abwicklung" vom 11.1.1993, in: Riedel, Heide (Hg.): Mit uns zieht die neue Zeit... - 40 Jahre DDR-Medien, Berlin o.J. [1993], S. 286-299.

Protokollerklärung der Länder zu Art. 5 § 3 Abs. 2 des Rundfunkstaatsvertrages, zit. in: Buchwald, Manfred: Brüche und Risse - Das gesamtdeutsche Rundfunkgebäude im Jahre Zwei, in: Medium, 1/1992, S. 32-34, S. 33.

Rede von Egon Krenz vom 18.10.1989 (Gleichzeitig Fernsehrede am selben Tag in DDR 1, 20 Uhr), in: Deutschland Archiv 11/1989, S. 1307-1310.

Rede von Heinz Adameck am 7. November 1989, zit. in: Büchel, Bernhard: Jähe Wendungen ..., in: Riedel, Heide (Hg.): Mit uns zieht die neue Zeit... - 40 Jahre DDR-Medien, Berlin o.J. [1993], S. 282f.

Regierungserklärung des Ministerpräsidenten Lothar de Maizière vom 19. April 1990 vor der Volkskammer der DDR, in: [o.Hg.] Politik für unser Volk: demokratisch-entschlossen-umsichtig, o.O. o.J. [Berlin 1990], Broschüre vervielfältigt, Auszug in: Schütz, Walter J.: Der (gescheiterte) Regierungsentwurf für ein Rundfunküberleitungsgesetz der DDR - Chronik und Dokumente, in: Kutsch, Arnulf / Holtz-Bacha, Christina / Stuke, Franz R. (Hg.): Rundfunk im Wandel, Berlin 1992, S. 263-303, S. 277f. (Anmerkungen).

Resolution des Präsidiums des Schriftstellerverbandes der DDR, vom 11. Oktober (Auszüge), in: Claus, Werner (Hg.): Medien-Wende, Wende-Medien? - Dokumentation des Wandels im DDR-Journalismus, Oktober '89-Oktober '90, (Reihe Ost-West Media, Bd. 2), Berlin 1991, S. 118.

Rosenbauer, Hansjürgen: Strategien einer öffentlich-rechtlichen Zukunft - Mitteilung an die Mitglieder des Rundfunkrates, vom 16.12.1994, unveröffentlicht (Archiv des Landtages Brandenburg).

Rundfunkrat (RBr) - Zusammensetzung (Stand: 30.9.1991), aus: Archiv des Landtages Brandenburg.

Sachverständigengruppe „Medienordnung": Abschließende Empfehlungen für eine Rundfunkkonzeption in Berlin und Brandenburg, vom 13.11.1990, in: SFB (Hg.): Rundfunk im Umbruch - Materialien zur Entwicklung von Hörfunk und Fernsehen der ehemaligen DDR im Jahr 1990, (SFB-Werkstattheft Nr. 19), Berlin o.J. [1991].., S. 21-27.

Schreiben des geschäftsführenden Intendanten des DDR-Rundfunks, Christoph Singelnstein, an die Landesrundfunkdirektoren vom 19.9.1990, in: Funkhaus Berlin (Hg.): Radio im Umbruch - Oktober 1989 bis Oktober 1990 im Rundfunk der DDR, Darstellungen, Chronik, Dokumentation, Presseresonanz, Berlin 1990, S. 570.

Schütz, Walter J.: Neuordnung des Rundfunks in der DDR - Rundfunkpapier, vom 21.5.1990, in: Schütz, Walter J.: Der (gescheiterte) Regierungsentwurf für ein Rundfunküberleitungsgesetz der DDR - Chronik und Dokumente, in: Kutsch, Arnulf / Holtz-Bacha, Christina / Stuke, Franz R. (Hg.): Rundfunk im Wandel, Berlin 1992, S. 263-303, (Dokument 1), S. 284f.

Sell, Friedrich Wilhelm v.: Mitteilung an den Vorsitzenden des Hauptausschusses des Landtages Brandenburg, vom 19.9.1991, unveröffentlicht (Archiv des Landtages Brandenburg).

Sell, Friedrich Wilhelm v.: Organisation/Personalausstattung für die öffentlich-rechtliche Rundfunkanstalt in Brandenburg, vom 24.9.1991, unveröffentlicht (Archiv des Landtages Brandenburg).

Sozialdemokratische Partei Deutschlands: Grundsatzprogramm - Die Grundlage unserer Politik, in: Wahltreff 90 - Zentrum für politikwissenschaftliche Information und Dokumentation: Dokumentation - Die aktuelle Programmatik von Parteien und politischen Vereinigungen in der DDR, Berlin 1990, S. 218-253.

SPD-Fraktion, FDP-Fraktion, Fraktion Bündnis 90: Gemeinsame Presseerklärung, vom 22.2.1991, Archiv des Landtages Brandenburg.

SPD-Landtagsfraktion Brandenburg, Arbeitskreis Hauptausschuß: Entwurf - Beschlußvorschlag, vom 12.2.1991, unveröffentlicht (Archiv des Landtages Brandenburg), 10 Seiten.

SPD-Landtagsfraktion Brandenburg: Arbeitsprogramm des Arbeitskreises 1 „Hauptausschuß", vom 14.1.1991, unveröffentlicht (Archiv des Landtages Brandenburg), 3 Seiten.

Staatsvertrag über den Mitteldeutschen Rundfunk (MDR), vom 30.5.1991, in: Brinkmann, Michael: Das neue Recht des Mitteldeutschen Rundfunks - Unter besonderer Berücksichtigung der Entwicklungen des Rundfunkrechts in der ehemaligen DDR, (Europäische Hochschulschriften: Rh. 2, Rechtswissenschaft, Bd. 1557), Frankfurt a.M. 1994, S. 292-300.

Staatsvertrag über den Rundfunk im vereinten Deutschland, vom 31.8.1991, in: GVBl. Brandenburg, 2.Jg., Nr. 42, 17.12.1991, S. 581-614.

Staatsvertrag über die Nordostdeutsche Rundfunkanstalt (NORA), Entwurf vom 23.6.1991, in: Funk-Korrespondenz, Nr. 26, 27.6.1991, S. 19f.

Staatsvertrag über die Zusammenarbeit zwischen Berlin und Brandenburg im Bereich des Rundfunks, vom 29. Februar 1992, in: GVBl. Brandenburg, 3. Jg., Nr. 8, 30.4.1992, S. 142-163.

Standpunkt des Neuen Forum zu Grundlinien einer künftigen Medienordnung, o.Datum [Juni 1990], in: Rundfunk und Fernsehen, 38. Jg., 3/1990, S. 462-465.

Statut der Fernsehanstalt Deutscher Fernsehfunk (nicht gebilligte Fassung), in: Kirche und Rundfunk, Nr. 34/35, 5.5.1990, S. 20-27.

Stellungnahme der Generalintendanz zur Diskussion über den Auftrag des Rundfunks und seine künftigen Strukturen vom 27.4.1990, in: Funkhaus Berlin (Hg.): Radio im Umbruch - Oktober 1989 bis Oktober 1990 im Rundfunk der DDR, Darstellungen, Chronik, Dokumentation, Presseresonanz, Berlin 1990, S. 434f.

Thesen für ein Mediengesetz - gemeinsamer Vorschlag von Berufsverbänden vom 20. Dezember 1989, in: Claus, Werner (Hg.): Medien-Wende, Wende-Medien? - Dokumentation des Wandels im DDR-Journalismus, Oktober '89-Oktober '90, (Reihe Ost-West Media, Bd. 2), Berlin 1991, S. 133-135.

Überlegungen für die zukünftige Medienordnung in einem vereinten Deutschland, Entwurf der Medienkommission der SPD (West) vom 18. Juni 1990, in: Rundfunk und Fernsehen, 38. Jg., 3/1990, S. 459-461.

Überleitungs-Gesetzentwurf des Medienausschusses der Volkskammer, in: Kirche und Rundfunk, Nr. 69, 1.9.1990, S. 17-24.

Verfassung der Deutschen Demokratischen Republik vom 6. April 1968, in: Verlag Wissenschaft und Politik (Hg.): Die neue Verfassung der DDR, Köln 1974, S. 77-112.

Vermerk an Ministerpräsidenten de Maizière, Minister Reichenbach und Regierungssprecher Gehler von Hans-Christian Maaß vom 6.6.1990, in: Schütz, Walter J.: Der (gescheiterte) Regierungsentwurf für ein Rundfunküberleitungsgesetz der DDR - Chronik und Dokumente, in: Kutsch, Arnulf / Holtz-Bacha, Christina / Stuke, Franz R. (Hg.): Rundfunk im Wandel, Berlin 1992, S. 263-303, (Dokument 3), S. 286f.

Vertrag zwischen der Bundesrepublik Deutschland und der Deutschen Demokratischen Republik über die Herstellung der Einheit Deutschlands - Einigungsvertrag -, Artikel 36 Rundfunk, in: Presse- und Informationsamt der Bundesregierung: Bulletin, Nr. 104, 6.9.1990, S. 877-888.

Vertreter der Leitung und Mitarbeiterschaft von Radio DDR: Memorandum für eine alternative Rundfunkkonzeption, vom 17.4.1990, in: Kirche und Rundfunk, Nr. 36, 9.5.1990, S. 17-19.

Volkskammer der Deutschen Demokratischen Republik, 10. Wahlperiode, 21. Tagung, 5.7.1990, Stenographische Niederschrift, S. 845-857.

Volkskammer der Deutschen Demokratischen Republik, 10. Wahlperiode, 26. Tagung, 20.7.1990, Stenographische Niederschrift, S.1149-1157.

Vorläufiges Statut der Fernsehanstalt Deutscher Fernsehfunk (gebilligt am 27.6.1990), in: Rundfunk und Fernsehen, 38. Jg., 3/1990, S. 446-454.

Vorläufiges Statut des Rundfunks der DDR, vom Ministerrat der DDR am 15. März 1990 als Arbeitsgrundlage bestätigt, in: Funkhaus Berlin (Hg.): Radio im Umbruch - Oktober 1989 bis Oktober 1990 im Rundfunk der DDR, Darstellungen, Chronik, Dokumentation, Presseresonanz, Berlin 1990, S. 373-377.

Vorschlag von RADIO DDR zur Bildung einer „Deutschen Rundfunk- und Fernsehgemeinschaft" - DRF - vom 7.3.1990, in: Funkhaus Berlin (Hg.): Radio im Umbruch - Oktober 1989 bis Oktober 1990 im Rundfunk der DDR, Darstellungen, Chronik, Dokumentation, Presseresonanz, Berlin 1990, S. 372.

Zentrale Programmkommission des Rundfunks der DDR: Entwurf für eine Programmreform im Jahre 1990, vom 30. Januar 1990, in: Funkhaus Berlin (Hg.): Radio im Umbruch - Oktober 1989 bis Oktober 1990 im Rundfunk der DDR, Darstellungen, Chronik, Dokumentation, Presseresonanz, Berlin 1990, S. 323-326.

www.ingramcontent.com/pod-product-compliance
Lightning Source LLC
Chambersburg PA
CBHW031135270326
41929CB00011B/1631